告形态演进史论

基于感官和时空的逻辑

谭辉煌 著

重庆大学出版社

图书在版编目（ＣＩＰ）数据

广告形态演进史论：基于感官和时空的逻辑／谭辉煌著. -- 重庆：重庆大学出版社，2020.10
（青年学者新媒体文丛）
ISBN 978-7-5689-2180-0

Ⅰ．①广…　Ⅱ．①谭…　Ⅲ．①广告—历史—世界　Ⅳ．①F713.8-091

中国版本图书馆 CIP 数据核字（2020）第 092604 号

广告形态演进史论
——基于感官和时空的逻辑
GUANGGAO XINGTAI YANJIN SHI LUN
JIYU GANGUAN HE SHIKONG DE LUOJI

谭辉煌　著
策划编辑：唐启秀
责任编辑：李桂英　版式设计：唐启秀
责任校对：刘志刚　责任印制：张　策

*

重庆大学出版社出版发行
出版人：饶帮华
社址：重庆市沙坪坝区大学城西路 21 号
邮编：401331
电话：（023）88617190　88617185（中小学）
传真：（023）88617186　88617166
网址：http://www.cqup.com.cn
邮箱：fxk@ cqup.com.cn（营销中心）
全国新华书店经销
重庆长虹印务有限公司印刷

*

开本：720mm×1020mm　1/16　印张：15　字数：272 千
2020 年 10 月第 1 版　2020 年 10 月第 1 次印刷
ISBN 978-7-5689-2180-0　定价：58.00 元

另一种历史的对话

——为《广告形态演进史论——基于感官和时空的逻辑》序

一

史的研究,从来都是学科建设的一大基石。

以美国为代表的量化与实证研究范式,以欧洲为代表的文化批判研究范式,为世界广告学研究作出了重大贡献,成为世界广告学研究的两大引领。然而,于广告史的研究,无论美国抑或欧洲,皆有所欠缺。非不能也,乃不为也。垂范及影响所及,也造成世界广告学研究学科建构上的某种缺憾。

在我国广告学研究的发展过程中,涌现出一批为数甚众的广告史学者,或通史,或断代史,或专门史,从不同角度展开中外广告发展的研究。成就卓卓而又为我熟知者,便有先后供职于武汉大学、暨南大学的刘家林教授,先后供职于河南大学、华东师范大学和上海大学的杨海军教授。从史的角度,努力构筑广告学的学科基础,可视为中国学者对世界广告学研究的又一值得称道的学术贡献。

辉煌博士的《广告形态演进史论——基于感官和时空的逻辑》,也是其中的代表作之一。

二

广告形态的演进,是广告发展演进的核心内容。该书对广告发展演进的梳理,集中围绕广告形态的演进而展开。这里,首先就有一个演进阶段的划分及其依据的问题。

我非常认同黄旦教授"报刊的历史与历史的报刊"的说法。我们研究广告史,研究的是广告的历史而不是历史发展中的广告。广告形态的演进亦复如是。

该书以广告形态为"合法性主体",并从这一"合法性主体"出发,将广告形态的演进划分为三个历史阶段:原形态发展阶段、现代媒介形态发展阶段、数字形态发展阶段。这是一种主体性建构的史学思维,是对以历史为逻辑的超越。我曾经作过20世纪广告传播理论研究,也曾经尝试基于广告传播理论形态的共性特征来作发展历史的分期。以历史为逻辑是史学研究的基本模式,其实,许多新的逻辑都可努力尝试。

思维的合理性与现实的合理性往往是一致的。上述三个发展阶段的划分,不仅是一种形式的创新,也颇为符合广告形态演进的历史状况,至少,作者在这一研究框架下所展开的具体论述与阐释,是持之有据、言之有理的,值得读者细细品味。

三个历史阶段的划分,我是认同的。如果由我来作概念的创设,也许我会使用元媒介形态阶段、现代媒介形态阶段与数字媒介形态阶段。所谓"元媒介",是偏重自然媒介与接近自然物的媒介。而现代媒介与数字媒介,则是典型的现代技术下的"技术人工物"。广告从来就是依附媒介而成长的。

三

作者基于时空与感官的双重逻辑,来具体展开广告形态的历史演进的研究。

谋求时空的突破,是人类传播发展与媒介发展永恒的追求,广告传播也是如此。在"原形态"发展阶段,广告传播对时空的突破是缓慢而微弱的,直到大众媒介时期,广告传播才获得极大的时空突破。然而,这种突破是相对的,大众传播依然存在较大的时空局限,依然存在媒介的时空隔离。"空间媒介"与"时间媒介"之说即为其中之一。人类对传播时空的突破,只有到了数字传播时代才真正得以体现。数字传播时代,才真正可以说得上是无处不在、无时不在的"泛在"传播时空。

感官的融合与平衡,也是传播追求的一个重要目标,并且与传播时空的突破紧密相随。当广告基于实物与叫卖两种核心感官元素不断向前发展,在漫长的"原形态"长河中,一直未能实现这两种元素的融合。在大众媒介时期,除电视外,也还有"听觉媒介"与"视觉媒介"之说。也是到了数字媒介时期,听觉与视觉两种感官元素才实现高度的融合与平衡。

这种梳理,把握住了广告形态演进的实质,清晰地还原了广告形态历史演进的轨迹与线索。

四

从人力走向机器,从人力智慧走向机器智能,是数字时代广告演进的趋向。作者重点讨论数字传播下广告智能化的生存与运作,以及广告智能化的内容生产与管理,且有数篇相关论文发表于有影响的期刊。

如果纳入时空与感官的逻辑框架加以讨论,有两点似乎可以加以充分关注。一是自由时空下的广告、用户与情景的精准匹配。这就不仅是一个"时空泛在"的概念,从受者的角度看,无论何时何地,只要发生某种需求,就会接收到相应的广告信息。从传者的角度,只要发现用户数字痕迹显示出的消费需求,无论何时何地,都会作出精准的广告信息投放。这是一种当在则一定在,可不在则一定不在的超级时空自由。二是超现实的感官融合与沉浸体验。在虚拟现实(VR)、增强现实(AR)与混合现实(MR)技术的场景应用中,广告形态就可能不只是听觉与视觉的融合与平衡,还有触觉、嗅觉、味觉多重感官的融合与平衡。在 VR/AR/MR 多种技术作用下的广告,应是多重感官的感知,亦真亦幻、亦虚亦实的超现实的沉浸体验。

五

未来是需要想象的。广告的未来想象是可以重构的。辉煌博士作为一个青年学者,我看到他的智慧,更看到他的勤奋。他正以他的智慧和勤奋,构筑着他的可以想见的学术未来。

在他的著作中,有些观点也许我并不十分认同,但许多卓富创新的研究,却重构着我的认知,使得我先睹竟如此快意。

他的博士论文也是作的相关研究,但两相比较,可以着实体会到这几年他学术的进步。真为他高兴。

欣然为序。

张金海

2020 年 8 月 4 日于珞珈山

目录

Contents

引 言 ·· 1

第一章 绪 论 ··· 3

第一节 研究价值 ······································· 5

第二节 国内外相关研究现状 ················· 7

第三节 基本概念界定 ······························ 18

第四节 理论范式、研究方法与基本分析框架 ······ 23

第二章 广告形态演进的总体观照 ··················· 28

第一节 广告形态演进阶段性的划分依据········· 29

第二节 广告形态演进的三个阶段···················· 32

第三章 广告演进的原形态发展阶段 ·············· 38

第一节 广告原形态的形成··························· 39

第二节 广告原形态的发展··························· 50

第三节 广告原形态的兴盛··························· 70

第四章 广告演进的现代媒介形态发展阶段 ········· 84

第一节 广告现代媒介形态的形成与发展 ········· 85

第二节 广告现代媒介形态的繁荣··················· 97

第五章　广告演进的数字形态发展阶段 ·············· 103

第一节　广告数字形态的形成 ·················· 104

第二节　广告数字形态的发展 ·················· ~~~~

第三节　广告数字形态的演进趋势 ········

第六章　广告形态演进展望：智能化 ··········

第一节　广告智能化生存与运作 ···········

第二节　广告智能化内容生产与管理 ·········· 171

第七章　广告形态演进的逻辑与路径 ·············· 182

第一节　感官逻辑及其演进路径 ·············· 183

第二节　时空逻辑及其演进路径 ·············· 188

第八章　广告形态演进的法则与规律 ·············· 194

第一节　广告形态演进的进化优势法则和共同

进化法则 ·················· 195

第二节　广告形态演进的非线性进化法则 ········ 210

第三节　广告形态演进的适应律 ·············· 217

结　语 ·················· 223

参考文献 ·················· 225

当我们引用英国作家狄更斯的名言"这是最好的时代，这是最坏的时代"来形容互联网带来的机遇与冲击的时候，也许难免充满着焦虑，但从另一个角度而言，我们也应该庆幸，庆幸有机会见证一些可遇不可求的改变。至少在这样的时代，对于学术而言，它为我们提供了更多值得思考和探索的问题。每每站在这样的时空节点上，我们习惯于去和历史对话，也期冀着能触摸未来的脉搏。我们喜欢爬梳，也喜欢勾连，更希望能发现一点什么。

网络已经对现代社会的各个方面产生了巨大的冲击。毋庸赘言，广告也受到极为深刻的影响。这是一个世界性的问题，也是一个最前沿的问题。纵观全球，这一问题受到学者们的积极关注。美国学者在数字传播与广告研究这一主题上，延续了其长久以来实证化和精细化的学术传统。面对新的研究问题，他们沿着"路径依赖"的惯性，关注的核心仍然是"考量数字传播背景下影响广告传播效果的各种变量因素的改变"，以及随着各种变量的改变对原有广告研究模型的调整。欧洲学者则延续其文化批判的研究传统，重点关注新媒体广告的价值问题。相比较而言，在这一主题下，中国学者的关注和研究超出了欧美的模式，具体而言，就是当美国在钟情于精细考量传播环境变化如何影响广告效果，而欧洲沉浸于揭示新媒体广告对人的异化等外部问题时，中国的广告学者则另辟蹊径对广告的生存与发展问题给予了高度关注。

数字传播为我们思考和探索广告的生存与发展问题创造了契机。从大的方面来说，广告的生存与发展问题是一个较为宏阔的问题，然而，当我们聚焦于某一点的时候，这个问题就会变得具体，比如本书所要研究的广告形态（主要指生存形态和传播形态），就是回归到广告本身。

这样一个带有历史性和探索性的问题，决定了要和历史好好对话，也决定了要和未来取得某种联系。换句话说，也就是要在梳理清楚广告形态的历史变迁轨迹的基础之上，探讨广告形态的未来发展，并进一步总结广告形态演进的规律性问题。因此，站在什么样的基点之上成为关键。

不同广告形态的时空生存范围不一样，不同的广告形态诉诸人的感官也不一样，但相同的是任何一种广告形态都是生存在一定的时空当中，任何一种广告形态都要诉诸人的感官，因此，时空和感官构成了探究广告形态演进的两个基本逻辑。也正是从这两个基本逻辑出发，对广告形态的演进轨迹提出了不同于以往的阶段性划分，即广告的原形态发展阶段、广告的现代媒介形态发展阶段和广告的数字形态发展阶段。这种划分打破了常见的按照历史朝代的演进而进行广告形态的机械罗列的窠臼，将广告形态置于符合历史发展规律性和内在逻辑性的演进当中，在某种程度上说，这既是还原，也是重构。

在广告形态的生存与发展问题上，逻辑的构建和轨迹的梳理，包括对未来趋势的研判，整体上体现一种线性的研究路径，然而，仅仅停留于此，是不足以支撑研究的深度的。那么，如何在以上研究的基础上实现进一步的延伸和拓展，就构成了下一步要继续深入研究的问题，即广告形态演进的规律性东西，或者叫作广告形态演进的法则。对演进法则的揭示，遵循的理论路径显然要从进化论中去寻找，具体而言就是文化进化论的相关理论资源。美国人类学家托马斯·哈定等人合著的《文化与进化》一书，对"属于文化进化理论基础的一般原则"[1] 进行了论述，对本书具有重要的启发意义。就广告形态的演进而言，本书仍然立足时空与感官两大逻辑，借助文化进化的相关理论，对广告形态演进的法则进行总结和剖析。

---

[1] 托马斯·哈定,等.文化与进化[M].韩建军,商戈令,译.杭州:浙江人民出版社,1987:1.

第一章
绪 论

　　从学术渊源的角度说，广告形态演进研究直接受启发于媒介形态演进研究，但无论从研究深度和影响力而言，前者都远远落后于后者。从伊尼斯、麦克卢汉等人确立以媒介形态而非媒介内容为研究对象起至今，西方学者关于媒介形态及其演进的研究成果一直不绝如缕。反观国内的广告形态及其演进研究，成果却明显较为薄弱。

　　新的媒介与技术环境为广告形态演进研究提供了难得的历史机遇，某种程度上，它将中西方学者置于同一起跑线上。然而，无论是以美国为代表的实证主义研究范式，还是以欧洲为代表的文化批判主义研究范式，他们在新的起跑线上似乎并未改变其前行的方向，"路径依赖"使他们研究的实质仍然是一直以来关注的老问题。很显然，广告形态的演进尤其是数字传播背景下广告形态的发展变迁问题，毫无疑问应该成为广告研究不可回避的重要学术命题。所幸的是，中国学者沿着这一命题产生了一系列较有影响力的学术成果，可以说这是一种"弯道超越"。

　　然而，不足的地方也较为明显，那就是趋同性强而创新性弱（这也是我国当前广告理论研究存在的一个短板），换句话说，运用适切的理论资源和新的分析框架进行富于学理性的研究还比较欠缺。正是意识到这一点，本书在选取媒介形态理论中的时空演进逻辑之外，提出了感官演进逻辑，并采纳文化进化论的理论资源提炼了广告形态演进的法则与规律，算是对以上学术命题的一种研究推进。

第一节
研究价值

在新媒介与新技术快速发展的背景下，广告形态发生重大变迁，本书研究内容无疑具有重要的现实意义；在广告学基础理论研究薄弱的学术背景之下，本书可以为之做出一点理论贡献。

一、现实意义

每一次传播技术的诞生和发展，都会催生新的媒介形态，与之相应的则是广告形态的发展变迁。回顾媒介发展史上的五次传播革命，就可以得到印证：首先是语言传播，此背景下的广告是口头的生存形态；随后的文字传播，带来广告文字形态的革命；印刷技术催生了以报纸和杂志为代表的文本形态的媒介，与之伴随的广告也以具体的文本形态生存；电子技术带来的是以广播和电视为代表的声像形态的媒介，可听可视，生动逼真，广告因此在某种程度上具有了对之前的媒介优点进行聚合的优势，其形态也逐渐走向多元化；第五次传播革命——数字传播技术，以其海量存储和传输、交互性传播和多媒体融合等特点，不断引发媒介形态的发展变迁。在此背景下，梳理广告形态演进的轨迹，探究广告形态演进的逻辑，总结广告形态演进的规律，有助于我们清晰地诊断广告的生存现状，把握其未来发展方向，这对当代广告传播的运作与管理也具有重大的现实意义与价值。

二、理论意义

在阐释本书的理论意义之前，先提出当前广告研究存在的两个突出的问题：

第一个是基础理论的本源性研究的薄弱。作为一门社会科学，广告的应用性和商业性历来受到重视，这在某种程度上加深了广告研究"术"的色彩而无形中削弱了其"学"的理论涵养。同时，广告基础理论研究本身也存在明显的缺陷，"从 20 世纪 80 年代开始在国内出版的第一套广告学丛书到现在，广告学方面的著述不可谓不丰富，但大多数是对外来理论的搬用和直接借鉴，基本上仍处于低层次的理论导入阶段。在研究形态上，表现为以重复性的描述居多，缺乏本源性的研究。"[1] 这个问题不独出现在中国，就是广告理论先行发端的国家在基础理论研究上同样很不够。

第二个是广告史研究中合法性主体的缺失。自 20 世纪初以来，国内关于广告史的研究著作甚多，有研究者指出我国广告史的叙史范式可归纳为宏观理论构建、断代史理论构建、媒介技术理论构建、符号理论构建四种，应该说，这四种范式大体上概括了目前广告史研究的进路。然而，不无遗憾地说，它们都在不同程度上混淆、迁移或者泛化了广告史研究的合法性主体。比如，前两种研究范式就常常将广告的历史与历史的广告混为一谈。关于这一点，我们可以从报刊史研究的反身观照中得到启示："比照这些年所编写的新闻史或报刊史，尽管也都异口同声地认为，研究报刊活动或者新闻现象发展变化及其规律，是报刊史的目的，可报刊在时间中的具体展开，凭依的不完全是报刊自身。导致的结果，所谓古代、近代、现代的叙述和书写，实际上有着不同的合法性主体，缺少贯穿始终的主体线索，因而是断裂的。"[2] 很显然，国内广告史的研究存在与报刊史研究相同的问题，广告史的写作往往成了茫茫历史的注脚，广告自身也就被淹没了，没有得到应有的凸显。第三种范式往往将广告纳入技术逻辑的框架，难免强调广告的依附性而降低了广告的独立性。第四种范式将广告的各种生存形态统一到符号的范畴之中，虽然在义理上并无大碍，但难逃将广告主体泛化的嫌疑。

本书着眼于广告基础理论的本源性研究，将广告自身作为研究对象，回归到广告形态这一最直接和最主要的合法性主体，从感官和时空两大逻辑起点出发，旨在从整体上梳理广告形态的发展轨迹，把握广告形态演进的逻辑，揭示广告形态演进的规律。这无论对于加强广告基础理论研究，还是重建广告史研究的合法性主体地位，都具有重要的理论价值与意义。

---

[1] 张金海,周丽玲. 我国广告理论研究现状[J]. 中国广告,2009(4):32.
[2] 黄旦. 报刊的历史与历史的报刊[J]. 新闻大学,2007(1):52.

第二节
国内外相关研究现状

总的来说，国外比国内开展相关研究早很多，也积累了较为丰富的理论资源，为本书奠定了良好的学术基础。国内相关研究虽然起步较晚，但从多方面多维度补充和丰富了媒介形态演进的相关理论，有利于开阔新的研究视野。

一、历史学视野下的广告生存形态研究

总的来说，历史学视野下的广告生存形态研究主要集中于广告形态分类和广告形态演进轨迹两个方面。

作为已知的国内第一部体系性广告学著作，蒋裕泉的《实用广告学》（1926）比较清晰地划分了"传统广告"与"现代广告"的界限，花费了大量的功夫对传统广告的形态进行了考证。在蒋裕泉看来，牌匾、招幌等属于传统广告，"新闻纸广告""道旁之招贴"等属于现代广告。陈培爱的《中外广告史》梳理了广告形态发展的脉络。杨海军的《中国古代商业广告史》不仅从夏商周一直到元明清对中国古代广告的初步发展、曲折发展、兴盛、繁荣至鼎盛的过程进行了历史梳理，还专门对中国古代的广告形态分类进行了探讨，同时值得重视的是，作者还总结了中国古代商业广告发展的规律和特点。另外，杨海军的《世界商业广告史》也对世界范围内的广告形态进行了总结，如埃及的蝎王权标头和"纸草"广告、苏美尔的圆柱形章和泥版文书、汉谟拉比的法典石碑、腓尼基的广告人、印度阿育王的石柱与石刻文献等。许俊基的《中国广告史》专门在书的末尾附录上了从先秦一直到民国时期的重要广告图片，对了解广告形态的发展轮廓大有帮助。张金海教授对广告生存形态演进的轨迹进一步做了探讨，认为实物广告和叫卖广告两种类型奠定了广告的基本形态，亦成为广告发展的基本主线，并指出：①口头叫卖继续作为古代广告的重

要形态，逐渐发展出唱卖与音响广告，并出现了职业化的叫卖人。②实物广告逐渐演变成实物标识，并衍生出象征物标识和符号标识。③伴随着文字出现而产生的文字广告，在印刷技术出现之后，获得了第一次质的飞跃。赵琛的《中国广告史》对中国20世纪70年代以前每个时期的广告形式进行了爬梳，把中国广告的历程和各种广告形式的沿革过程放置于整个中国历史发展过程中进行综合考察。

不同于通史的写法，国内还有一些广告断代史，即集中就某一段历史时期的广告生存形态进行具体介绍和梳理，尤以近代最为突出，如黄玉涛的《民国时期商业广告研究》专门就1911年至1949年这一历史时期的招贴广告、商标广告、报刊广告、户外广告、广播广告进行了详细介绍；秦其文的《中国近代企业广告研究》从企业经济史的角度指出中国近代企业广告表现形式的创新；赵琛的《中国近代广告文化》结合大量广告图片史料论述了中国近代广告形式的创新与发明，具体指年历广告画、年画广告、实用性广告、馈赠广告、新媒体报纸广告；而林升栋的《20世纪上半叶：品牌在中国〈申报〉广告史料（1908—1949）研究》运用丰富的广告史料专门就《申报》的品牌活动做了全面系统的论述；孙会的《〈大公报〉广告与近代社会》则对《大公报》广告的演进过程进行了细致分析，厘清了广告从简单、粗糙、幼稚的告白式、布告式发展到后来多样、精制、成熟的图文并茂式、情感式等成熟形态的过程。

二、广告演进的相关研究

（一）广告历史分期与演进研究

关于广告历史分期的问题，黄勇在《中外广告简史》一书中做了梳理。他认为，对广告历史时期的划分基本上都以西方广告的发展背景作为分期的参照系，他提出了不同的划分方法。其中影响较大的主要有以下四种：（1）二分法：19世纪中叶以前的传统广告和19世纪中叶以后的现代广告。（2）三分法：①古代广告时期；②近代广告时期；③现代时期。20世纪之后的时期，又称电波广告时代。（3）四分法：①原始广告时期；②近代广告时期；③近代广告向现代广告的过渡期；④现代广告时期。（4）六分法：①15世纪以前——发明金属活字印刷术以前的时代；②15世纪到1840年前后——初期印刷时代；③1840年到1900年——广告发展期；④1900年到1925年——广告强化期；⑤1925年到1945年——科学的发展时代；⑥1945年到现代——经营的、社会的统合时代。[1]

可以说，从最早的广告史写作一直到目前通行的广告史专著，基本上遵循着上述模式进行分期。实际上，不管是几分法，虽然很多广告史著作在面对广告史分期的时候并没有直接讲清楚其划分的依据和标准，但是基本上都不外乎朝代、媒介技术、社会形态的内在逻辑，也就是说在很大程度上，朝代的、技术的或者说社会形态的历史分期成了广告历史分期的标准，这种宏大的叙事存在一个共同的问题——忽视了广告自身作为广告史写作的合法性主体。

（二）广告的演进规律研究

同样是以广告自身发展作为研究对象，相对而言，广告的演进规律研究较之广告的历史分期研究更为深入，也更为抽象。到目前为止，对这个主题进行集中研究的成果很少，只有黎明的博士论文《广告演进的价值规律》一篇。该研究以哲学价值论的分析框架，将广告形态的历史演进置于"广告价值"的核心视角进行检视和解读，构建了广告演进的三大价值法则：一是方向法则，总是沿着价值增值的方向演进；二是过程法则，在两重基本价值的对立统一中螺旋式上升；三是状态法则，基于价值重构的共同生存与共同演进。在此基础上，论文进一步揭示了广告演进历程呈现出整体的逻辑轨迹和价值规律：古代广告阶段，在广告主和消费者对广告的运用呈现价值均衡的基础上，广告不断寻求对时空属性的突破以实现价值增值；现代大众媒介广告阶段，在广告形态不断实现价值增值的过程中，由于广告主和消费者与广告之间价值关系的不同立场，广告主以促进销售价值最大化为指向对广告形态的运用，导致广告之于广告主与消费者工具性价值的价值偏离；在网络与数字媒介广告阶段，广告形态演进的价值增值不断克服着传媒广告的价值属性局限，使广告主和消费者对广告的运用在更高的层面上重新实现了价值均衡，即价值回归。此外，在广告演进的每一个阶段，当新的广告形态以其价值增值实现对旧广告形态的价值替代之后，旧广告形态总是通过自身价值的重构实现与新广告形态的共同生存与共同演进[2]。

---

[1]　黄勇.中外广告简史[M].成都:四川大学出版社,2003:24-25.
[2]　黎明.广告演进的价值规律[D].武汉:武汉大学,2012.

三、数字传播背景下广告的发展变迁研究

(一) 欧美学者的相关研究

1. 以美国为代表集中于以广告效果和广告受众为中心的实证研究

美国学者在数字传播与广告研究这一主题上，延续了其长久以来实证化和精细化的学术传统。面对新的研究问题，他们沿着"路径依赖"的惯性，关注的核心仍然是"考量数字传播背景下影响广告传播效果的各种变量因素的改变"[1]，以及随着各种变量的改变对原有广告研究模型的调整。美国在原有研究规范的基础之上实现改良和重建，从而树立其广告研究的世界话语体系。

仔细考察美国学者对广告生存问题的研究可以发现，其实他们并非在这方面没有产出成果，而是关注的重心与中国存在很大差异。维拉诺瓦大学的Charles R. Taylor 发表在《国际广告研究》上的论文《数字广告的六大原则》和宾夕法尼亚大学的 Yoram（Jerry）Wind 作为第二作者在《广告研究杂志》上发表的论文《今天的广告法则：它们能在数字革命时代生存吗?》很能代表美国学者在这一问题研究上的特点。前者总结了数字广告的六大应用法则，即营销人员必须对消费者的隐私和垃圾邮件担忧敏感、消费者更愿意接受来自他们信任的营销人员的数字广告、消费者更愿意对与他们相关的数字广告作出回应、结合交互性的数字营销手段更有效、娱乐性的广告信息在数字营销上成功的机会更大、从长远来看新媒体信息需要在打造品牌上发挥效果。后者虽然没有提出具体法则，但同样强调经验总结的重要性，认为研究者们的经验概括提供了数字革命如何影响广告的基准、预测和有价值的洞见，并明确指出经验概括的目的在于"帮助营销人员在广告环境发生巨大变化的过程中起到导航的作用，为他们提供一些指南性的东西"[2]。作者最后呼吁需要更多的广告法则，并希望检验出适应数字革命时代的法则。很显然，在美国学者眼里，所谓的生存法则仍然是效果中心和商业取向的，具有鲜明的操作性和指导性，富有

---

[1] 张金海,陈玥. 未曾超越的超越:中国广告研究的整体回顾——基于期刊论文的实证分析[J]. 现代传播,2012(11):99.

[2] Byron Sharp. Yoram(Jerry) Wind. Today's Advertising Laws:Will They Survive the Digital-Revolution[J]. Journal of Advertising Research,2009(49):2.

浓郁的市场气息。

2. 以欧洲为代表的广告文化批判研究

在欧洲学者看来，数字传播背景之下，广告的价值和消极影响并未发生根本改变，他们仍然秉承思辨和批判的传统，对广告的生存合理性进行质疑和批判，对其社会价值进行拷问，指出广告对受众的消极甚至恶劣的影响。在当代，其研究受美国实证主义研究的影响，其研究方法有定量和定性研究相结合的发展趋势。

（二）中国学者的相关研究

以中国为代表集中关注广告形态发展变迁的描述性研究不同于欧美的研究取向，中国学者对数字传播背景下广告形态的发展变迁给予了较为充分的关注，多为描述性研究。具体而言，"学者们都比较敏锐地关注到了在数字与网络传播背景下广告的变迁，对于广告的概念做了富于启发性的重新界定和思考，比如'泛形态化'和'资讯化'的提出，既很新颖也很深刻，尤其是对广告的形态变化，以张金海教授为代表的相关学者给予了充分的关注和研究。"[1]

卢安宁较早对数字时代广告的生存形态进行了总结，但其划分却没有一个统一的标准和依据，显得凌乱。姜帆借助达尔文主义范式对广告生存形态变迁的机制做了描述，认为媒介传播技术的进化发展和"基因"的变异、遗传和选择分别构成了广告生存形态演进的外部机制和内部机制，并指出数字传播背景下广告生存形态的变迁，既有传统广告的延续和创新，也是新媒介广告的多样化生存[2]。廖秉宜立足中国传媒数字化转型的大背景，指出数字时代传媒广告发展必须从受众的角度出发，结合传媒数字化转型形态和角色功能的变化以及市场和传播环境的变化，为受众和企业创造更多价值。在数字时代，广告的生存形态将呈现融入式生存、集成式生存、社区化生存和数据库生存等形式[3]。

舒咏平教授认为，在数字传播环境下，"广告信息则从两个方面进行变

[1] 张金海,谭辉煌.数字传播背景下广告的发展变迁研究述评[J].中国媒体发展研究报告,2013（广告卷）:50.

[2] 姜帆.数字传播背景下广告的生存与发展研究[D].武汉:武汉大学,2010:45-59.

[3] 廖秉宜.中国传媒数字化转型与广告生存形态变迁研究[J].广告大观:理论版,2009（6）:56.

形：一方面，数字传播的广告形式变形为信息专栏，其简洁、个性化标题背后，链接的是一个个虚拟商品展厅及电子商务全套事项。另一方面，则是硬性的或显性的广告变身为软性广告、隐性广告，或曰植入广告。"[1] 张金海教授指出，广告是一个动态的发展过程，从原始广告到古代广告，一直发展到现代广告，广告的概念与形态也在动态地发生变化。在此基础上，他进一步提出广告的"泛形态化"这一全新概念，认为凡在网上发布的有关生产与消费、供应与需求的所有商务信息都是广告。这一定义紧紧抓住广告信息传播和服务的本质，不在具体表现形式上纠结，扩大和延伸了广告的视野，对广告研究也有开拓性的意义。与此相近，黄升民教授指出，"广告已经资讯化，信息传播者和接受者的界限日益模糊，企业发布着资讯并收集着消费者的反馈信息，消费者搜索着需要的资讯并愿意向企业提出建议和意见。"[2] 泛形态化和资讯化的提出，是对广告在新媒体环境下生存状态的高度概括，而更具前瞻性的把握则是张金海教授指出的"专业数据库将成为数字技术与网络传播背景下未来广告生存的终极形态"[3]。

四、媒介形态变迁与演进规律研究

（一）以美国和加拿大媒介研究学者为代表的相关研究

以伊尼斯、麦克卢汉、保罗·莱文森等人为代表，有人指出他们是"媒介形态理论"的代表人物。这些学者立足媒介自身的特点、功能与优势，甚至不足，对诸种媒介形态进行了细致的考察和论述。在此基础上，这些学者还进一步对媒介演进的动态历史进行了梳理，如伊尼斯和麦克卢汉对媒介传播的社会影响和发展预测，保罗·莱文森的系列专著对媒介演进规律和趋势的持续关注等。这些学者研究的一个共同取向是本着媒介自身的特点和发展规律来探求其演进的趋势，其研究所取得的成果和研究方法对于本书具有重要的启发意义。

---

[1] 舒咏平. 数字传播环境下广告观念的变革[J]. 新闻大学, 2007(1): 100.

[2] 黄升民. 分与聚: 一个潮流五大关键[J]. 广告大观: 综合版, 2007(6): 25.

[3] 张金海, 王润珏. 数字技术与网络传播背景下的广告生存形态[J]. 武汉大学学报: 人文科学版, 2009(4): 496.

1. 伊尼斯传播媒介的偏向性

伊尼斯重点考察了媒介形式对社会所产生的影响，他指出："根据传播媒介的特征，某种媒介可能更加适合知识在时间上的纵向传播，而不适合知识在空间上的横向传播，尤其是该媒介笨重而耐久，不适合运输的时候；它也可能更加适合知识在空间中的横向传播，而不适合知识在时间上的纵向传播，尤其是该媒介轻巧而便于运输的时候。所谓媒介或倚重时间或倚重空间，其涵义是：对于它所在的文化，它的重要性有这样或那样的偏向。"[1] 伊尼斯站在历史和社会变迁的角度考察了媒介的偏向所带来的影响，并认为历史上的一切文明试图用各种方式控制时间和空间。当这两种关系平衡时，社会稳定就是必然的结果。只是在他看来，能够同时克服时空偏向从而达到平衡的媒介是不多见的。

2. 麦克卢汉提出"媒介四定律"

"媒介四定律"即放大、过时、再现和逆转[2]。麦克卢汉对该定律的阐释是以疑问的语气提醒世人去思考的。实际上而言，他从辩证的角度指出了媒介变迁的内在逻辑关系。按照他的观点，大凡一种媒介的产生一定是提升和张大了某种东西，比如将人类的某种感官能力鲜明地拓展了，又或者是极大地开拓了传播的范围，与此同时，它也必将使之前的某种媒介在此方面的能力得到削弱，甚至取而代之。而所谓的"再现"，则可以理解为该媒介复制和呈现了人类生活中的某些模式或者现象，而当这种媒介的潜能发挥到极致，又将逆转而成为另一种形式。整个过程带有明显的进化与迁移的思维特征。他举例来说明这四个定律：电子媒介使声觉空间放大，大众媒介（从我们的观点看是电脑出现之前的大众媒介）使印刷过时，大众媒介在全球范围内再现了昔日存在的成分，这些媒介最终发生了逆转，它们逆转成为一种非常独特的电子环境，这种电子环境是数字在线时代，是数字时代的互动能力，是它对守门人功能的削弱。

麦克卢汉的"媒介四定律"是对媒介演进规律的高度凝练。国内著名翻译专家何道宽指出，定律的前两条说的是新媒介取代旧媒介并使之过时，后两条说的是媒介的推陈出新。

---

[1] 哈罗德·伊尼斯. 传播的偏向[M]. 何道宽,译. 北京:中国人民大学出版社,2003:27.
[2] 埃里克·麦克卢汉,弗兰克·秦格龙. 麦克卢汉精粹[M]. 何道宽,译. 南京:南京大学出版社,2000:267-268.

　　麦克卢汉的另一个重要贡献是对三个传播时代的划分，即口语传播时代、书面传播时代和电力传播时代，其依据是各时代的主导传播媒介。与此对应，人类社会经历了"部落化—非部落化—重新部落化"三种社会形态。后来他的同事洛根在原有基础上追加了两个时代，即在口语时代之前的非言语的模拟式传播时代和电力传播时代之后的互动式数字媒介时代。

　　3. 保罗·莱文森的媒介进化原理

　　（1）人性化趋势

　　莱文森把媒介越来越与人协调一致的强大趋势称为"人性化趋势"，意思是说，媒介演化是由人选择的，其趋势是越来越符合人官能的需要。他提出三元论纲：①起初我们享受虽非意料却也平衡的传播环境（目力、听力和记忆所及的范围）；②接着我们促进媒介发展以突破上述环境局限，但在寻求平衡突破中付出了代价，在寻求其他人性要素中做出了牺牲（与真实世界没有任何相似之处的字母表就是一个首要的例证）；③不断追求保存并继承自古以来人在延伸方面的突破，恢复人在自然的交流环境中丧失的人性要素[1]。

　　（2）媒介小生境的适应性生存

　　莱文森从生物进化论中得到启示，认为一种新媒介中某一功能战胜一种旧媒介时，并不意味着那一旧媒介会凋谢和死亡，而是意味着，那一旧媒介被推进到了一个比新媒介运行更好的小生境；在此，它与新媒介到来之前的"旧我"有所不同，但它活下来了。旧媒介活下来的关键在于，它是否能找到人的一种需求或感知模式。

　　（3）共同进化与会聚趋势

　　在莱文森看来，媒介能否生存下来的一个重要标准就是对前技术传播模式的复制水平和能力（这些模式是从广播对无声片、静态摄影对黑白照、调幅广播对调频广播中推演出来的）。如果一种媒介可以成功地对之进行复制，那么哪怕是在先进媒介的冲击之下也可以获得继续生存下去的"小生境"，从而达到与之共同生存和共同进化的状态。

　　同时，他也指出媒介进化有会聚的趋势，合作的媒介各自履行延伸和复制的任务（有关媒介的合作与会聚，早期的例子有电报与摄影术等的演变，比较新的例子有电视和电脑等的演变）。"最先进的媒介比如电视，就是表现出

---

[1]　保罗·莱文森. 软利器:信息革命的自然历史与未来[M]. 何道宽,译. 上海:复旦大学出版社,2011:27.

最大程度会聚趋势的媒介，很可能就是能够持续发生急遽变化的媒介，因为它们的倾向是复制越来越多的前技术传播的轮廓，却不必达到充分的精确性。"[1]

（4）复制的精确性对复制的范围

媒介复制前技术环境的精确度对其存活更加重要，尽管它复制的范围很窄；相反，它复制前技术世界的范围却不那么重要。也就是说，在媒介存活的条件里，除了与真实世界"很相似"的对应之外，对应的精确性是必要条件，对应的范围却未必重要。

（5）复制对延伸

人性化趋势媒介的进化趋势是再现真实世界的水平不断提高，但同时这样的再现又试图维持（甚至增加）原始媒介在时空方面完成的延伸。只要先行的媒介提供了后继媒介失去的时空延伸，即使它们复制真实世界的水平偏低，也能够存活下来。

4. 菲德勒媒介形态演进原则

菲德勒总结出媒介形态演进的六大原则：①共同进化与共同生存；②形态变化；③增殖；④生存；⑤机遇和需要；⑥延时采用[2]。

5. 杰克·富勒 "相对优势" 概念

普利策新闻奖得主、芝加哥论坛报公司总裁杰克·富勒曾提出媒介具有相对优势的观点："每一种媒介都有自身的优势与劣势，它也会将这些强加在所携带的信息上。新媒介通常并不会消灭旧媒介，他们只是将旧媒介推到它们具有相对优势的领域。"[3]

（二）中国学者的相关研究

中国学者也展开了媒介演进的研究，主要分为两种类型：一种是对国外媒介演进研究的介绍与阐发；另一种是受美国和加拿大媒介研究学者的启发，从不同角度进行的研究。在这里，我们主要介绍第二种研究。总的来说，其又可以分为以下几个角度的研究。

---

[1] 保罗·莱文森. 莱文森精粹[M]. 何道宽,编译. 北京:中国人民大学出版社,2007:39.
[2] 罗杰·菲德勒. 媒介形态变化:认识新媒介[M]. 明安香,译. 北京:华夏出版社,2000:24-25.
[3] 杰克·富勒. 信息时代的新闻价值观[M]. 展江,译. 北京:新华出版社,1999:244-245.

1. 技术逻辑和制度逻辑

技术作为媒介发展演进的内生动力，一直以来受到重点关注，常见的研究模式是从技术路线出发来对媒介形态进行分类，如李曦珍等人认为，随媒介技术的进化演进而来的传播信道，始终处于人类传播活动的核心地位。从不断演进的传播信道角度可将人类社会先后出现的传播形式大体归纳为道路传播、纸路传播和电路传播，与此相对应，媒介形态就有实物媒介、纸质媒介和电子媒介[1]。然而，尽管技术在媒介演进中的作用十分重要，但技术的采用、使用和推广却深深受制于制度的影响，因此，在技术之外制度的因素不得不被纳入考量的重要范畴。正是基于这个角度，有研究指出，"技术逻辑与制度逻辑是推动媒介发展的两大力量。如果说技术逻辑源于技术形式特有的规定性，那么制度逻辑则充分体现着人类作为技术的开发者和使用者对工具的支配态度。在数字技术背景下，当今中国传媒产业的发展充分体现了这双重逻辑的共同作用。"[2]

2. 时空逻辑

任何一种媒介都会存在于一定的时空之中，同时也是一种社会关系，媒介的这两种基本属性构成了思考其发展演进的基本出发点。就前者而言，学者们重点思考的是媒介如何克服限制从而带来时空自由。正是从这个角度出发，有研究指出，自由是人类的终极价值追求，是人类实践的根本动力。人类在信息传播活动中也追求自由，追求时空自由的信息传播活动，正是人类在信息传播活动中追求时空自由推动着媒介发展，或者说，媒介发展遵循了时空自由的逻辑。根据这个特点，柳庆勇将媒介依次划分为人体媒介（时空受限）、体外移动媒介（准时空自由）、体外固定媒介（时间自由、空间受限）、电子媒介（空间自由、时间受限）、数字与网络媒介（时空自由）[3]。就后者而言，有学者从社会关系的视角出发，探讨媒介与空间的辩证关系，指出媒介空间化与

[1] 李曦珍,楚雪,胡辰.传播之"路"上的媒介技术进化与媒介形态演变[J].新闻与传播研究,2012(1):23-32.
[2] 于小川.技术逻辑与制度逻辑——数字技术与媒介产业发展[J].武汉大学学报:人文科学版,2007(6):871-874.
[3] 柳庆勇,张金海.论媒介发展的时空自由逻辑[J].新闻与传播评论,2011(00):151-158.

空间媒介化的发展趋势[1]。

3. 价值逻辑

价值在本质上是一种主客体之间的相对关系及所形成的对主体的效应。可见，价值这一概念的重心强调的是主体的评判。罗书俊认为，新旧媒体的演进过程是媒体使用者和服务者基于生存和发展需要的"自然选择"过程。媒体进化中的"自然选择"与媒体使用者的价值评判密切相关。无论是媒体发展演进中的技术选择还是制度选择，都以源于媒体使用者需求满足的价值评判为核心。在新旧媒体的发展演进中，这种价值评判的结果呈现两种向度：一是价值增值，新旧媒体因此而实现共存共演的可持续发展；二是价值衰减，新旧媒体因此而日渐衰落并趋于消亡。这种围绕媒体使用者需求满足而发生的价值增值和价值衰减决定了新旧媒体的发展历程，这就是媒体演进的价值逻辑。而围绕媒体价值评判所产生的价值增值和价值衰减就称为新旧媒体演进的基本法则。就价值增值法则而言，可以从功能和效益两个维度来阐释。功能维度价值增值的实现必须充分满足个体人对于媒介的信息依赖、娱乐依赖和社会交往依赖，以及体现群体社会人对媒介信息公平、公正和自由传播的不懈追求。而效益维度价值增值的实现则要重点考量新旧媒体演进方向与社会经济的整体发展趋势是否相一致，价值链构成是否有助于推动媒体产业的合理发展，媒体商业模式是否有利于实现媒体使用效益的最大化[2]。

4. 人类学视角

李欣人从人类学的角度考察媒介发展演进的历程，指出从口语媒介发展到数字媒介，媒介发展经历了一个交互性的失落，又重新回归的曲折过程。而支配这一过程的动因是人对自由的追寻。从媒介发展演变的漫长历程来看，自由包含两个向度：一是对时空约束的摆脱；二是对交互性的追寻。在媒介发展的早期阶段，主要是围绕着第一个向度展开的。而现代媒介发展主要是围绕着第二个向度展开的。特别是数字传播技术的发展，一方面产生了现代新型的交互式媒介——网络，另一方面又对传统媒介进行着交互性改造[3]。

[1] 王斌. 从技术逻辑到实践逻辑:媒介演化的空间历程与媒介研究的空间转向[J]. 新闻与传播研究,2011(3):58-67.
[2] 罗书俊. 基于价值增值的手机媒体发展与创新研究[D]. 武汉:武汉大学,2012.
[3] 李欣人. 人学视野下的媒介演进历程[J]. 山东师范大学学报:人文社会科学版,2005(4):96-99.

第三节
基本概念界定

广告形态这一概念在学术界和业界有不同的理解，尤其是对其外延的理解并不统一。本书论述的主要范围是指广告的生存形态和传播形态。

一、形态

形态，从词源学的角度上说，是形状姿态的意思。在生物学中，形态是一个常用概念，一般用以指生物体的细胞、外形和器官构造等，后来也运用到人文社会科学领域，如语言学、文艺学中的"形态"和历史学中的"社会形态"。总之，从本质上说，形态强调的是某种形式而不是内容。

将"形"和"态"作为两个不同的意义单元进行阐释，有助于全面地理解其含义。对于"形"，指形式形状，强调的是事物的时空属性，即在时间尺度和空间尺度双重意义上的生存。对于"态"，包含着发生变化的含义，比如"态势""动态"等就蕴含着这种意思。从以上角度而言，形态的含义就是指事物在时空中的存在形式及其状态。有研究指出，形态指的是事物的形式与状态，既指事物在一定条件下的表现形式，也指在一定条件下事物存在的情形与态势[1]，体现的就是这种思考逻辑。

就广告而言，形态的演进必然存在其原点。回顾广告发展史，不难发现，这个原点就是实物广告和口头叫卖广告，很显然，后续的广告形态就是在此基础上的生发和演进，"实物广告和叫卖广告两种类型奠定了广告的基本形态，亦成为广告发展的基本主线"[2]。为此，我们不妨把实物广告和口头叫卖广

---

[1] 倪万.数字化艺术传播形态研究[D].济南:山东大学,2009:47.
[2] 张金海,余晓莉.现代广告学教程[M].北京:高等教育出版社,2010:10.

告称为广告的元形态。元形态的广告，具有以下三个特点：

第一是广告媒介的原生性。无论是实物本身也好，还是口头叫卖所依赖的声音也好，广告传播所借助的是人类最基本的也是最原初的媒介：人自身及其要广告的实物。这是一种原媒介环境。在这种状态下，"人就是媒介，媒介就是人。人与媒介是合二为一的。"[1]

第二是感官的自然性。这两种广告形态虽然主要诉诸人的视觉和听觉，但由于是近距离接触，所以可闻可嗅，可摸可尝，保证了人的所有感官处于开放自然的状态。

第三是逐渐趋于视觉和听觉两者的结合。当单纯的实物陈列和展示不足以实现交换时，交换者便开始以吆喝和叫卖来吸引注意，从而产生两种元形态的结合。《诗经》中的"氓之蚩蚩，抱布贸丝"就是典型的体现。

另一个与此相关的就是"原形态"这个概念，两者是存在差别的：广告的原形态指广告形态发展的一个阶段，而广告的元形态是指两种具体的广告形态；广告的原形态包含了广告的元形态，或者说广告的元形态只是广告原形态发展阶段的两种广告形态。

二、生存形态与传播形态

相对而言，生存形态一词的使用是比较规范的。在中国知网上以"生存形态"作为篇名关键词进行检索，得出文献103篇；按学科分类选取"新闻与传媒""贸易经济"和"戏剧电影与电视艺术"，去掉重复文献和5篇硕士论文，共计20篇，其中主要论述广告生存形态的文献11篇，超过一半（表1.1）。

表1.1　篇名为"生存形态"的学术论文

作　者	文献篇名	发表时间	刊　物
那宁宁	数字传播背景下传统广告生存形态变迁——以可口可乐广告为例	2018	西部广播电视
钱广贵毕衍鑫	论广告生存形态的历史变迁与未来发展	2018	山东社会科学

---

[1]　李欣人.人学视野下的媒介演进历程[J].山东师范大学学报:人文社会科学版,2005（4）:96.

续表

作　者	文献篇名	发表时间	刊　物
孙　璐 谭德磊	回归媒介形态，再论传统媒介未来的生存形态	2018	新闻研究导刊
刘　靖	栏目化纪录短片生存形态考量	2015	电视研究
谭辉煌	广告的大数据生存：形态、价值与产业	2015	广告大观（理论版）
谭辉煌	数字传播背景下广告生存形态的资讯化发展及其路径	2014	电视研究
程文杰	以内容和终端抢占先机——浅议新媒体时代广播内容和生存形态的创新	2013	中国传媒科技
吴旖旎	客户端：报业移动终端生存的新形态	2013	传媒
叶小刚	审时度势，深耕海外华文媒体市场——英、法、匈三国华文媒体生存形态初探（一）	2011	对外传播
叶小刚	审时度势，深耕海外华文媒体市场——英、法、匈三国华文媒体生存形态初探（二）	2011	对外传播
姜　帆	论数字传播背景下广告生存形态的变迁	2011	中国出版
张金海 王润珏	数字技术与网络传播背景下的广告生存形态	2009	武汉大学学报（人文科学版）
黄迎新	数字技术背景下的广告生存形态变迁	2009	东南传播
廖秉宜	中国传媒数字化转型与广告生存形态变迁研究	2009	广告大观（理论版）
林升梁	数字电视广告生存形态探析	2008	广告大观（综合版）
卢安宁	论数字时代的广告生存形态	2008	学习月刊
金　松	大众媒体数字化的几种生存形态	2007	中华新闻报
詹　珊	论恶搞行为在中国当代大众文化中的生存形态	2007	福建师范大学学报（哲学社会科学版）
陈致烽	数字电视广告生存形态探析	2006	福建师大福清分校学报
潘　力 建刚	现代广播的生存形态与走势	1999	中国广播电视学刊

以上文献除了叶小刚的两篇论文对"生存形态"的使用更准确地说是指生存现状或者说生存状态之外，其他文献的使用都是比较统一的，那就是指生存形式或者说表现形式，这也是本书所取的含义。

从目前对传播形态这一概念的使用情况来看，大致可以分为以下几种情形：

其一是等同于人类传播类型，也就是指自我传播、人际传播、群体传播、组织传播和大众传播。

其二是从人类传播活动方式的角度来使用，如口语传播、文字传播、印刷传播、电子传播和网络传播。

其三是从媒介形态的角度使用，如报纸、广播、电视等，甚至每一种媒介都代表着一种传播形态，如在知网上以"传播形态"为关键词进行检索，就有大量论文以微博、博客、手机、数字电视、网络广告等作为新的传播形态。

其四是从信息流向的角度而言，如单向传播和双向传播，线性传播和非线性传播，"一对多"传播和"多对多"传播等。

其五是笼统使用，没有明确的意义指向。既可以是指传播类型和传播方式，也可以指信息流动方式，更可以指某种媒介形态。

作为传播学中常用的一个概念，传播形态一词不应该没有一个确切的含义。严格意义上说，传播形态和传播类型、媒介形态之间的区别是比较明显的——人类传播类型是从人类传播的发展过程和传播范围的角度而言，一般而言是抽象的，媒介形态则是从媒介自身的形式出发，一般而言是具象的。至于和传播方式之间的差异，可以作如下辨析：传播方式带有工具性的指向，意味着人类使用何种媒介进行传播，如印刷传播和电子传播，就表明这是两种不同的传播方式，一个使用的是工业化的机械，一个使用的是电子设备。通过对以上概念的阐述，旨在说明，从更为精确的角度上说，传播形态这一概念的重心在"形态"，也就是说在"形式"或者"方式"上，传播形态就是指如何传播，更进一步讲就是说信息的流动方式是怎么样的，而不是重点考量是什么工具或者媒介以及媒介形态又是怎样。所以，有研究者指出"广告传播形态是指广告信息流动方式的总体情况"[1]，这种说法是可取的。

---

[1] 黄迎新. 数字技术背景下的广告生存形态变迁[J]. 东南传播，2009（6）：15.

三、运作形态与产业形态

运作是运行和操作的意思，广告的运作形态是指企业或组织操作广告的方式，其性质是业务经营与管理层面的，带有鲜明的市场化特征。如业界经常使用的精细化运作、资本化运作、市场化运作等，以及在数字传播背景下广告的平台化运作，都是在实际操作意义上使用的概念，因此，其与生存形态、传播形态之间的区别是十分明显的。

产业是一个经济学概念，尤其在产业经济学中使用较多，一般是指具有某种同类属性的企业经济活动的集合。产业形态是产业存在发展的外部形式，包括产业结构状态、产业链生态、产业活动质态以及产业发展业态等。有学者把广告产业界定为从事广告产品生产或提供广告服务的企业集合。具体而言，就是从事调研、策划、创意、制作、媒体购买、发布等广告活动的企业的集合[1]。

对于以上几个相关概念的辨析旨在说明，本书所说的形态，主要是从生存形态和传播形态两个层面使用，而不包含运作形态和产业形态。这主要是基于以下考虑：首先，研究问题的明确性与集中性。既然形态是一个总的概念，具体又包含多个层面的内涵，那么就有必要指出研究所着力的主要层面，而不是泛泛而谈。其次，就广告形态而言，生存形态与传播形态是一个无法截然分开来谈的问题，两者之间相互交融，你中有我，我中有你，那么，最好的处理办法就是首先弄清两者的基本区别，同时在研究当中又不将两者人为地割裂。

---

[1]　刘传红. 广告产业的内涵及研究意义[J]. 商业研究, 2008(4): 194.

第四节
理论范式、研究方法与基本分析框架

　　本书运用的主要理论范式是媒介形态理论和文化进化论。对于广告形态演进逻辑、演进轨迹和演进路径的阐述分析，主要使用的是媒介形态理论，对于广告形态演进规律与法则的总结，主要运用的是文化进化论。

一、理论范式

　　"范式"一词在英语里的原意是"语法模式"，美国科学哲学家托马斯·库恩在《科学革命的结构》中使用时给它赋予了"现代含义"，指的是一个科学共同体成员所共享的信仰、价值、技术等的集合[1]。范式是某一科学共同体所共同遵循的研究规则，它至少包含着研究对象、研究内容的基本意向和研究方法、研究取向的基本统一[2]。

　　本书所采用的理论范式是进化论，具体而言是以美国人类学家塞维斯和萨林斯为代表的文化进化论。他们的理论主要包括以下内容：

　　（一）一般进化与特殊进化

　　塞维斯和萨林斯认为一个进化过程包括一般进化和特殊进化两个方面，文化进化"一方面是文化作为一个整体由'阶段到阶段'的一般发展；另一方

［1］　托马斯·库恩.科学革命的结构［M］.金吾伦,胡新和,译.北京:北京大学出版社,2003:9.
［2］　谭辉煌.论法兰克福学派的广告文化批判范式［J］.东南传播,2012（8）:13.

面是各种类型的文化的特殊进化"[1]；或者"进化是不断朝两个方向的运动，一方面是通过适应性变异导致多元发展，即从旧种类分化出新的种类。另一方面进化产生进步：高一等的种类生成并超过低等种类"[2]。

考察广告形态的演进轨迹，首先就意味着要划分清楚广告形态由阶段到阶段的变迁，同时对于每一个阶段的广告形态也必须进行辨析，一般进化和特殊进化的概念无疑有助于以上操作。

(二) 进化优势和进化潜势

具体而言，文化进化优势又分为一般优势和特殊优势。

萨林斯认为："进化似乎是创造文化组织并使之永恒的能量总转换。文化产生和释放能量；它从自然界攫取能量，并将其转换为人口、物质材料和制作品，转换为政治体制和观念的流转，转换为社会习俗及对这些习俗的执着的信奉。如此以自然状态转入文化状态的总能量，一旦同转换过程中（熵减少）提高了的等级结合起来，便可以代表一种衡量文化一般水平，亦即衡量文化成就的尺度。"[3] 也正是基于以上标准，萨林斯认为文化一般进化"是能量转换由少到多，综合水平由低到高，全面适应由弱到强的过程"[4]。更进一步讲，较高文化形态之所以对较低文化形态具有支配或者取代的倾向，本质上说就在于较高文化具有一般优势。按照萨林斯的观点，特殊进化得以产生的根本因素同样在于某种生物或者文化具有特殊优势。他认为，无论其一般进化的水准有多高，都没有一种生物体能比其他生物体更具有得天独厚的多种适应性优势。换言之，一高等物种并不是在各方面比低等物种更"进步"的。卡普兰则进一步指出："虽然较为发达的种类展现了一个巨大的优势范围，但这并不证明他们能够在所有特殊环境中获得优势。某些时候，有的低级种类也可能拥有在那些特殊居地开发资源的高度适应和专化能力，从而使得他们能够在这个环境中保持某种特殊优势。"[5] 既然是特殊进化，衡量的标准自然没有一个统一的指标，"特殊进化不是以一般进化的进步标准来衡量，而是以其在特殊

[1] 托马斯·哈定,等. 文化与进化[J]. 韩建军,商戈令,译. 杭州:浙江人民出版社,
      1987:10-11.
[2] 同上。
[3] 同上,第28页。
[4] 同上,第31页。
[5] 同上,第37页。

生态系中适应能力或专化水平的高低来衡量的。"[1]

进化优势是对进化缘由的深刻回答，这个理论告诉我们一般进化和特殊进化何以产生，当一种文化具备了一般优势，那么它就可以实现一般进化，而对环境产生专化的文化也可以实现特殊进化却不至于被灭亡。广告形态的演进同样会遵循以上文化进化的法则。在这个理论的启示下，我们需要进一步思考的就是广告形态的一般优势在哪里？它具体由哪些指标构成？也就是说只有真正寻找到了衡量一般优势的标准，才可以更为深入细致地谈广告的一般优势及一般进化。

进化潜势是相对于进化优势而言的，它是尚未体现出来的优势。也就是说，相较于进化优势，进化潜势向更高层次和更高阶段发展的可能性更大，这是由于进化优势一旦获得，其对环境的适应力就会逐渐走向专化，为了长期地保持这种优势，稳定性也就凸显。而相对于进化优势而言，进化潜势并未走向专化，其灵活性和适应力也就更强，因此更具有走向文化进化的潜在能力。

（三）进化的"二律背反"

文化进化的二律背反是从文化适应环境的角度来阐述的，具体而言，"这种适应过程具有两个特征：创造与保持。前者是一种结构和模式的进化，这种特定的结构和模式能使一种文化根据环境进行必要的调整以适应环境；后者则为一种稳定化趋势，即保持已实现的合适的结构与模式。"[2]

文化进化的二律背反，是对进化的普遍关系和本质关系的一种总结。就广告形态演进而言，内在机制也是适用的。广告形态的演进过程，是一个在创造中保持，在保持中创造的过程，在这种二律背反的张力中不断演进着。

二、研究方法

（一）逻辑与历史相统一的方法

在《〈政治经济学批判〉导言》和《卡尔·马克思〈政治经济学批判〉》

---

[1] 商戈令. 文化的进化和中国文化——有关文化人类学的读书札记[J]. 学术月刊,1987 (6):26.
[2] 托马斯·哈定,等. 文化与进化[M]. 韩建军,商戈令,译. 杭州:浙江人民出版社, 1987:37.

等著作中，马克思和恩格斯制订和论述了科学的逻辑和历史相统一原理的基本观点，并且在《资本论》和《法兰西阶级斗争》等著作中卓越地运用了这一原理和方法。

逻辑是主观层面的东西，是人类抽象思维和辩证思维的产物，主要体现为概念、命题等形式，历史是客观层面的，是社会历史的客观事实。逻辑与历史相统一，就是要求人们在研究当中做到主观的理解、阐释、发现与客观现实相符合，而不能相违背。

逻辑与历史相统一的研究方法，首先就是要搞清楚研究的主体，只有明确了研究主体，才能保证在研究中不至于脱离历史事实。

就广告形态研究而言，首先要明确其合法性主体，而不能人云亦云。同时，基于广告形态自身的演进研究，就目前而言，很大程度上是一个全新的建构过程，这样一种过程必然使用一些新的概念并产生一些新的命题和推理。从感官和时空两大逻辑出发所构筑的广告形态发展演进，一定要符合广告形态变迁的历史事实，做到逻辑的推演和客观的发展历史相统一。

（二）比较研究法

比较研究法是依据拟定的标准对考察的对象进行辨析异同的研究方法，一般分为纵向比较和横向比较。纵向比较是历时性的比较，侧重的是时间向度。横向比较是共时性的比较，侧重的是空间向度。对于广告形态演进而言，一方面要从纵向上梳理其一般进化的历程，这就需要使用纵向比较，即对不同发展阶段的广告形态进行对比分析；另一方面，在同一发展阶段，也存在不同区域的广告形态之间的比较。

（三）文献研究法

文献研究法是根据研究主题进行文献的收集、整理、分析以便得出科学认识的方法，"籍由回顾文献（回顾相关的学术研究和资料），研究人员得以改良自己的研究课题，厘清搜集资料可行的技术，消除或减少可以避免的错误。"[1] 通过文献的回归和研究，可以建立研究者对该研究领域的熟悉和自信，可以呈现前人的研究路线及其与自己的研究关联，汇聚整合不同的研究成

---

[1] 理查德·谢弗. 社会学与生活[M]. 马戎,杨文山,审阅,刘鹤群,房智慧,译. 北京:世界图书出版公司,2008:37.

果并进行综合分析，了解尚未解决的问题，指出可能的研究方向，甚至产生新的研究想法。

三、基本分析框架

第一章绪论首先指出了研究的理论和现实意义，并对国内外的相关研究现状进行了详细的梳理；其次为方便论述和明晰研究对象，对广告形态的内涵作了界定，即主要指生存形态和传播形态；最后介绍了本书所使用的理论资源和研究方法。

第二章从整体上对广告形态的演进进行了宏观的扫描，以便对广告形态的发展轨迹形成一个总体的认识。其主要内容是指出广告形态演进划分的标准和依据，并总结三个发展阶段的特点。

第三章至第五章依次对广告形态的三个发展阶段按照感官和时空两大逻辑展开具体的描述。

第六章结合人工智能技术对广告形态的未来发展进行了展望。其目的是试图探求人工智能技术背景下，广告形态演进是否将跨越感官的逻辑指向进一步迈向新的逻辑轨道。

第七章在第三章至第六章的基础之上，进一步抽演出广告形态演进的逻辑和路径。就感官逻辑而言，通过梳理和阐释，指出广告形态的演进遵循的是对人类感知模式的复制和还原的发展路径，其演进的过程其实是一个对人类感知模式的复制水平和能力不断提升的过程。广告形态的发展趋势将朝着多感官平衡的深度实现与元形态的高级回归的方向前进。就时空逻辑而言，通过梳理发现，广告形态的演进总是试图在更大范围上实现对时空范围的突破和对时空限制的克服。从原形态的广告到现代媒介形态的广告，在时空生存范围上不断扩大乃至到了数字形态发展阶段更是实现了空前的超越，而对时空限制的克服，则主要体现在身体在场效应的获得和广告传播自由度的极力追求。

第八章是广告形态演进的法则和规律。这是在梳理了广告形态演进的轨迹和阐释了广告形态演进的路径之后，进一步对广告形态演进的普遍性和本质性关系的揭示。该部分主要结合文化进化论的一般理论，总结和归纳了广告形态的进化优势法则、共同进化法则、非线性进化法则和适应律。

第二章
广告形态演进的总体观照

对广告形态演进做整体观照，目的在于从较为宏观的视角梳理广告形态演进的基本轨迹。这往往意味着要对其进行阶段性的划分，为此，本研究要强调两点：一是要有突出的研究主体，即谁在演进；二是要有明确的划分依据和划分标准。关于这两点，本书的主张是：第一，广告形态（而非广告文化或广告历史等一些宏阔而抽象的概念）才是本书的主体，具体是研究广告形态的演进轨迹和演进规律；第二，本书对广告形态的演进阶段进行划分的依据和标准是广告形态对时空的突破能力和广告视听（感官）元素的融合程度。

第一节
广告形态演进阶段性的划分依据

　　一般意义上，广告史的研究大致遵循以下几种逻辑：第一种是朝代逻辑，即按照各朝各代的历史发展顺序展开广告形态的描述和罗列。第二种是社会形态逻辑，即按照社会意识形态的发展顺序梳理广告形态的发展，分为奴隶社会阶段、封建社会阶段、资本主义阶段和社会主义阶段，如许俊基的《中国广告史》。第三种是文化逻辑，即根据商品经济的发展情况和广告文化的活跃情况，分为中国古代广告文化萌芽期、中国古代广告文化初步发展期、中国古代广告文化出版繁荣期、中国古代广告文化繁荣与成熟期和中国近代广告萌生发展期，如陈树林的《中国广告历史文化》。第四种是发展史逻辑，一般分为古代、近现代和当代三个发展阶段，陈培爱的《中外广告史新编》将广告史分为广告的起源至鸦片战争前的广告（公元前约 1 万年—1840）、鸦片战争至新中国成立前的广告（1840—1949）、新中国成立以来的我国大陆广告（1949—1979）和新时期的我国大陆广告（1979 年以后），虽然分得比较细，但本质还是没有脱离三大发展阶段的窠臼，而对外国广告史的分期则是明确按照原始时期、近代时期和现代时期划分，此外王淑兰的《中外广告发展史新编》和夏文蓉的《中外广告发展史》都是依照此种模式。

　　应该说，不同的写作逻辑反映了研究者试图超越和创新的努力，并为后续的研究提供了参照和启示，然而，当众多的广告史写作依然在不断地重复着前人的研究模式时，我们是否应该重新思考广告史的建构问题？依附于朝代、社会形态、文化和社会发展史这些宏大叙事话语背景下的广告形态研究，是否遵循了广告自身的演进逻辑与发展规律？由此，笔者联想到了黄旦先生关于"报刊的历史与历史的报刊"的论述，他认为，"以报刊为合法性主体的历史，才真正称得上报刊史。所谓主体，就是以报刊为中心和视野，并以此展开史实、分析报刊与社会关系，以及揭示评价其意义和价值。唯有如此，才能反映报刊历史的真相，从而起到历史为现实服务的作用。当下我国报刊史研究的问题，乃在于忽视了主体性问题，从而报刊的历史成了历史的报刊。"[1] 虽然论述指出的是报刊史研究存在的问题，但对于广告史的研究来说足资借鉴和反思，也就是说广告史的研究一定要树立以广告为"合法性主体"的历史意识。也正是基于这种考虑，广告形态的发展演进就是力图以广告的生存形式和传播形式为立足点和出发点，思考和探究其演进的轨迹和逻辑。

既然一般意义上的历史分期方法无法很好地揭示广告自身的发展演进问题，那么，什么样的思路才是合理的选择呢？这里，我们首先引入美国文化学家萨林斯最先提出的一般进化的概念。他认为，"在生物和文化这两个领域，进化是不断朝两个方向的运动。一方面，通过适应性变异导致多元发展：从旧种类分化出新的种类。另一方面，进化产生进步：高一等的种类生成并超过低等种类。这些运动方向首先是特殊进化，其次是一般进化。"[2] 在他看来，"一般进化是物种向更高形式发展的产物"[3]，"文化一般进化是能量转换由少到多，综合水平由低到高，全面适应由弱到强的过程"[4]，一般进化研究的目标是"整体进化诸阶段中文化相继变迁的解释和判定"[5]。由此，广告形态的一般进化要解决的核心问题毫无疑问是广告形态"由阶段到阶段"的演变过程。

很显然，每当我们试图划分广告史的发展阶段的时候，首先必须明确的一个根本前提就是划分依据，同样的道理，广告形态的一般进化也不能回避这个问题。本书对广告形态的一般进化提出的划分依据是广告形态对时空的突破能力和广告视听元素的融合程度。提出这样的依据是基于以下原因：

第一，时空是广告生存的基本形式。任何广告形态都存在于一定的时空之中。

第二，广告是一种感知活动，主要依靠视听元素来赢取注意力。无论是商业广告还是非商业广告，其最直接的目的是引起注意，而这主要依靠视听元素

[1] 黄旦. 报刊的历史与历史的报刊[J]. 新闻大学，2007(1)：51.
[2] 托马斯·哈定，等. 文化与进化[M]. 韩建军，商戈令，译. 杭州：浙江人民出版社，1987：10.
[3] 同上，第16页。
[4] 同上，第31页。
[5] 同上，第24页。

的表现来实现。

第三，时空和感官（视听）这两个标准在考量广告形态的一般进化中具有可操作性。由于不同形态的广告克服时空限制的能力不一样，不同形态的广告在视听元素的运用上既有偏重，对视听元素的融合程度也不一样，因此，这为考察广告形态的阶段性变化创造了条件。在两者的关系上，广告形态的时空存在总是要借助一定的视听元素来体现的，广告形态的视听元素也总会存在于一定的时空当中，这为思考两个标准之间的关系提供了基础。时空和感官这两个标准还有利于克服成本、价格、利润等商业因素在考察广告形态变迁时的不确定性。我们在思考广告形态演进的时候是不能忽视广告是一种商业活动的基本认识的，但历史告诉我们，要比较某一阶段某种形态的广告比另一阶段某种形态的广告成本或价格更低或更高、利润更多或更少，是没有规律性可言的。

因而，根据以上依据和标准，本书将广告形态的一般进化划分为三个阶段：

第一阶段是广告的原形态发展阶段，时间上主要指 1919 年以前。在这一阶段，原形态的广告基本上主要依靠人自身和外物（包括实物、自然物、图画文字和手工制造物等）获得生存，其突破时空限制的能力是最小的，视听元素整体上趋向于分离。

第二阶段是广告的现代媒介形态发展阶段，时间上主要指近现代时期（1919—1994）。在这一阶段，现代媒介形态的广告主要是指依靠报纸、杂志、广播和电视四大传统媒体进行生存，即以媒体为主导形态的生存方式。这些媒体使用了先进的工业技术，使广告在时空传播上获得了极大的突破，视听上也由前阶段的分离走向融合。

第三阶段是广告的数字形态发展阶段，时间上主要指数字时代（1994 年以来）。在这一阶段，数字形态的广告在时空突破上是空前的，在视听上实现了高度还原和深层复制。

第二节
广告形态演进的三个阶段

根据上节的划分依据，本书已将广告形态的演进轨迹划分为三个阶段：原形态发展阶段、现代媒介形态发展阶段和数字形态发展阶段，下面具体分析各个发展阶段的特点。

一、广告演进的原形态发展阶段及其特点

"原"从词源学的角度上讲有"最初的，开始的"和"本来的"意思。在这里，广告的原形态是指广告主要借助人自身和外物（包含实物、自然物、图画文字和手工制造物等）获得生存的形式。诸如口头广告、实物广告、标记广告和旗帜广告等等，都属于广告的原形态。广告史研究专家杨海军曾提出"原态媒介"的概念，他认为"广告媒介具有不同的外在形态，原态媒介是广告媒介发展历程中的第一个媒介技术形态"[1]，并指出原态媒介包括实物媒介、声响媒介、气味媒介和人体媒介。基本上可以说，原态媒介就是广告的原形态所依附的媒介。广告的原形态在时间上主要存在于近代以前，当然，近代以后仍然有此种广告活跃的身影。广告的原形态具有以下特征：

1. 原始性

这不仅仅是指广告的原形态在生存形式上处于相对落后和低级的水平，更重要的是指其具有最初的意义，即以口头叫卖广告和实物广告作为广告的两种基本形式，后续的广告形态都是在两者基础上的生发和演进。"无论中国古代社会商品广告的形式如何变化，溯其根源都与原始的口头广告和商品陈列广告

---

[1] 杨海军,王成文. 世界商业广告史[M]. 开封:河南大学出版社,2006:101.

密切相关。"[1]

2. 延续性

这主要是从生存环境上说。广告的原形态是在以自然经济为主导的社会环境下生存的，在中国，广告的这种生存环境延续长达几千年，在如此漫长的时间里，广告的原形态也长期得以保持而未有根本改变。

3. 简朴性

这主要是从广告媒介的角度而言。总的来说，可以分为人和物两种，"制作简单甚至简陋，往往因陋就简，因需而设，不免粗糙。"[2] 借助人，广告的原形态主要表现为叫卖广告和吟唱广告，这是最为简单的依靠人的声音获得生存的广告。从物的角度上说，非工业时代的技术及其产物是较为简陋和粗糙的。

4. 单一性

即广告的原形态主要是以单一的作品形式存在。这种单一性，往往表现为以具体的广告媒介为载体，以单一信息为传播内容，以具体的画面或具象为存在形式，"阶级社会的广告内容日益丰富多彩，但广告表现形式的单一性并没有根本改变。商品广告有口头叫卖、陈列、展示、招牌、幌子、楹联、店堂装饰、吟唱、欢门、彩楼、印刷广告、春联年画等。军事广告则有'烽火预警'等形态。文化广告则包括服饰文化广告、礼仪文化广告、民俗文化广告等形式。政治广告既有借助'鼎''石刻''碑'等物质载体来传达统治权威信息的广告形态，也有以'诏''制''诰''令''判'等形制为载体传达统治阶级政令、法规等内容的广告形式。这些广告形态无论是从制作工艺，还是从传达的信息量、传达方式看，都没有突破广告作为单一作品的局限性。"[3] 虽然在宋代的迎酒仪式中广告形态以综合性动态呈现过，但这只是整个广告形态演进史中的个别现象，明清时期并没有将这种形态继续发展下去，所以整体上说，单一的作品形式是此期广告的主导形态。

二、广告演进的现代媒介形态发展阶段及其特点

广告的现代媒介形态指的是广告以报纸、杂志、广播和电视这四大大众媒体作为其生存的依托和表现的形式。广告的现代媒介形态发展阶段在时间上包

---

[1] 杨海军. 中外广告史新编[M]. 上海:复旦大学出版社,2009:73.

[2] 丁柏铨,庞绍堂. 试论广告的历史演进[J]. 江海学刊,1994(6):41.

[3] 杨海军. 中外广告史新编[M]. 上海:复旦大学出版社,2009:4.

含了近现代时期，具体指 19 世纪三四十年代到 20 世纪 90 年代，即从报纸成为大众媒体直到 1994 年世界上第一条互联网广告的诞生。这里要进一步说明的是，在广告的现代媒介形态发展阶段，广告的原形态并未停止和消失，同样的道理，在广告形态的第三大发展阶段，广告的原形态和现代媒介形态一样继续生存着。广告的现代媒介形态具有以下特征：

1. 成熟稳定化

广告的原形态，尤其是口头广告、实物广告等基本形态，带有明显的原始性和粗糙性，并且在漫长的原形态发展阶段，经过多种不同媒介的选择和形式的更替，比如文字广告，就依次在龟甲、金属器皿、简牍、丝帛和印刷纸等多种媒介上进行生存和展现。声响广告更是经过各种名目器具的选择和运用，然而，这都未实现广告形态以一种稳定成熟的形式进行生存。在广告的现代媒介形态发展阶段，以上情况发生了变化。文字广告、声音广告和图像广告分别最终以报纸杂志广告、广播广告和电视广告作为其成熟形态获得稳定生存。

2. 视觉主导化

在四大大众媒体中，除了广播是诉诸听觉以外，其他三种媒体都是诉诸视觉，这直接带来广告形态在此期以视觉为主导的发展特征。

3. 运用统筹化

随着广告公司的兴起和规范化、科学化运作，广告形态不再是以孤立的形式展现，而是被纳入整个广告运动当中的一个环节，尤其成为广告表现和媒介发布的重要组成部分。这样的话，广告形态的运用也就改变了过去自发的状态，而是被有意识地自觉地统筹规划。具体而言，一个完整的广告运动一般包括广告调研、广告策划、广告表现、媒介发布、效果测定五大环节，其中广告形态的运用与广告表现和媒介发布两个环节密切相关。它既服从于整个广告活动的统筹安排，也由广告表现和媒介发布直接决定其以何种形态被使用。

4. 呈现综合化

即多种广告形态同时在一项广告活动中综合性呈现。与运用统筹化强调的是整体性和协同性不同，呈现综合化是强调广告形态使用的多元性，往往表现为糅合报纸广告、杂志广告、广播广告、电视广告等多种形式于一身。

三、广告演进的数字形态发展阶段及其特点

广告的数字形态是指广告以数字媒体为其生存与表现的形式。数字媒体是指以"0"和"1"二进制的形式进行记录、处理、传播、获取过程的信息载

体，包括以网络和手机为典型代表的原生的数字媒体和数字化的传统媒体[1]。一般认为，以网络为代表的数字媒体，以 1994 年为开端，以 2004 年为节点，经历了两个不同的时期，2004 年以前是 Web 1.0 时期，2004 年之后进入 Web 2.0 时期。而就网络广告而言，广告的数字形态发展阶段以 1994 年 10 月 14 日为始，该日美国电报电话公司（AT & T）在热线（Hotwired）电子杂志上发布了世界上第一条网络广告。就中国而言，有研究者依据网络广告市场的状况指出，1997—1999 年是中国网络广告的初创期，2000—2002 年是中国网络广告的蛰伏期，2003 年及以后是中国网络广告的爆发期[2]。就广告的形态而言，本书认为，到目前为止，广告的数字形态主要划分为形成与发展两个时期，前期的主要特征是对原形态和现代媒介形态广告的照搬与移植，并未充分张大和凸显数字媒体自身的特性；后期则明显发生了变化，广告利用数字媒体的技术优势，在生存方式和感官体验上实现了革命性的变迁。这两个阶段的时间节点是 2003 年。总的来说，广告的数字形态具有如下特点：

1. 高度抽象化

在广告的原形态发展阶段，由于语言约定俗成的特点，语言与实物之间并无必然的联系，但口头广告往往与实物紧密伴随，这在很大程度上消解了语言的抽象性。文字广告的产生，一方面由于文字自身的抽象性，另一方面，文字广告与实物之间是一种脱离的关系，这使广告在抽象化这一特征上迈开了一大步。广告的数字形态是依靠计算机采用二进制数字"0"和"1"进行运算、加工、存储、传送和还原的，所有的信息都要转化为二进制数字进行编码、压缩和解码，其抽象程度被保罗·莱文森誉为"空前绝后的最抽象的传播方式"，它与电子时代广播电视的模拟信号最大的不同就是前者是人为抽象出来的，而后者则是分布于自然界的各处。广告的数字形态以"比特"，也就是字节为基本生存单位，无论是以文本、声音还是以图像、视频等方式单独或者综合呈现，都必须以此为最基本的计量单位进行转换。

2. 多元融合性

广告数字形态的多元融合性至少包含两个方面的内涵：其一是多元形式的融合。在广告的现代媒介形态发展阶段，我们说电视广告具备了融合语言、文字、声音、图像的特性，在这一点上，以互联网为代表的数字媒体广告与电视

---

[1]　彭兰. 数字媒体传播概论[M]. 北京:高等教育出版社,2011:7-11.
[2]　陈刚. 网络广告[M]. 北京:高等教育出版社,2010:3-4.

广告没有实质性的区别，但其融合和表现的能力更加突出，因为网络可以融合人类现有的任何一种传播手段，这是电视等传统媒体所不能媲美的。其二是多种媒介的融合。媒介融合这一概念最早由美国马萨诸塞州理工大学的伊契尔·索乐·普尔于 1983 年提出，他认为，在技术的推动下，"一种单一的媒介，无论它是电话线、电缆还是无线电波，将承载过去需要多种媒介才能承载的服务。另一方面，任何一种过去只能通过单一媒介提供的服务，例如广播、报纸、电话，现在都可以有多种媒介来提供。由此，过去在媒介与它所提供的服务之间存在的一对一的关系正在被侵蚀。"[1] 随着技术的发展，"媒介融合就是指在数字技术和网络技术的背景下，以信息消费终端的需求为指向，由内容融合、网络融合和终端融合所构成的媒介形态的演化过程。"[2] 以网络为代表的数字媒体，"由于采用大规模的集成电路实现数字多路复用，使数字系统能兼容电话、电报、广播、电视、数据和其他通信业务"[3]，从而形成一个综合性的信息平台，相同的道理，手机和数字电视等新媒体，同样具备这样融合的功能。在这一背景下，广告可以在多种不同媒介之中自由、灵活地"穿梭"。

3. 无限延展性

广告数字形态的延展性主要是针对两个方面而言：第一是从量的角度上说，广告信息具有海量的存储和传输的特质。在广告原形态尤其是广告现代媒介形态发展阶段，广告信息在量的呈现上是极其有限的。众所周知，在广告原形态发展阶段，由于广告媒介发展不成熟，频繁更替，这直接带来保存的不便。再加上广告媒介自身在容量上的局限性，也无法随心所欲地表现广告信息。进入广告现代媒介形态发展阶段，虽然广告媒介走向稳定化和成熟化，但是由于版面、刊号、频道等是稀缺资源，使广告信息的刊播成本极高，也不可能在报纸、杂志、广播、电视上大量做广告。以互联网为代表的数字媒体，由于采用了先进的数字技术，信息量的衡量超越了面积和版面的限制，不再局限为某种实体的依附，其存储的容量极大地超越了传统媒体。网络广告可以通过超链接的方式，全面、具体、完整地展现广告信息。第二是从时空的角度上说，数字形态的广告可以在时间上做到全时性，在空间上做到泛在化。所谓全

---

[1]　Henry Jenkins. Convergence Culture[M]. NewYork：NewYork University Press，2006：10.

[2]　王菲. 媒介融合中广告形态的变化[J]. 国际新闻界，2007（9）：17.

[3]　杨坚争，等. 网络广告学[M]. 北京：电子工业出版社，2002：3.

时性，是指传播过程的全时性，即可以全天候发布，打破了传统媒体出版周期、播出时段等因素的限制；广告信息接收的全时性，即可以克服传统媒体信息转瞬即逝的不足，受众既可以在广告信息发布之后较长一段时间去获得，对于过往信息，还可以通过搜索引擎或网站的数据库进行检索。所谓泛在化，即是无时无处不在。受众不仅可以通过互联网，也可以通过移动设备、可穿戴设备等各种数字媒体随时随地获取广告信息。更重要的一点是，由于互联网互联互通的特性，广告信息可以从根本上突破时空的限制，在全球范围内广泛地传播。

第三章
广告演进的原形态发展阶段

赋予广告演进第一阶段以"原形态"的称谓，不只是时间上的原因，更重要的是广告形态的基本构成元素在此阶段已经形成，后续阶段的广告形态精彩纷呈，但基本都可以从这里找到源头。因此，此期广告形态的演进可以说是生发阶段。

从感官逻辑上讲，原形态阶段的广告对视听元素的融合能力还是很低的，视听元素的分分合合之中，分占据了主流，即广告形态偏向于视听元素各自发展的演进轨迹。从时空逻辑上讲，广告形态突破时空限制的整体能力也很有限。在此阶段，广告要想传播的时空范围更大更远，更多依赖市场空间的开拓而非媒介传输能力的扩张。

第一节
广告原形态的形成

广告的原形态有其自身的发展演进过程，广告原形态的形成是这一过程的起始和开端，这一过程在历史上指隋代以前，即从远古时期直到南北朝时期。

一、口头叫卖和实物陈列是广告的两种基本形态

学界也许对广告的起源问题存在争论，但是对于口头叫卖广告和实物陈列广告是广告的两种最基本的形式却是一致认同的。构成这一情况的原因有以下几个方面：

首先，有剩余产品作为前提产生了需求的差异和交换的冲动。具有同样的剩余产品没有交换的必要性，想交换没有剩余产品作为资本也不可能进行。

其次，交换还需要避免某种忌讳。交换并不是一件随意而行的事情。希罗多德在《历史》中曾记下迦太基人交易的故事：他们航行到利比亚海岸，把货物送到岸上，点了火发出信号便回到船上，土人看到信号在海边放下黄金取走货物便离去，之后迦太基人再去拿走黄金。经济学家们把这种交易称为"默商交易"，在中国古代文献中称之为"鬼市"，世界范围内这是一个非常普遍的现象，甚至有一个更为典型的例子可以更好地说明交换中的广告形态，"居住在该岛（怀卢库岛）南北两边的两个岛民族群，都是把各自的物品拿到河的北岸和南岸，在河中央的一块岩石上交易。交易的双方不仅语言相通，而且在交易前的谈判时，分别站在河的两岸大声吼叫，以此决定交易的条件。"[1] 这种带有一些羞怯的交换活动，难道不是很好地说明了广告从一开

---

[1]　陈庆德,潘春梅. 经济人类学视野中的交换[J]. 民族研究,2010(2):46.

始并不是一件明目张胆的事情吗？也证明了堂而皇之的叫卖和"摆摊"是需
要经过一定过程的。

最后，选择身体和实物作为广告媒介实现交换是一种本能。当原始社会的
人们还在使用石头、树枝甚至动物的骨头作为劳动和防御的工具时，很难想象
他们会去发明一种东西来做广告，这并不是说他们没有创新精神和自觉意识，
而是通过叫卖来告知和直接展示实物实在是一种本能。正如美国经济学家奥菲
克所言，"在两个交易者之间（即使二人本不相干，也）可以进行以物换物的
交换，这是人的一种倾向和能力，是人的谋生手段中的一个深刻的特征。人被
赋予了交易的非凡技能，当遇到机会时人就自发地施展这种技能，没有机会
时，它就处于休眠状态。交易就像掌握口头语言之类的其他先天能力一样，是
一种基本技能，它被视为理所当然"[1]，而在不借助任何其他媒介的情况下，
依靠人自身和实物进行交换"是一种人的天然倾向"[2]。可以想见，当神农
"列廛于国，日中为市，致天下之民，聚天下之货，交易而退，各得其所"的
时候，交换已经初步成为一种常态。因为此时有了固定的地方和规定的时间以
供人们来易彼换此，而这种最为简单的物物交换依靠的就是口头吆喝和实物陈
列。"因为当时的文字还处于萌芽状态，加上缺少可供书写的媒介物，因而当
时的告知方式以口头告知为主，这种口头告知也就是今天被我们称为的'吆
喝'。"[3]

在口头叫卖广告和实物陈列广告的基础上，广告的原形态沿着两个方向在
此期得到了初步发展。

就口头叫卖广告而言，其演进的路径是朝着声响广告的方向发展，具体轨
迹是：吆喝→敢谏之鼓→鼓刀→箫管→市鼓。《诗经·氓》中的"氓之蚩蚩，
抱布贸丝"，虽未直接提及吆喝，但作为实物广告和吆喝广告的结合是毫无疑
问的。先秦时期，如尧舜为了搜集信息、倾听民意，于"五达之道"或"通
都大邑"设置"敢谏之鼓"，就是方便人们击鼓进言之用，有明显的告知功
能。与之不同，西周初年，姜太公为了获得楚文王的注意，率先通过敲击刀具
发声来做广告，从而开启音响广告之先河。《楚辞》说他"师望在肆，昌何

---

[1] 哈伊姆·奥菲克. 第二天性:人类进化的经济起源[M]. 张敦敏,译. 北京:中国社会
科学出版社,2004:1。
[2] 同上,第25页。
[3] 崔银河. 中外广告发展简史[M]. 北京:中国传媒大学出版社,2008:7.

识？鼓刀扬声。""鼓刀扬声"胜过单纯吆喝的地方就在于这种方式更能引起注意，后来聂政到齐国"鼓刀以屠"，仿效姜太公同样成功地推销了自己，表明这种广告方式的效果还是不错的。西周时期，在民间，音响广告已经较为活跃，人们通过乐器来演奏美妙的音乐吸引更多人的注意。《诗经》载有"既备乃奏，箫管备举"，对于箫的理解，孔颖达解释说是"其时卖饧之，吹箫，以自表也"，也就是卖糖的小贩吹箫为自己做广告。总之，虽同为声响广告，形式却越来越丰富，尤其是"吹箫卖饧"在众多声响广告中意义独特，因为其艺术性更强，因而在听觉上更能引起注意和在心理上更容易被人接受。到了汉代，商品经济得到了较好的发展，商品交易可以在专门的市场进行，甚至有管理市场的专门场所——"市亭"（图3.1）。悬挂在市亭上的市鼓就是一种新的声响广告形态，每当市场开启或关闭之时，击鼓以告知百姓。作为一种声响广告，市鼓的特点是能够在更大的空间范围上传达信息，这是前面几种声响广告所不能比的。

图3.1　东汉墓画像砖中的市亭

　　就实物陈列广告而言，其演进的路径是朝着幌子广告的方向发展，其间它只演进为悬物广告和幌子广告。实物广告发展到夏商周已然成为最普遍的广告形态，因为三代各有其"市"为商品交换提供了良好的条件。实物广告演进的第一步是悬物广告，"所谓悬物广告，就是商品经营者往往在门前悬挂与经营特征有关的物品或习惯性标志的广告"[1]，一个经常被用来说明的例子就是春秋战国时期"犹悬牛首于门，而卖马肉于内"的故事，从侧面反映当时

---

[1]　杨海军.中国古代商业广告史［M］.开封:河南大学出版社,2005:10.

存在悬物广告。不过从这个案例可以看出，悬物广告仍然带有实物广告的影子，虽然不是完整地而是部分地展示实物，但毕竟跟实物关系还很明显。秦代出现的悬牌广告，可以看作是悬物广告的进一步发展。湖北出土的云梦秦简记载：有买及卖也，各婴其价。小物不能各一钱者，勿婴。讲的是商品超过一钱就应该用牌子明码标价。可以试想，悬牌广告上面标写的主要内容肯定是商品名称及其价格，这与物之间只存在"名"与"实"的关系了。汉代，在民间出现了"悬壶售药"的广告，《后汉书》有载："费长房者，汝南人也，曾为市掾。市中有老翁卖药，悬一壶于肆头。"壶与药之间没有任何内在联系，只是一种习惯性的标志。这种广告形态与实物之间的关系已经非常疏离，变得抽象化了。

实物广告演进的第二步是幌子广告。幌子广告与悬物广告同一时期产生，但与实物之间的物体关系走向脱离。幌子广告自有其便利之处，它克服了悬物广告笨重、不雅观和不易长期悬挂或不宜长期悬挂等问题，更为重要的是，幌子广告往往由室内伸向了室外，其传播的空间范围变大了，更能引起注意。幌子广告最为典型的莫过于酒旗广告了，韩非子做过较为细致的描述："宋人有沽酒者，升概甚平，遇客甚谨，为酒甚美，悬帜甚高。"（《韩非子·外储说右上》）这里的"帜"就是幌子的一种，表明了通过高高悬挂酒旗广告以便扩大宣传的自觉意识。

总之，广告原形态的两个发展方向体现出来的总体趋势是在空间传播范围上逐渐扩大，无论是口头广告一路还是实物广告一路，都是如此；而单就每个方向而言，口头广告的演进在听觉的艺术性上值得重视，因为这更有利于吸引注意力，实物广告的演进逐渐走向符号化和抽象化，即广告与实物之间原有的物体对应关系逐渐消融。

二、广告原形态的基本元素与结构

一般而言，按照现代广告的概念，构成一则广告的完整要素包括广告主、广告公司、广告媒体、广告信息和广告受众等。但是在广告的原形态发展阶段，广告活动很显然缺少广告公司这一要素，同时，广告媒介往往直接就承载着广告信息或借助广告媒介传达广告信息，因此，在广告的原形态发展阶段，一则广告往往只需具备广告主、广告媒介和广告受众三个基本要素即可。在广告的原形态发展阶段，文字广告的出现就正式确立了广告的基本元素和结构。

文字广告在这里是一个广义上的概念，泛指通过各种载体以文字形式表现的广告形态。在广告的原形态发展阶段，文字广告主要以铭刻、标记和书写等形式生存。本书根据文字广告在此期间所依附载体的不同，分为两条发展演进的路径：第一条是沿着铭刻和标记的形式发展，其主要特点是广告媒介相对笨重，广告信息以器物生产者的名称为主，简单明了；第二条是沿着书写的形式发展，这里的"书写"特指在金属、石头和陶器等笨重物质之外的媒介上的文字形式。本书认为文字广告在此期属于初步发展，主要由于两点，其一是因为此期文字广告的社会文化色彩浓厚，而商业性不足，也就是说文字广告是广义上的广告概念；其二，在形式上还比较粗糙，但为进一步发展奠定了基础。

（一）文字广告的第一条发展路径

刻写在甲骨上的符号广告是汉字广告的源头。虽然汉字的具体起源时间及其发明人无法确定，但是就目前的考古发现来看，都会从甲骨上去寻找踪迹，一般认为，刻写在甲骨上的符号是汉字的源头。"汉字的起源还可上溯若干年代，河南贾湖遗址的甲骨契刻符号，距今有 7800～9000 年历史，被认为是人类历史上已知最古老的一种文字。殷墟甲骨卜辞与贾湖遗址甲骨刻符一脉相承，是在贾湖遗址甲骨契刻符号基础上，经五千余年演变、发展而形成的。"[1]刻写在甲骨上的这种符号文字与岩石上的壁画最大的不同就是前者是一种笔画符号，而后者是一种图像符号，在内容上，"多以'告'字起首，有上报、通报、告祭之意"[2]，被认为是我国历史上已知最早的文字广告（图 3.2）。

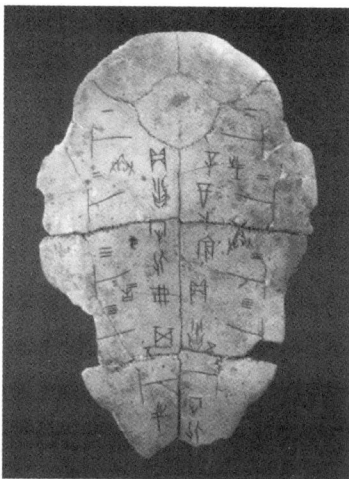

图 3.2　甲骨文

文字广告到了商周时期，流行篆刻在青铜器皿上。青铜器皿相较甲骨而言，具有保存时间更为久远、书写容量较大等特点。历史学家们认为，篆刻在青铜器皿上的铭文与甲骨文有着渊源关系，这为文字广告的媒介选择由甲骨转向青铜器提供了证据和思路。篆刻在青铜器上的文字广告主要体现为姓名标记

［1］　赵琛. 中国广告史［M］. 北京:高等教育出版社,2005:36.
［2］　同上。

的形式，是商标的雏形。从青铜器的广告类型上看，有鼎，如商代的"司母戊鼎"；有尊，如"妇好"方尊；有兵器，如"亚醜"钺，尤其以春秋战国时期的越王勾践剑和吴王夫差矛最为出名；有乐器，如曾侯乙墓的编钟等。

秦汉时期，文字广告有了新的发展。秦始皇统一天下，为昭示王权和实现其各种制度规范化管理的理想，广告成为一种宣传和推广工具。首先是刻石广告。如秦始皇在统一六国之后，为了显示其权威，命人在石头上刻下文告："六合之内，皇帝之土，人迹所至，无不臣者。"同时，他还到处立碑，一方面宣扬自己的功绩，另一方面也是为"书同文"提供标准的小篆字体。其次是度量衡器广告。度量衡器就是各种度量衡的标准器具，有木质、铜质和陶质等多种形式，"这种秦权、秦量与以往不同，不是简单的两器，更是广告的载体。在量器、权器上铸有秦二十六年诏书，意义是告知天下百姓，原六国权、量不能使用了，都要使用由皇帝制定的权与量，即目前的标准。"[1] 最后，从兵器开始实行"物勒工名"制度。所谓物勒工名，即在制造物上刻写年代、监造者、主造者、制造者之名，秦俑坑出土的兵器铭文有多种格式，如"××年寺工×造、工×""××年相邦×造，寺工×、丞×、工×"。除兵器之外，在秦朝的陶器上也体现了这种广告形式。到了汉代，在器物上刻写的内容进一步丰富，"在器物上不仅镌有工匠的名字、制造时间，而且还有器物使用、所有者的名字。"[2] 并且器物的范围进一步扩大，扩展到生活用品，有的甚至带有非常鲜明的广告语特征，如东汉袁氏神人龙虎画像镜上有"袁氏作镜真大巧"的文字，新莽刻娄铭四灵博局镜上有"服此镜，为上卿"的文字，较之单一的制造者和制造时间等信息，其广告内容又进了一步。

（二）文字广告的第二条发展路径

随着春秋战国时期毛笔的发明和应用，书写方式也发生了重大变化，书写材料的选择也走向了缣帛和简牍，带来了文字广告形态的变迁。

文字广告发展到春秋时期，伴随帛书的出现，产生了新的形态。帛是一种丝质品，相对甲骨和青铜器皿而言，最大的优点就是携带轻便，但由于多种原因，用帛作为书写材料在当时并不流行。春秋战国时期，帛书的内容主要是天象、灾变、四时运转和月令禁忌。到了汉代，帛书的内容走向丰富，除了记载

---

［1］　赵琛. 中国广告史［M］. 北京:高等教育出版社,2005:70.

［2］　同上,第94页。

诸如《老子》《易经》等古代文献之外，还有一些反映日常生活的，如相马、药方、导引（健身）、地图和占卜等，以《医药方》为例，"书中记载了几百个医治多种疾病的药方。一般都在每种疾病下面指出发病的原因和症状，然后再说如何治疗并开出药方。"[1] 可见，帛书内容的广告文化特征非常鲜明。

春秋战国时期，广泛用于书写材料的还是简牍，也就是在竹片和木片上写字。这种起源于西周时期的书写方式，成本低廉，信息容量更大，一简往往可以容纳40字。20世纪50年代末出土的战国后期鄂君启节（图3.3），就是用竹简做成的通行证，共五枚，可合成一个完整的竹简，该竹简"详记楚王对鄂君启进行水陆运输的种种规定，如车船数目、通行路线、装运货物和关税征收等"[2]，带有明显的说明和告知性质。而在20世纪80年代出土的战国青川木牍，分两面书写，共121字，"记述了秦武王二年，武王命丞相甘茂、内史主持更修田律，以及新颁律令的内容和律令实施过程中的一些情况。"[3]

图3.3　战国后期鄂君启节

---

［1］ 洪楼. 长沙马王堆三号汉墓出土帛书简介[J]. 历史研究, 1974（1）: 82.
［2］ 赵琛. 中国广告史[M]. 北京:高等教育出版社, 2005: 51.
［3］ 同上。

综上，整体上说，文字广告由铭刻和标记向缣帛和简牍的演进，即所谓的"镂于金石，书于竹帛"，体现出携带轻便和成本低廉因而也是信息容量更多的发展趋势。然而，文字广告的这种发展演进并不是直线上升的路线，而是体现为螺旋式上升。具体而言，就是当文字广告发展到春秋战国时期已经出现了简牍和缣帛等形态，但随后的秦汉时期并未将这种广告形态尤其是缣帛广告向前推进。东汉时期纸的发明，由于多种原因广告形态也并未随之很快进入文本形态，倒是铭刻和标记广告在此前得以较好较快地发展。不过，纸的发明和应用在很多方面毕竟是一件意义重大的事情，对于广告来说，它是否意味着形态的重大变化，是我们后面要继续探讨的问题。

三、广告在时空传播上的有限性

广告在原形态的形成时期虽然体现出传播的时空范围扩大的趋势，但从整体上说，其传播的范围还是很有限的。其主要原因有二。

（一）广告媒介的局限性

在广告的原形态发展阶段，无论是依靠人体媒介，还是物媒介，都只能在非常有限的范围内传播。声音在空气中的传播速度是每秒340米，在金属中的最快传播速度是每秒5000多米，人类的正常视野为左右各90度，上下各80度。也就是说依赖"原态媒介"只能在非常有限的范围尤其是空间范围进行传播。按照伊尼斯传播媒介的偏向性理论，龟甲、金属、石头这些笨重的媒介在时间传播上会更长，但在空间传播上非常受限，因为不便利；而像缣帛、简牍、实物、旗帜等相对轻便的媒介在空间传播上占有优势，因为好运输和移动，但是在时间传播上会较短，因为不利于长久保存。广告媒介的这种偏向性正好给广告的传播制造了障碍，成为长久以来广告形态试图克服的一个难题。

（二）受空间的权威性强制和结构性强制的限制

空间强制的形成"在于人对自身周围的空间以及在空间中活动的自主性具有根本性的需求"[1]，被某种程度地剥夺。那种不是来源于空间本身而是空间之外的国家权力系统以及道德习俗等所形成的强制力，属于权威性强制；

---

[1]　童强. 空间哲学[M]. 北京:北京大学出版社,2011:258.

另一种是由于自然地理、人为设置等因素形成的强制性障碍，是结构性强制。本质上，空间强制就是权力的体现，统治者往往通过综合使用权威性强制和结构性强制来达到空间强制的目的。

中国隋唐以前的市场管理制度本质上就是以上两种空间强制方式综合运用的体现，它对广告的时空传播范围产生了非常明显的限制。在中国古代，尤其是宋代以前，统治者对市场的经营区域和经营时间都有比较严格的规定。最早的记载见于《易经》，描述的是神农规定了"市"的固定地点和固定交易时间，所谓"列廛于国，日中为市"说的就是这种情况。到了商代和西周时期，出现了商业比较集中的"市"，"九市"就是形容当时市场的规模。这种市不具零散和临时性质，而是被限制在城市特定的范围内并与居民区分开。周代专门设置了管理市场的人员，涉及交易商品的种类、价格、税收等多种商业问题。《周礼》还规定了市场交易的时间和交易对象："大市，日昃而市，百族为主；朝市，朝时而市，商贾为主；夕市，夕时而市，贩夫贩妇为主。"春秋战国时期，因为没有统一的政权管理，加上各国重视经济发展，要富国强兵，所以商业出现了繁荣。其中一个重要的变化就是自由贸易和区间贸易活跃起来，这既扩大了商业的交易范围，同时还促使了商人进一步分化为行商和坐贾，由此直接带来广告形态的变迁。秦朝统一天下，在很多方面实现了统一的规范，市场同样由官府管理，恢复了商周时期的固定区域管理模式。这一模式在汉代进一步得到延续，史书记载长安有"九市"，"都分布在突门横桥大道的两旁，其中，道东有三市，道西有六市，相对集中，称之为东市和西市；每一市场的规模也有成制，大致为二百六十步见方；市场内的经营也井然有序，市场内按其所卖商品的类别区分为列肆，列肆内经营同类商品的店铺或摊位则鳞次栉比，数以百计"[1]，市场的四周都建有围墙，四方开门，按时开闭。三国魏晋南北朝时期，虽然战乱频仍，但一旦某个政权建立起来，大都延续秦汉时期的市场管理方式，如北魏时期的市场多以"里"来设置，洛阳城里共有220里。

由此可以看出，在隋朝以前，中国古代将市场设置在固定的地点，并人为规定了市场经营的时间范围，这种以官府为主导的市场管理模式，在很大程度上限制了商业来往的时空范围，并直接限制了广告在时空传播上的范围。

---

[1] 杨海军. 中国古代商业广告史[M]. 开封:河南大学出版社,2005:24.

四、广告的视听元素开始由结合走向分离

诉诸人类的视觉和听觉是早期广告的主导传播方式，因此，从感官的构成要素上说，视听是构成广告原形态的主要元素。

从广义广告的概念上说，广告的视听元素起初是以分离的状态存在。如原始时期人们通过点火、叫喊、敲鼓、吹竹号等方式发出的信号，在石壁上刻下的特殊标记，甚至通过文身和装饰身体来实现部落内部成员和部落之间的交往，等等。诸如此类，都是通过视觉和听觉两种之中的某一种感官方式来传递和接收信息，呈现在广告形态上的则是视听元素的分离，它们各自发挥着广告的功能。

原始社会末期，伴随着商品广告的出现，广告的视听元素开始第一次走向结合。最初的商品广告形态就是以口头叫卖和实物陈列的基本形式存在，这两种基本形式在很多情况下是合二为一的，也就是说在叫卖的时候往往会伴随着实物的陈列和展示。同样的道理，在陈列和展示实物的时候为了顺利实现交易也往往伴随着叫卖，"氓之蚩蚩，抱布贸丝"就是二者结合最为生动的说明，此时，广告的视听元素共同演绎着广告的功能。

随着经济的发展和生产生活工具的进步，单纯以口头叫卖和实物陈列这种最为原始和基本的广告方式是不足以适应社会的要求的，广告于是通过借助外物作为媒介获得新的生存，来实现传播的便利和传播范围的扩大。然而，由于媒介技术尚未发展到实现感官元素尤其是视听元素两相结合的水平，广告进而回归到视听元素分离的状态，但这种回归不是简单的重复和还原，而只是遵循分离这种状态，但在具体生存形态上走向进步和丰富。口头叫卖广告沿着声响广告的方向一路高歌，不断凸显听觉的"百啭千声"，实物广告沿着幌子广告的道路异彩纷呈，展现着视觉的五彩斑斓。

在分离的两条道路上，视觉元素和听觉元素各自体现着广告形态不同的发展趋势。就视觉元素一路而言，广告的形态与实物之间的物体关系逐渐脱离，进而走向便利化和抽象化；就听觉元素一路而言，广告的形态由人声逐渐变为借助器物发声，传播的空间范围更大，尤其是乐器的使用，使得艺术性增强。

值得强调的是，广告的原形态发展阶段，虽然视听元素经历了一个由结合到分离的转折，但这并不意味着在转折之后，视听元素只呈现分离的状态。广告史告诉我们，在视听元素分离的两条发展道路上，视听元素的结合一直相

随，只是这种结合仍只限于口头广告和实物陈列广告的结合，而并无其他的形态来改变这种情况。要想实现新的结合甚至融合，这是一项历史使命，必须等到具备这种条件的新媒介的产生。

第二节
广告原形态的发展

━━━━━━━━━

承续广告原形态的形成，广告进入原形态的发展时期，这一时期在时间上包括隋代至元代。

一、口头广告走向韵律化

这一时期，口头广告的韵律化经过了一个由吟叫到说唱再到吟唱的过程。

所谓吟叫，是介于叫卖和吟唱之间的一种口头广告方式。在敦煌文献中有两首后唐时期的《市声吟叫辞》，其一是："某乙铺上新铺货，要者相问不须过。交关市易任平章，买物之人但且坐。"其二是："某乙铺上且有：橘皮胡桃瓤，栀子高良姜，陆路诃黎勒，大腹及槟榔；亦有荜萝荜拨，芜荑大黄，油麦椒蒜，河藕佛香；甜干枣，醋石榴；绢帽子，罗幞头；白矾皂矾，紫草苏芳；炒糖吃时牙齿美，饧糖咬时舌头甜；市上买取新口袄，街头易得紫罗衫；阔口裤，崭新鞋，大胯腰带拾叁事。"一首宣传新货，一首介绍商品齐备。第一首韵脚齐整，第二首大体上押韵。从上可以看出，吟叫广告带有较为明显的过渡性质，一方面，它不同于单纯的口头吆喝，而是遵循了一定的韵律，叫喊起来比较上口；另一方面，却又不太彻底，还保留着较为明显的说叫痕迹。

说唱，是佛教僧侣讲解佛经的一种方式，融讲说和咏唱于一体，生动通俗，易于接受。本质上讲，说唱是佛教克服语言障碍加快传播速度的一种手段，利用这种通俗化的途径达到传播教义、吸收教徒、凝聚教众的目的，因此，说唱的宗教传播功能是很明显的。这种源于六朝的讲道化俗手段，发展到唐朝，已经走向成熟。说唱对于说唱者即唱导师而言，也有着很高的要求，简单来说包括"声""辨""才""博"四个方面。列在第一的声就是对声音的要求，必须洪亮，辨则是要根据不同的受众选择适合的说唱方式，才是指综合表演才能，博是博学，能够引经据典，信手拈来。总之，"说唱佛经是语言表现和音乐表现两个方面的艺术综合体。"[1] 说唱佛经虽然有其特殊性，但是这种方式一方面具有广告的功能和性质；另一方面，当说唱慢慢脱离佛教场所和佛教主题，进而走进世俗生活和现实题材时，说唱艺术也就发生了巨大的变化，这又必然会对口头广告的形态产生影响。

如果说吟叫和说唱多少还保留着说和叫的方式，那么吟唱则主要是采用各种音乐曲调以演唱的方式来进行广告。吟唱广告在宋元时期发展起来。《都城纪胜·瓦舍众伎》有载："叫声，自京师起撰，因市井诸色歌吟、卖物之声，采合宫调而成也。"这直接表明宋代吟唱广告的音乐来源和属性。吴自牧在《梦粱录》中进一步记载了酒店想方设法利用歌妓以唱曲的形式来做广告，《东京梦华录》也有多处记载北宋时期的吟唱广告，可见，在宋代吟唱广告是非常普遍的现象，可以说是遍布酒楼茶肆和大街小巷，从朝至夕，热闹非凡。

元代是杂剧盛行的时期，这种艺术形式对广告也产生了明显的影响。"由于元杂剧继承了'南戏'的唱词风格，而'南戏'多是采用具有故事情节的歌谣小曲进行表演，因此，一些在居民生活中常见的广告形式在元曲的唱词中也被记载下来"[2]，如元曲《百花亭》第三折中有这么一段唱词：

（做叫科，云）查梨条卖也！查梨条卖也！生长在京城古汴，从小里拜个名师。学成浪子家风，习惯花台伎俩。专伏侍那些可喜知音的公子，更和那等聪明俊俏的佳人。假若是怨女旷夫，买吃了成双作对。纵然他毒郎狠妓，但尝着助喜添欢。春兰秋菊益生津，金橘木瓜偏爽口。枝头干分利阴阳，嘉庆子调和脏腑。这枣头补虚平胃，止嗽清脾，吃两枚诸灾不犯；这柿饼滋喉润肺，解郁除焦，嚼一个百病都安。这荔枝红蹋烦养血，去秽生香，长安岁岁逢天使；这查梨条消痰化气，醒酒和中，帝城日日会王孙。查梨条卖也！查梨条卖也！（唱）

【挂金索】松阳柿全别，滋润能清肺。婺州枣为魁，细嚼堪平胃。嘉庆子家风，制度实奇美。枝头干流传，可口真佳味。

（做叫科，云）查梨条卖也！查梨条卖也！歌姬未起，客馆先知。查

[1]　田莉. 佛教讲经传统与民间说唱伎艺发展进程[J]. 中国文化研究，2013 年春之卷：116.

[2]　杨海军. 中国古代商业广告史[M]. 开封：河南大学出版社，2005：24.

梨条卖也！查梨条卖也！一声叫入珠帘去，慌杀梳妆镜里人。（唱）

【山坡羊】梨条清致，金橘无对，荔枝圆眼多浇些蜜。这枣子要你早聚会，这梨条休着俺抛离。这柿饼要你事事都完备，这嘉庆这场嘉乐喜。荔枝，离也全在你；圆眼，圆也全在你。

从以上曲文可以看出，卖梨者是有叫有唱，其中第一段长文属于吆喝叫喊，只有【挂金索】和【山坡羊】两段才是用元曲演唱的，并且在内容上带有明显的广告内涵。因此，严格地说，一些广告史著作在引述这个案例的时候只引第一段并且认为它就是吟唱，是不符合实际情况的。"做叫科，云"就是元曲表演体例中的说白和动作，而后面的"唱"才是提示下文接着演唱，正是所谓的"曲白相生"。诚然，元曲记录了许多民间口头广告的内容和方式，但曲中的广告词和以曲做广告毕竟还是两码事，为此，我们不妨看看元人李德载《阳春曲·赠茶肆》十首：

茶烟一缕轻轻飏，搅动兰膏四座香，烹煎妙手赛维扬。非是谎，下马试来尝。

黄金碾畔香尘细，碧玉瓯中白雪飞，扫醒破闷和脾胃。风韵美，唤醒睡希夷。

蒙山顶上春光早，扬子江心水味高，陶家学士更风骚。应笑倒，销金帐饮羊羔。

龙团香满三江水，石鼎诗成七步才，襄王无梦到阳台。归去来，随处是蓬莱。

一瓯佳味侵诗梦，七碗清香胜碧筒，竹炉汤沸火初红。两腋风，人在广寒宫。

木瓜香带千林杏，金橘寒生万壑冰，一瓯甘露更驰名。恰二更，梦断酒初醒。

兔毫盏内新尝罢，留得余香在齿牙，一瓶雪水最清佳。风韵煞，到底属陶家。

龙须喷雪浮瓯面，凤髓和云泛盏弦，劝君休惜杖头钱。学玉川，平地便升仙。

金樽满劝羊羔酒，不似灵芽泛玉瓯，声名喧满岳阳楼。夸妙手，博士便风流。

金芽嫩采枝头露，雪乳香浮塞上酥，我家奇品世间无。君听取，声价彻皇都。

这是他用元曲为茶肆老板写的广告词，当然也是可以演唱的。该词从茶师、茶叶、茶水、茶具、茶味、茶品等多个角度对茶肆进行了宣传，"更有直接的推销话语，劝说言辞，完全具备了当代商业广告的特征"，是"典型的广告曲"[1]。

二、招幌广告向店铺的内外装饰整体延伸

宋代是我国古代封建社会快速发展的时期，是"当时世界上居于文明最前列的国家，经济文化最为发展"[2]。宋代城市发达，人口众多，商业店铺林立，幌子和招牌广告成为此期商家最为常用的广告形式。幌子在宋代分为形象幌、标志幌和店名幌三种。宋代招牌广告的使用非常普遍，单从《清明上河图》中"清晰可辨的就有'刘家上色沉檀栋香'、'杨家应症'、'王员外家'、'刘家上色'等店招。其中，'赵太丞家'招牌较为醒目，宽阔的大店铺两旁还竖立着'治酒所伤真方集香丸'、'太阳中医肠胃'等招牌。"[3]

众多的商家和商铺，必然带来激烈的竞争，然而，仅仅想通过幌子和招牌来赢得顾客的注意和扩大影响力，在当时的竞争压力下是不足以获胜的。在这种背景下，商家们将单纯的招幌广告进行了整体性的扩展和延伸，"装饰的范围从门面、厅堂到厅院，处处精心修饰"[4]，即通过对店面内外的全方位装饰和布局来凸显广告的综合效益。

欢门彩楼即在这种背景下产生的新型广告形态。其属于店面的外部装饰，"通过在店门前搭建色彩艳丽的迎客欢门和用各种彩色饰物装饰门面，烘托热烈，表达欢快，吸引顾客。"[5] 北宋时期，欢门彩楼从京师到各地成为一种时尚广告，各地的大型酒楼、饭店、茶肆、食店争相效仿，如吴自牧《梦粱录·酒肆》有载："中瓦子前武林园，向是三园楼康、沈家在此开沽，店门首

[1] 伍光辉. 论元代广告散曲[J]. 中国文学研究, 2003(2): 96.
[2] 漆侠. 中国经济通史·宋代经济卷[M]. 北京: 经济日报出版社, 1999: 1061.
[3] 舒小坚. 两宋时期商业广告[J]. 飞天, 2010(22): 39.
[4] 杨海军. 中外广告通史[M]. 北京: 高等教育出版社, 2012: 57.
[5] 张金花. 宋代的广告与城市市场[J]. 中国社会经济史研究, 2004(1): 30.

彩画欢门，设红绿杈子，绯绿帘幕，贴金红纱栀子灯，装饰厅院廊庑。"（图
3.4、图3.5）

图 3.4   宋代欢门彩楼

图 3.5   《清明上河图》中"十千脚店"处的
欢门彩楼

与此呼应，商家还通过插四时之花、挂名人字画等方式来装饰商店的内部环境。《丞相魏公谭训》讲东京一个姓孙的酒家博士自开脚店，"置图画于壁间，列书史于几案，为雅戏之具，皆不凡。人竞趋之。久之，遂开正店，建楼，渐倾中都。"这家酒店一改普通酒店的单调风格，营造了浓郁的文化气息，受到欢迎，因此生意兴隆，越做越大。南宋文人周密在《武林旧事》中也记述了这种酒店的吸引力，"一日，御舟经断桥，桥旁有小酒肆，颇雅洁，中饰素屏，书《风入松》一词于上，光尧驻目称赏久之，宣问何人所作，乃太学生俞国宝醉笔也。"

宋人注重对商店内外的华美装饰，一方面是激烈的竞争压力带来的商业创新，另一方面也反映了他们自觉的广告整合观念。长期以来，广告史对于幌子和招牌广告以及店面装饰采取的是一种孤立的研究方式，并没有看到它们之间的内在关系，这是不够的。"以往人们习惯于对幌子、帘子、欢门彩楼、悬挂字画等的独立审视，忽视了同一商业点上各种广告形式的内在统一性和综合效应。事实上，宋代商人把它们作为一个有机的整体构成，大大增添了广告的表现张力和竞争能力，为后世商业广告树立了榜样。"[1] 因此，宋代商人对店面内外的艺术装饰，不能简单地看作一种商业上的取宠和噱头，而应将之理解为一种整体性的广告，它改变了过去单一的广告表现形态，融合了多种广告形式于一身，力图将不同形态的广告的作用和功能集合到一起发挥到最大，这种广告实践本身就是进步和飞跃。

三、文字广告以印刷的形式实现了第一次飞跃

在广告原形态的形成时期，文字广告以铭刻在龟甲、金属等笨重事物和书写在缣帛、简牍等相对轻便的器物上为主，这些广告媒介有一个共同的缺陷，那就是无法较快、较多和较好地实现复制。为了拥有更多的副本，古人主要通过手抄来获得，然而，这种方式既慢，又难以保证副本和原本之间的高相似度，有时候出现错讹和遗漏都是很正常的事情。要较好地克服以上困难，必定要依靠技术处理。在中国，印刷术的发明和成熟，使以上问题得到了较好的解决。

唐代，雕版印刷术已较广泛运用于民间，一个最为典型的例子就是元稹给

---

[1]　张金花. 宋代商人广告的自觉[J]. 浙江社会科学, 2004(4): 173.

白居易诗集作序,其中有言"至于缮写模勒,炫卖于市井,或持之以交酒茗者,处处皆是","模勒"就是刊刻。北宋时期,用于雕刻的材质发生了变化,出现了铜版雕刻印刷技术。宋庆历年间(1041—1048),毕昇发明了活字印刷术,大大提高了书籍的印刷速度。到了元代,印刷技术进一步发展。王祯在毕昇的基础上,于元贞年间创制了一套木活字,其速度和效率又得到了提高。他还制定了制木活字的规格,发明了轮盘拣字盘,再次提高了拣字效率。套色印刷术的发明是元代印刷术发展的又一成就。它改变了以往单调的黑色,实现了多种颜色印刷。

(一)印刷广告的诞生和成长

据目前的文献来看,印刷广告最早出现在经书之上。唐至德二年(757)后,成都卞家印本《陀罗尼经咒》首行印有"唐成都府成都县龙池坊卞家印卖咒本"字样。唐咸通二年(861)前,长安李家刻本《新集备急灸经》一书前有"京中李家于东市印"字样。唐懿宗咸通九年(868)印制的《金刚经》,卷尾题有"咸通九年四月十五日王玠为二亲敬造善施"的字样。这些印上的内容主要包含的是刻书的主人、地点和时间,带有明显的广告告知和宣传功能。

北宋时期,出现了目前世界上最早的铜版印刷广告,"济南刘家功夫针铺"印刷广告(图3.6),齐备了商业广告的诸要素。它介绍了产品的厂家、名称、商标、质量、信誉("不误宅院使用")以及产品的推销术("客转为贩,别有加饶")等"[1]。这个印刷广告铜版的重要意义不在于反映了在北宋存在如此精美和齐备的广告形态,而在于这是一个印刷模板,它告诉我们那时候已经通过使用铜版印刷技术来大量地复制并传播印刷广告,这是一种带有明确的商业目的和用途的技术与行为,远比呈现出一张印刷广告的文献资料来得更有价值。从这个角度上说,那种把广告印刷铜版和广告印刷实物混为一谈的研究是值得商榷的。

随着印刷术的发展成熟,宋代出现了印刷业。官方书坊和民间书坊大量存在,并且大量印制各种书籍。"北宋从公元971至983年十二年间,官刻《大藏经》十三万版,其印书的规模和数量由此可见一斑"[2],同时,"刻书单位

---

[1] 吴传清.宋元时期的印刷广告[J].历史教学问题,1989(1):58.
[2] 杨海军.中国古代印刷广告的表现形态与传播特色[J].广告研究,2006(2):74.

图 3.6　济南刘家功夫针铺印刷铜版及文字内容

急剧增加，官刻、坊刻和私刻齐头并进，很快形成覆盖全国的流通网络，印本书的品种和数量迅速增长，终于取代写本书，成为图书流通的主流"[1]，正是伴随书籍的印刷、售卖和流通，书籍广告和书坊广告应运而生。

宋代的书业印刷广告较之唐代而言，无论在形式还是内容上都发生了较大变化：从内容上说，宋代的印刷广告更加丰富，超出了单纯的刻写时间、地点和主人的简单信息，含有更多的对书坊、书籍进行宣传和推广的内容，包含书坊服务、书籍版本、校勘水平、图书出版预告、导购等多种信息，反映出非常鲜明的广告自觉意识；从形式上看，宋代的书业印刷广告有专门的"牌记"作为展现的空间。"牌记是刻书家的字号标志，反映刻书内容及有关情况，有方形、碑形、钟形、鼎形、亚字形、香炉形等式样。"[2] 牌记作为书业印刷广告的主要载体，较之在书的末尾简单地留下刻印时间、地点和主人，很明显更能体现广告的存在及其作用。

元代出现了印刷广告的新形态——包装印刷广告。1985 年，湖南省沅陵县发掘的一座元代墓葬中，出土了两张元代潭州油漆颜料广告的实物，广告印刷在一张银朱色包装纸上，右上方有 70 字：潭州升平坊内，白塔街大尼寺相对住危家，自烧洗无比鲜红、紫艳上等银朱、水花二朱、雌黄，坚实匙筋。买者请将油漆试验，便见颜色与众不同。四远主顾请认门首红字商牌为记。左上方另有字体略小的字两行。一行为收购原料的广告：主顾，收买银朱，请认元日。另一行为：祖铺，内外图书，印号为记。这两行广告文的上方还有朱印 3枚，正中一枚为一完整篮形图案，下两枚稍小，一呈正方形，一呈坌冢形。

---

[1]　范军. 两宋时期的书业广告[J]. 出版科学,2004(1):62.
[2]　同上,第 63 页。

较之宋代印刷广告，元代印刷广告没有太大的变化，不过值得注意的是，元代印刷广告在外在美化上更加重视，如上文的油漆颜料广告，"用黄色毛边纸制作，一尺见方，完整无缺，四周印有花边图案"[1]，说明印刷广告的艺术设计有了很大进步。

（二）印刷广告使文字广告实现第一次飞跃

印刷广告在此期的出现和发展成熟，使文字广告实现了第一次飞跃，这主要体现在以下几个方面：

1. 文字广告第一次实现批量生产

在广告原形态的形成时期，无论是以刻写还是书写的形式，都是依靠手工作业，因此极少出现大量复制和生产的情况。作为印刷术雏形的拓印技术，虽然可以做到大量复制，但毕竟要以石刻或木刻为蓝本，同时其应用主要还在于重要的文献而不是广告，"因为拓印的目的，还不是用于书籍的复制，而是作为一种保存、传播书法真迹的手段。庞大的石刻文字工程，是不可能作为一种印版的。"[2] 印刷术的进步和成熟，尤其是活字印刷术的发明和应用，才极大地提高了文字广告生产的速度和数量，为印刷广告的流通奠定了基础。

2. 文字广告第一次实现较为频繁和遥远的流通与传播

在广告原形态的形成时期，要么因为媒介自身的限制，要么因为市场管理模式和社会观念等，文字广告一方面传播的频率并不高；另一方面，传播的空间范围也非常有限。而在广告原形态的发展时期，尤其是在宋代，商品经济非常活跃，城市贸易活动频仍，市民的娱乐观念得到激发，勾栏瓦舍说拉弹唱，各种世俗和文艺生活应有尽有。在这种相对安定和开放的社会氛围下，商品贸易频繁，竞争激烈，文化生活丰富，文学走向商品化，由此带动了广告形态的变迁和广告流通的扩大。古代历史典籍和名画中不乏对两宋时期城市热闹的广告活动的记载和描述，各种出土的文献也可间接反映当时印刷广告盛行的场面，尤其是在吐鲁番出土的元代杭州的包装印刷广告，更能说明其流通的地域之广。

3. 文字广告第一次鲜明地体现广告的自觉意识

在广告原形态的形成时期，文字广告在类型上主要是政治广告、社会广告

---

[1] 赵琛. 中国广告史[M]. 北京:高等教育出版社,2005:156.
[2] 罗树宝. 中国古代印刷史[M]. 北京:印刷工业出版社,1993:7-8.

和军事广告，商业广告相对较少，因此，虽然形成时期的文字广告仍不失有告知的功能，但其商业色彩是很弱的。不过在广告原形态的发展时期，这一状况得到了明显改变。此期，无论是书业印刷广告，还是包装印刷广告，抑或普通的商品印刷广告，都带有非常明显的广告自觉意识，在广告形式上注意设计美化，在广告内容上强调品质、商标和店名，极力宣传产品，甚至诱导购买。

四、广告画以绘画和印刷等形式开始出现

受市民社会的兴起、宋代翰林图画院的重视、宋代画家对世俗生活的关注和印刷技术的成熟等因素的影响，宋代广告画主要以绘画和印刷的形式开始出现。

就绘画形式而言，宋代广告画是指在画家或民间艺人的绘画作品中表现出来的广告活动和广告现象。

最典型的当然要算北宋画家张择端的《清明上河图》（图 3.7），全图以精细的笔墨全景式地展现了北宋都城汴京汴河沿岸及东南角市区清明时节的社会生活风貌。从广告的角度来讲，行商坐贾与讨价还价，吆喝叫卖与招牌幌子，市井小铺与京城酒馆，乡土产物与异域风味，应有尽有，体现了极其热闹和丰富的城市生活和广告景象。

图 3.7　北宋张择端《清明上河图》局部

北宋画家苏汉臣和南宋画家李嵩都对货郎行商卖货做了细致生动的描绘，虽然绘画风格不一样，但对了解当时民间的广告活动大有裨益。货郎用车运着或者自己担着各种小货品，"装饰车盖担儿""以炫耀人耳目"，走街串巷，上城下乡，吆喝叫卖，引来许多小孩的围观和抚弄。（图 3.8—图 3.10）

图 3.8　北宋苏汉臣《货郎图》

图 3.9　南宋李嵩《货郎图》

图 3.10　南宋李嵩《市担婴戏图》

　　可与前两名画家相媲美的还有南宋佚名的《卖浆图》（图 3.11）。这是一幅专门描绘汤茶小贩的精美之作。画上是六个专门"充茶酒"的小贩，各携茶笼，相聚一起，或斟或饮，交谈甚欢。《梦粱录》介绍这种小贩"早间卖煎二陈汤，饭了提瓶点茶"，"巷陌街坊，自有提茶瓶沿门点茶，或朔望日，如遇吉凶二事，点送邻里茶水，请其往来传语"，说明很有可能是活跃于邻里之间的职业侍茶人，不仅起到点茶的服务作用，还可以帮助"传语"，带有沟通与传播信息的功能。

图 3.11　南宋佚名《卖浆图》

　　然而，广告色彩最为鲜明的还要数南宋佚名的《眼药酸》。《眼药酸》是杂剧名，周密《武林旧事》卷十"官本杂剧段数"有收。这幅绢画是散册，既无题识也无作者名，廖奔在其《宋元戏曲文物与民俗》一书中取名为《眼药酸图》。同时描述如下："左一人头戴皂色特高冠，身穿橙色大袖长袍，足乘红色勾鞋。从此人纤手、脚着红勾鞋看，应是一女演员装扮。身前身后挂有成串的眼睛球，冠两侧亦各嵌一眼睛球，冠前尚挑一个眼睛球。身挎一长方形袋囊，上亦绘一大眼睛球。右手前伸，食指直立，正与另一人交流。"[1] 他参照宋人服饰习惯和规格，认为"此人所扮是当时走街串巷售卖眼药的江湖郎中形象"[2]。"画中右一人作市井打扮，头巾诨扎作冲天形状，身着圆领青

[1]　廖奔. 宋元戏曲文物与民俗[M]. 北京:文化艺术出版社,1989:165.
[2]　同上。

衫，衫角插入腰带，下着白裤，系练鞋。袖捋至肘，露出'点青'手臂……手执一杖，腰后插一破扇，中裂为二，上有一草书'诨'字，点名此人为打诨角色……此人右手食指自指右眼，正与另一人配合演出。"[1] 作者认为"酸"是为当时秀才措大一类人的通称，在杂剧里是经常被调笑的对象，并进一步指出"图中卖眼药者明显是一年轻的士人，他大概在沿街兜售眼药时，碰到那个市民，他说市民眼睛有病，借机向那人兜售眼药。交涉的结果，由于他不识时务，不知好歹，最后挨了那人一棍子。"[2] 廖奔的解释和考证是大致可信的，这正与有些广告史著作中绘声绘色地描写眼药如何有效的说法相反，但并不因此而降低了这幅绘画作品的价值，而是值得好好地对这幅画进行重新审视。杂剧虽是一门艺术，但其素材和内容很多来源于生活。《眼药酸图》（图3.12）不是一幅严格意义上的广告画，也就是说它并不是用来推销眼药的一种手段，而很可能是杂剧《眼药酸》当中某一剧情的内容图，《眼药酸》也只是一个滑稽幽默的杂剧，我们通过这个杂剧以及这幅图，所能知道和推断的最多也只能是它们有可能反映了宋代的某种广告现象。

图3.12　南宋佚名《眼药酸图》

---

[1]　廖奔.宋元戏曲文物与民俗[M].北京:文化艺术出版社,1989:166-167.
[2]　同上。

以印刷的形式出现的广告画在宋代目前只发现一例，但不是广告画实物，而是印刷铜版，即嘉定时期刻的万柳堂药铺的仿单铜版，为正方形，花纹间刻"万柳堂药铺"五字，"图上方的说明文字，已模糊不清，仅有一图之上，尚能见'气喘'与'愈功'等数字，刻有'气喘'文字之下一图，画有二个人，一个作气喘状，虽眉目不清但能见其痛苦之状，另一人手持一物，已看不清，下文线纹模糊，但能窥见其人精神健旺，眉宇轩朗，背景作室内中堂，尚有器物，这画幅可知是药店宣传他们药物功效的神速的广告画。"[1] 有铜版当然即是印刷广告画的铁证。结合图画和文字的内容可以看出，这是通过具体的人物画像进行产品效果对比宣传的做法，具有典型的广告画特征。

宋代的民间绘画也有许多带有广告性质。宋代雕版印刷书籍发达，无论官私印本，"多有图谱"。宋版《列女传》于嘉祐八年（1063）"建安余氏靖庵刊于勤有堂"，其中插图就是"民间高手"所作。"北宋建筑家李明仲主编《营造法式》，其中建筑彩画图案就是由任丘画工吕茂林、大兴画工贾瑞令共同整理并描绘出来的。此外，宋刊的佛经经卷，扉页上的所有佛画都出于民间画工或画僧之手笔。"[2] 这些画作，多少都具有一定的广告功能与作用。

五、广告在时空传播范围上得到扩大

广告在原形态的发展时期，其传播的时空范围较之形成时期明显得到扩大，原因主要有以下几点：

（一）商品经济的繁荣发展奠定了基础

隋唐五代时期是中国古代商品经济的第二个发展高峰期，"与战国秦汉时期形成的第一个高峰期相比，这时期商品经济开始冲破地区樊篱，向全国性的大市场网络体系迈进（当然，这一过程仍然是漫长的），中国与周边地区以及更大范围的国际性的商贸往来的经常化，不仅有量的显著增长，在很大程度上也有了质的变化。"[3] 而到了宋代，商业也有了前所未有的发展，"就宋封建统治整个市场情况来看，有一系列的城市、镇市和墟市组合而成的区域性市场，自小而大地发展起来了……在区域性市场发展之下，地区之间的百物懋

［1］　杨海军.中国古代印刷广告的表现形态与传播特色[J].广告研究,2006(2):76.

［2］　王伯敏.中国绘画史(修订版)[M].北京:文化艺术出版社,2009:273.

［3］　宁可.中国经济通史·隋唐五代卷[M].北京:经济日报出版社,2007:395-396.

迁，有无相通。"[1] 元代，政权的统一，打破了南北地域的界限。由隋到元，正是伴随着商品经济的快速发展和商品贸易的频繁，广告才有可能在更大的时空范围内得到传播。

(二) 坊市限制的突破创造了有利条件

唐朝前期沿袭了秦汉时期的坊市管理制度，对市场经营的时间和地点仍然有着严格的规定。不过，"唐中叶以后，坊市制度已突破，夜市的出现，草市的发展，专业市场的形成，以及在农村中广泛存在的传统的定期集市，使商业网点覆盖的面积扩大，营业的时间延长，商品流通的数量和范围都空前增长。"[2] 到了宋代，随着店铺繁盛，人口增加，坊市制度进一步被打破。坊市格局被打破，城郭的限制也随之消失，即草市也发展成为重要的商业都市；城市管理制度也发生了变化，"把城外草市镇市的户口不编制在乡村中，而编制在城镇中"[3]；手工业也"从隋唐时的 112 行发展到南宋时的 414 行"[4]。总之，"在以城市为中心，由城市、镇市和墟市而构成的多层次、网络状的地方市场日益发展之下，宋代的区域性市场也形成起来了。所谓区域性市场，较地方市场更加广阔，是由若干个地方市场形成的。"[5] 正是市坊制度的突破，为商品交易在时间和区域上扫除了制度障碍，这对于广告传播来说也是非常有利的。

(三) 交通的便利提供了保障

隋唐时期，以长安和洛阳为中心向四方辐射的交通干道有 14 条，这为经济的发展以及全国各市场、各经济区域的联系提供了基本条件，为商品的流通奠定了基础。"以长安为中心或起点的水陆交通干道，使长安和洛阳两京之间通畅无阻，并以两京为中心和枢纽，沟通了太原、江陵、凤翔等重要陪都，沟通了以扬州、益州为代表的经济都会，沟通了全国各道治所所在州府，沟通了与周边地区和域外各国联系的孔道。"[6] 交通道路的开辟，促进了商业、运

---

[1]　漆侠. 中国经济通史·宋代经济卷[M]. 北京:经济日报出版社,1999:817-818.
[2]　宁可. 中国经济通史·隋唐五代卷[M]. 北京:经济日报出版社,2007:282.
[3]　漆侠. 中国经济通史·宋代经济卷下[M]. 北京:经济日报出版社,1999:824.
[4]　同上。
[5]　同上,第 828 页。
[6]　宁可. 中国经济通史·隋唐五代卷[M]. 北京:经济日报出版社,2007:439.

输等各行业的发展，《通典》卷7这样记载："东至宋、汴，西至歧州，夹路列店肆待客，酒馔丰溢。每店皆有驴赁客乘，倏忽数十里，谓之驿驴。南诣荆、襄，北至太原、范阳，西至蜀川、凉府，皆有店肆以供商旅。远适数千里，不持寸刃。"[1] 宋代，"在陆路上，汴京到各地都有官道相通；在各地，各县与其辖属它们的上级州府都有大道相通；而在各路之中，它的首府同其他各种也有通衢大道，互相交通。所以，从京师到各地，从各地首府到诸州军，同样形成了蛛网式的交通路线"[2]，"在水路上，汴水、江南运河贯穿了黄河、淮水、长江和浙江，宋代东南市场和北方市场由此而紧密地联系起来了。仰仗这条大动脉……各地区的交换也以这条运河作为中枢。"[3] 元代，全国各地建立四通八达的驿路和星罗棋布的大小驿站，加之京杭大运河的开通，其交通系统的发达程度较之前代有过之而无不及。便利的交通为地区内部和不同地区之间的贸易提供了保障，因而，广告也可以更大范围地传播。

（四）纸的流行和印刷术的成熟提供了物质和技术支持

具备商品经济快速发展、坊市制度打破、交通便利等条件还不足以促使广告传播空间扩大。除此之外，纸的广泛使用和印刷术的成熟也是很重要的因素。在宋代，纸的使用已经涉入到日常生活的许多方面，除了用来写字、作画，供给雕版印刷纸币和书籍等等之外，纸甚至还用来做成纸衣、纸衾、纸帐、纸被等等[4]，充分说明纸的使用是很寻常的事情。各地的供纸数量也是不菲，"宋初潭州一地上供纸即达178万幅；南宋时，洪州的上供纸达85万张，徽州一年的各色上供纸高达148万张"[5]，可见纸的使用量很大。印刷术上，经过隋唐的发轫，到了宋元时期，技术上已经很成熟，尤其是活字印刷术的发明和改进，套印技术的使用，为大量和高质量地印刷书籍、书画等提供了技术支持。

正是在以上多种因素的综合作用之下，广告传播在时空范围上同时得到了扩大。

[1]　宁可. 中国经济通史·隋唐五代卷[M]. 北京:经济日报出版社,2007:439.
[2]　漆侠. 中国经济通史·宋代经济卷下[M]. 北京:经济日报出版社,1999:836.
[3]　同上,第840页。
[4]　漆侠. 宋代经济史(下)[M]. 北京:中华书局,2009:709.
[5]　尹进. 中国古代商品经济与经营管理研究[M]. 武汉:武汉大学出版社,1991:275.

六、广告首次以综合性形态动态呈现

在广告原形态的形成时期，一方面，广告形态基本上是以单一的作品形式呈现的；另一方面，在视听元素上，也表现出分离的趋势。然而，到了广告原形态的发展时期，以上情况都发生了较大的变化，这是历来广告史研究所忽略或者说注意不够的地方。具体而言，这种变化主要体现在宋代独特的迎酒仪式上。

关于这种迎酒仪式，宋人笔记和诗词中多有记载，兹举例如下：

> 户部点检所十三酒库，例于四月初开煮，九月初开清。先至提领所呈样品尝，然后迎引至诸所隶官府而散。每库各用匹布，书库名高品，以长竿悬之，谓之"布牌"。以木床铁擎为仙佛鬼神之类，驾空飞动，谓之"台阁"。杂剧百戏诸艺之外，又为《渔父习闲》、《竹马出猎》、《八仙故事》，及命妓家女，使裹头花巾为酒家保，及有花窠五熟盘架、放生笼养等，各库争为新好。库妓之玲玲者，皆珠翠盛饰、销金红背，乘绣鞯宝勒骏骑，各有皂衣黄号私身数对，诃导于前；罗扇衣笈、浮浪闲客，随逐于后；少年狎客，往往簇钉持杯，争劝马首，金钱彩段，沾及舆台。都人习以为常，不为怪笑。所经之地，高楼邃阁，绣幕如云，累足骈肩，真所谓"万人海"也。（周密《武林旧事·迎新》）

> 天府诸酒库，每遇寒食节前开沽煮酒，中秋节前后开沽新酒。各用妓弟，乘骑作三等装束：一等特髻大衣者；二等冠子裙背者；三等冠子衫子裆裤者。前有小女童等，及诸社会，动大乐迎酒样赴府治，呈作乐，呈伎艺杂剧，三盏退出，于大街诸处迎引归库。（耐得翁《都城纪胜·酒肆》）

> 酒新熟，浮蛆香。十三库中谁最强？临安大尹索酒尝，旧有故事须迎将。翠翘金凤乌云髻，雕鞍玉勒三千骑。金鞭争道万人看，香尘冉冉沙河市。琉璃杯深琥珀浓，新翻曲调声摩空。使君一笑赐金帛，今年酒赛真珠红。画楼突兀临官道，处处绣旗夸酒好。（杨炎《钱塘迎酒歌》）

作为一种礼仪，无论是笔记还是诗词，都反映了迎酒从开始到结束的全过程，而且不乏相同之处。不过记述得最为详细的还是吴自牧的《梦粱录·诸库迎煮》：

临安府点检所，管城内外诸酒库，每岁清明前开煮，中前卖新迎年，诸库呈复本所，择日开沽呈样，各库预颁告示，官私妓女，新丽妆着，差雇社队鼓乐，以荣迎引。至期侵晨，各库排列整肃，前往州府教场，伺候点呈。首以三丈余高白布写"某库选到有名高手酒匠，酝造一色上等酴辣无比高酒，呈中第一"。谓之"布牌"，以大长竹挂起，三五人扶之而行。次以大鼓及乐官数辈，后以所呈样酒数担，次八仙道人、诸行社队，如鱼儿活担、糖糕、面食、诸般市食、车架、异桧奇松、赌钱行、渔父、出猎、台阁等社。又有小女童子，执琴瑟；妓家伏役婆嫂，乔妆绣体浪儿，手擎花篮、精巧笼仗。其官私妓女，择为三等，上马先以顶冠花衫子裆裤，次择秀丽有名者，戴珠翠朵玉冠儿，销金衫儿、裙儿，各执花斗鼓儿，或捧龙阮琴瑟，后十余辈，着红大衣，戴皂时髻，名之"行首"，各雇赁银鞍闹妆马匹，借倩宅院及诸司人家虞候押番，及唤集闲仆浪子，引马随逐，各青绢白扇马兀供值。预十日前，本库官小呈；五日前，点检所金厅官大呈。虽贫贱泼妓，亦须借备衣装首饰，或托人雇赁，以供一时之用，否则责罚而再办。妓女之后，专知大公，皆新巾紫衫，乘马随之。州府赏以彩帛钱会银碗，令人肩驮于马前，以为荣耀。其日在州治呈中祗应讫，各库迎引出大街，直至鹅鸭桥北酒库，或俞家园都钱库，纳牌放散。最是风流少年，沿途劝酒，或送点心。间有年尊人，不识羞耻，亦复为之，旁观晒笑。诸酒肆结彩欢门，游人随处品尝。追欢买笑，倍于常时。

有的研究注意到宋代这种独特的广告活动，但对文献的理解存在一定的偏差，认为这是"南宋杭州新酒上市前的广告宣传促销活动"[1]。这种理解是不够准确的。从上面引述的多条文献及其标题来看，这明显是迎接新酒的一种重大礼仪活动，当然这种活动带有一定的商业营销性质。

总的来说，迎新酒的仪式有两个环节非常隆重，其一是迎新酒的队伍到点检所去呈点新酒，因为是诸库都要去的，因此各库都会动用各种方式来壮势：首先是"布牌"开道，上面会写着类似"某库选到有名高手酒匠，酝造一色上等酴辣无比高酒，呈中第一"的广告语，大肆渲染酒的质量，这就相当于今天的广告横幅。其次是鼓乐甚至杂剧伴奏，有乐官，也有小女童子，目的是营造热闹的氛围。最后是各种社队助威。甚至"他们中间有人高擎或坐或站在

---

[1] 张金花. 论宋代商人的广告自觉[J]. 浙江社会科学,2004(4):174.

木板上叫做'台阁'的仙佛鬼神的形象，凌空飞动，使观者眼花缭乱"[1]。队伍中最多的要算诸种笔记中都提到的妓女。宋代官私妓合法化，并经常参与"劝酒佑觞"的社交活动，所以迎新酒有她们的参与是可以理解的。而且，在这种活动中，她们的穿着打扮都很艳丽，所谓"翠翘金凤乌云髻，雕鞍玉勒三千骑"，可以想见其华美壮观。其二是呈点以后的庆祝活动。受到州府赏赐的队伍，将州府赏赐的钱物命人背于肩上行走在马前以示炫耀，同时，沿街劝喝新酒，游人随意品尝，而各酒库所属的酒肆则结欢门彩楼热烈迎接。

在宋代，出现这种热闹非凡、壮观盛大的迎新酒仪式，是有着多方面原因的，除去一般意义上的经济发展和政治安定等因素之外，一个很重要的原因就在于宋代的酒业管理体制。不同于以往，"宋代国家财政的主要支柱，开始由田课逐步转向了依靠工商业经济的专卖制度及其税收所得的收益，这是中国古代经济史中令人瞩目的一个转变。"[2] 而酒业是当时工商业的重头戏，从北宋到南宋，酒业管理的收入呈递增的态势，成为财政和军务的重要经济来源。具体而言，统治者主要通过榷酒、买扑和酒课等多种管理方式来获得收入。榷酒基本上是全国推行，"特点是，曲由官府即都曲院造，从曲值上获得利润"[3]，买扑制度就是酒税承包制。与迎酒仪式最为相关的是酒课，即向酒业经营者征收税收。自宋初开始，"酒课征收是否达到规定指标，便成为衡量州县官吏政绩的主要依据之一"[4]，如若未能达标要受到惩罚。"北宋后期，为增加酒课收入，各地在州、县酒务外，另普遍添置比较务。比较务与原酒务之间互相竞争、比较盈亏，以促进官营酒业的发展。"[5] 至此，我们就不难理解为什么宋代官方对民间酿酒的重视和支持，道理很简单，酒的质量越好，销量自然越好，那么酒课便好征收，甚至可以多征收，对于酒业的管理者来说，也就更容易完成税额。因此，酿新酒迎新酒不仅对于竞争激烈的酒业经营者来说是一件非常重要的事情，对于酒业管理者来说同样重要，因为这和其政治业绩密切挂钩。所以，在某种程度上说，迎新酒仪式是两者合谋的产物。

综上，通过对宋代迎新酒仪式的综合考察，不难发现，首先，在这一广告

---

[1]　伊永文. 宋代酒的"广告"——商业文化撷拾之一[J]. 商业研究,1989(7):42.

[2]　杨师群. 宋代的酒课[J]. 中国经济史研究,1991(3):117.

[3]　黎世英. 宋代的酒政[J]. 江西大学学报:社会科学版,1992(3):79.

[4]　李华瑞. 论宋代酒业产销的管理体制[J]. 河北大学学报:哲学社会科学版,1993(3):29.

[5]　黎世英. 宋代的酒政[J]. 江西大学学报:社会科学版,1992(3):117.

活动中广告是以综合性形态呈现的，它融合了语言、文字、音乐、表演、画像、服饰等多种因素来渲染和营造气氛，从而产生巨大的广告效应，同时还通过免费的产品体验来赢得消费者的好感，从而摆脱了将广告作为单一的作品形态来应用的窠臼。较之宋人店铺的内外装饰来说，这种方式又向前迈进了一大步，因为前者还仅仅停留在室内，后者走向了室外，前者只在店堂的内外装饰，属于视觉设计，而后者是一系列的广告活动，操作上具有模式的意义。从视听的角度上说，这种广告活动也改变了以前单一地或者孤立地运用某种元素进行传播的状况（如宋人的店铺装饰就仅是视觉元素的应用），把多种视听元素有机地结合在一起，共同发挥作用。其次，广告形态得以首次动态有序地进行展现。在迎新酒仪式中，呈点新酒和庆祝活动是两个不同的环节，贯穿以之的也是不同的广告形态，从广告横幅到社队助威，从妓女同行到"大公"压轴，从沿街品酒到欢门彩楼，广告形态都是变换着"招式"来与仪式的进程同步。

　　总之，从改变单一作品形态的角度上说，迎新酒仪式不是第一次，但是无疑把这种趋势向前推进了一步。而从动态呈现的角度上说，确实是首次。也正是以一系列连续的不同方式和广告形态来表达这种仪式，加之作为仪式其本身就具有程序性，从而使这种广告形态的运用也具有了模式的意义，它是"诸库"都会遵循和操作的，从北宋到南宋都是如此。另一方面，虽然这是一个民间活动，但同时也是一种带有明显商业色彩的营销活动。参加评比的有十三库，库库之间都存在着竞争，获胜者当然可以在酒的销量上获得优势。因此，无论是呈点的隆重，还是庆祝的欢腾，都是在为商业造势。因为宋人在某种程度上已经深谙口碑的重要性。一旦被州府评选上，既有奖赏，又会获得"处处绣旗夸酒好"的美誉，这实在是难得的好机会。同时，在官方的参与、评价和认可的情况下，这种活动更有影响力。

第三节
广告原形态的兴盛

经过形成和发展，广告原形态进入兴盛时期，时间上包括明代至清代前期。在这一时期，广告原形态的诸种形式都发展成熟，下面试作具体分析。

一、口头广告、声响广告分别走向通俗化和行业化

宋元时期，口头广告体现出韵律化的特质，即以各种曲调音乐糅入叫卖和吟唱之中，绘声绘色，宜耳怡心。然而，从传播的角度来说，口头广告虽然可以起到引起注意的效果，但广告信息毕竟存在不够直白的明显缺陷。明清时期，口头广告无论是在吆喝还是吟唱上都表现出通俗化的鲜明倾向，这对于弥补宋元时期口头广告的不足大有裨益。如以下口头广告语：

> 本京瓜子，一分一桶，高邮鸭蛋，半分一个。
> 脆瓤儿的落花生啊，芝麻酱的一个味来……
> 枣儿来，糖的渍哒喽，尝一个再买来。哎，一个光板喽。
> 秋的来红海棠来，没有虫儿来；黑的来糖枣儿，没有核儿来。
> 栗子味的白薯来，是栗子味的白薯来……
> 喝粥咧，喝粥咧，十里香喝热的咧。炸了一个焦咧，烹了一个脆咧，脆咧焦咧，像个小粮船的咧，好大的个儿咧。锅炒的果咧，油又香咧，面又白咧，扔在锅里瓢起来哩，白又胖哩，胖又白咧，赛过烧鹅的咧，一个大的油炸的果咧。水饭咧，豆儿多咧，子田原汤儿绿豆的粥咧。

这完全就是白话，基本没有什么修饰。明人史玄在其《旧京遗事》中这样记载北京小贩的唱卖：

京城五月，辐凑佳蔬名果，随声唱卖，听唱一声而辨其何物品者、何人担市也。唱卖麸，旧有四句，比叫成诗，巡城者加之以杖。于今惟卖麸者一声，而他物重叠，其词不止一句，盖此以曼声为招，彼以感耳而引。岂市之变端亦随俗为迁徙耶？

这段记载透露出此期口头广告的两个特点，其一是通俗易懂，一听便知道是什么人在叫卖什么东西；其二是指出了口头广告语由韵律化向通俗化的转变。所谓"此以曼声为招，彼以感耳为引"就是说旧时的口头广告注重听觉上的吸引力，因为其广告语是"比叫成诗"的缘故，而现在则"惟卖麸者一声"，简单明了。所以作者自然感叹说是"市之变端亦随俗为迁徙"了。

据《燕市负贩琐记》统计，清代北京地区的小商小贩及各类手艺人有500种之多。清人富察敦崇所著的《燕京岁时记》载："京师伏暑以后，寒贱之子担冰叫卖道：'冰胡儿!'；七月，有人卖菱芡，沿街叫卖'老鸡头，才下河!'。"

北平俗曲《杂银嵌换钱》描写当时京师一个杂活小贩的吆喝：

杂银换钱，有那破坛子、烂罐子，马勺和盖垫，还有那酒漏子、酒壶、雨衣、褐衫，鸟枪和腰刀、撒带、号箭，有那夹剪和砝码、戥子、算盘，有那使不着的旧秤、天平和钱盘，还有那厨房里的油裙，打破了的鼓板、拨破的铙钹、法衣、偏衫，有那脚凳子、供器、桌围、帐幔，有那道士木鱼、鱼鼓、简板，有那打卦的竿子、算命的铁板，铜盆和衣架，使不着的案板、桌椅和板凳，摆坏了的佛龛，有那杉槁木垛、买卖人儿的扁担，有那车上煞绳、打牛的皮鞭，木匠的铁锯、铁匠的风扇，有那裱糊匠的刀尺、画匠的图传，锡匠的砧剪、棚匠的席竿，有那厨房的刀勺、庄稼人的锄镰、瓦匠的瓦刀，还有铁锨、安不着的门框、竹筒子、炕沿，有那古铜玩器、字帖手卷，这些个东西，都拿来换钱。旧靴子、旧袜子、旧褂子、旧帽子、旧袍子、旧罩子、凉席子、马褥子、套裤、口袋、破裤子、银簪子、铜镯子，待客使不得的火锅子，破灯笼、烂罩子，员外戴不着的扎巾子、胰子盒、手炉，待客使不得的锡壶子、金冠子和银扇子，吊破了的纱灯、旧钿子，蒜罐子、醋坛子，打破了的雨伞、竹帘子、破铺陈、乱毡子，裁缝赚下的破湾子，破琵琶、烂弦子、胡琴、星儿、托盘子、蜡扦子、灯坠子，剃头使不得的那破柜子，破纱橱、烂箱子，使不得的酒篓、

小缸子、旧盆子、烂桶子，使用不得的荷缸、小罐子、小刀子、手帕尖上
的铜卡子，简妆子、镜架子，阿哥们穿不着的马褂子、平口子、旧袋子、
烂条子、荷包、顺带子，旧剪子、坏簪子，奶奶们戴不着的耳环子，铁钉
子、铁镊子、灯台、香炉、蜡夹子，铜钮子、潮银子、宣卷，使不着的旧
棉子、花棒槌、叉头子，小阿哥们玩的皮猴子、零绸子、碎缎子，姑娘们
打带子剩下的绒辫子，马鞍子、透抽鞍、摔胸、肚带、炼金镫、扯手、秋
辔共嚼环，这些个东西全都要，拿将出来看一看。

这完全可以算是口头广告语中的鸿篇巨制了，内容涵盖了普通百姓生活中
的各种寻常事物，与世俗生活密切相关。

声响广告一般是行商多用，唐宋以前，受市坊制度的影响，行商并不十分
广泛，其使用的声响工具也较为简单，以鼓和乐器为主。宋元时期，随着市坊
制度的突破，行商也较之以前多起来，尤其是走街串巷的小贩更是常见，其使
用的声响工具也以拨浪鼓和铁器之类居多，但仍未出现因不同行业而进行细致
区分使用声响工具的情况。明代中后期，商品经济走向繁荣，尤其是农产品的
商业化和"农民非农化"日益发展，农民经商在当时成为一种非常普遍的现
象，"从明朝中期开始，我国许多地区农民'去本就末'，甚至个别地区'十
分其民已有六七分去农'了"[1]，"这些弃农经商的，充当了商贾或商
贩"[2]。另外，明代后期手工业也有了较大的进步，单就北方而言，"许多州
县都能给市场提供几十种商品"[3]，南方就更多了，"如吴县的丝织品就可达
30 余种"[4]。众多农民从商和繁多的货品输出，必然要求广告形式的多样。
因此，明清时期出现声响广告行业化的特点，与以上因素存在一定的内在
关联。

明清时期声响广告体现出非常明显的行业化特点，这集中体现在不同行业
的商人所使用的声响工具上。如《祥符县志》有载：

[1] 吴量恺. 中国经济通史(第七卷)[M]. 长沙:湖南人民出版社,2002:665.

[2] 同上,第 667 页。

[3] 王毓铨. 中国经济通史(明(下))[M]. 北京:经济日报出版社,2007:509.

[4] 同上。

有摇小鼓，两旁自击，卖簪珥、女茾、胭脂、胡粉之属者；有鳞砌铁叶，进退有声，磨镜洗剪刀者；有摇郎当，卖彩线绣金者；有小旗招展，携巾箱卖零星绘帛者；有阁阁柝声，执杓卖油者；有拍小铜钹，卖豆沫者……有入夜击小钲卖饧者……往来梭织，莫可殚记。

清代，声响广告使用的工具更是细致，清人有详细的记载：

百工杂技，荷担上街，每持器作声，各为记号。修脚者所摇折叠凳，曰"对君坐"；剃头担所持响铁，曰"唤头"；医家所摇铜铁圈，曰"虎撑"；星家所敲小铜锣，曰"报君知"；磨镜者所持铁片，曰"惊闺"；锡匠所持铁器，曰"闹街"；卖油者所鸣小锣，曰"厨房晓"；卖食者所敲小木梆，曰"击馋"；卖闺房杂货者所摇，曰"唤娇娘"；卖耍货者所持，曰"引孩儿"。

使用不同的声响工具，自然发出不同的声音，这样可以起到辨识的作用。久而久之，人们自然将不同的声音和对应的行业相联系起来，这样又起到了强化的效果。所以，从声响广告发展的历程来说，它改变了过去声响器具选择的自发性和随意性，有意识地将声响工具与所从事的行业密切挂钩，将行业属性赋予到声响和声响工具之上，从而实现其行业化的过程。

二、文字广告走向艺术化

在广告原形态的形成和发展时期，文字广告有一个共同的特点，那就是基本都是以姓名、时间、地址和商品名称等作为主要内容，从标记、铭刻和书写到印刷等各种形式，都是如此。唐宋元时期出现了一些诗词广告，但多是诗词中所表现的广告现象或者广告活动，而以诗词本身作为广告的媒介则比较少见。明清时期，这种情况发生了变化，许多店铺开始流行使用一种新的广告形式——楹联广告。

一般认为楹联出现于五代十国时期，而春联的流行则始于明代朱元璋统治时期，由于他的提倡，春联走进了千家万户，后来遂被商家所使用，楹联广告也就慢慢盛行起来。

楹联广告的流行对招牌的形式产生了重要影响。招牌主要是题写商家的名号或者经营品种、经营范围之类，最初主要以木牌的形式出现。明清时期，招牌的内容和形式发生了一些变化，从原来的商家和商品信息转为商业思想的表达，且多以四字句为准，悬挂于店门正中，匾额即是这种形式。对春联的学习和借鉴，使招牌的形式再一次发生了改变，位置由店门正中走向了店门的两侧，形状也变成了对称的两块长方形木板或者两张纸。商家为了充分展现楹联广告的效果，往往对"招牌的制作也十分讲究和考究，多用上好木材和上乘的颜料油漆精心制作"[1]。

作为一种文字艺术，楹联有着较为严格的规范，其一要整齐，上下联字数相等，字字相对；其二要对仗工整，平仄相对；其三要词性相对。因此，一副好的对联一定是一件美好的艺术品。

而就楹联广告而言，在遵循以上规范的基础上，更要体现广告特征，不能因为追求艺术而失去了广告的本意，因此其要求又严格了一层。兹举数例如下：

> 酿成春夏秋冬酒，醉倒东西南北人。
> 未晚先投宿，鸡鸣早看天。
> 佳肴美酒千人醉，饭暖茶香万客尝。
> 泉香好解相如胃，火候闲评坡老诗。
> 谷乃国之宝，民以食为天。
> 名重洛阳，品重剡溪。

以上广告语充分体现了楹联艺术的特点，对仗工整，清新高雅，同时也富于行业特色。它们分别是酒店、旅店、饭店、茶店、米店和纸店的楹联广告，这些广告语并没有因为鲜明的艺术性而掩盖了其本意。

明清时期，值得注意的一个现象是文人和皇帝积极参与楹联广告的创作，这一方面助推了楹联广告的流行，另一方面也使楹联广告的艺术性更加鲜明。为了便于说明问题，对明清时期文人和皇帝撰写的楹联广告略作统计，如表3.1所示。

---

[1] 杨海军. 中国古代商业广告史[M]. 开封:河南大学出版社,2005:208.

表 3.1　明清楹联广告统计表

姓　名	楹联广告	广告主
唐寅	生意如春草，财源似水泉。	商店
祝枝山	东不管西不管，我管酒管；兴也罢衰也罢，请罢喝罢。	酒馆
李廷机	顷刻驰骋千里外，古今事业一宵冲。	泉州木偶戏
王阳明	求通民情，愿闻己过。	江西府衙
顾宪成	风声雨声读书声，声声入耳；家事国事天下事，事事关心。	东林书院
赵子昂	春台文苑三千家，明月扬州第一楼。	明月楼（酒楼）
郑板桥	从来名士能评水，自古高僧爱斗茶。	茶馆
郑板桥	扫来竹叶烹茶叶，劈碎松根煮菜根。	饭堂
李渔	休萦俗事催霜鬓，且制新歌付雪儿。	戏台
朱元璋	双手劈开生死路，一刀割断是非根。	阉猪人家
康熙	章岩月朗中天镜，石井波分太极泉。	鹅湖书院
乾隆	宝案凝香，图书陈道法；仙台丽景，晴雨验耕桑。	汇芳书院
袁明曜	惟楚有才，于斯为盛。	岳麓书院
梁绍壬	一阕荔枝香听玉笛吹来遍传南海；双声杨柳曲问金樽把处忆否西湖。	广州武林会馆
朱竹垞	同是肚皮，饱者不知饥者苦；一般面目，得时休笑失时人。	施粥厂

　　文字广告的艺术化，不仅体现在楹联广告的文字内涵上，还体现在文字的书写艺术上，即楹联广告大多是以优美精湛的书法形式来表现的。单从以上统计的文人和皇帝的楹联广告来看，它们本身就是难得的书法珍品，因为这些人不仅文采出众，书法也是各有千秋。唐伯虎、祝枝山、赵子昂、郑板桥等人都是书画名家，他们的楹联广告都是即兴挥笔而就，康熙、乾隆更是有题诗联句的癖好，名山大川、古寺宝刹无不留下他们的墨宝。

　　文字广告的艺术化，是对中国传统艺术的发扬，它将百姓喜闻乐见的春联进行移植和改造，将商家的经营范围和经营理念等以一种艺术的形式加以展现。这种展现方式，既改变了过去文字广告在形式和内容上的双重缺陷，同时，也赋予文字广告新的生命力和活力。

三、广告画以书籍插图的形式大量出现

实际上，唐宋时期就已经出现了书籍插图广告，然而，这种广告形式的大量运用则是在明清时期。"至明代，插图书籍臻于极盛，据统计，现存历代插图古籍约四千种，明代书籍就占一半"[1]，使用插图的书籍几乎涵盖了所有的类型，如历史类、地理类、科举类、日用百科类、科技类、文集类、小说类、戏曲类等等，郑振铎先生甚至说"差不多无书不插图，无图不精工"[2]，"没有好的插图的书籍在这时期好像是不大好推销出去似的"[3]。尤其是对于商业化色彩更为浓厚的小说和戏曲，"插图已成为其内容中一个重要组成部分。它们少则十几幅，多则上百幅，很多作品一出或一回就有一幅插图。有些名著一本就有好几种甚至十几种插图本梓行于世。"[4]

总的来说，此期书籍插图广告有以下特点：

第一，直接在书名上表明是插图本。随着书籍配图的流行，非插图本书籍尤其是小说和戏曲类书籍如若不配图，在市场上一定会受到冷落。因此，插图不但成为必要，而且要非常直接地表现出来。在这种背景下，一些专门用语也产生了，如"全相""全像""出像""出相""绣像""全图""补像"等等。"这些词语是出版商们在内封、卷首及版心等地方使用的标示用语，每个词对应着一类插图方式"[5]，这些词语发挥着广告的功能。

第二，插图成为书籍广告的核心卖点。明代书坊主对插图极其重视，除了书名表示是插图本以外，在书的卷首和牌记等地方也极力鼓吹插图的好处，甚至对插图进行详细的介绍和强调。另一方面，书坊主极力雇请画家和名士为其书籍配绘插图。如陈氏存仁堂万历刻本《万宝全书》的牌记："坊间《万宝全书》，不窗充栋，然不一精检，鲁鱼亥采，混杂篇章者有之。本堂特请名士，校摊事物度数，一仿古典，启觑书札，别模书藻，端写绣梓，点画不差，应酬便用，价比南金矣。"牌记中的"名士"就是书坊主为了追求插图的质量以便

[1] 曹之. 中国古籍编撰史[M]. 武汉:武汉大学出版社,2007:599.

[2] 郑振铎. 郑振铎全集(14)[M]. 石家庄:花山文艺出版社,1998:306-307.

[3] 同上。

[4] 聂付生. 论晚明插图本的文本价值及其传播机制[J]. 南京师范大学学报:社会科学版,2005(3):111.

[5] 汪燕岗. 古代小说插图方式之演变及意义[J]. 学术研究,2007(10):141.

更好地推销书籍而特意请来的。与此同时，有的书坊主更是以自己的画像作为插图亲自代言。明代著名刻书家余象斗就多次使用这种方式推销自己的刻书。如《新刻芸窗汇爽万锦情林》的扉页插图，为《读〈万锦情林〉》。

第三，插图广告的形式创新。有研究者对明代插图广告的形式进行了总结，认为就插图的位置和版式而言，有牌记中的插图、扉页中的插图、"双面连式"插图、"月光型"插图[1]，其中"双面连式"插图是明代首创，而"月光型"插图也是明代晚期新出现的样式，外方内圆，"画面虽小，却隽秀典雅，是对中国古代版画版式的一种创新"[2]。

明清时期，尤其是明代，插图广告的大量出现，并不是偶然的，综合来看，主要有以下几个原因：第一是印刷技术的发展成熟和普及。明清时期是我国印刷技术的兴盛时期。明朝出现了双色乃至四色套印的书籍，中期出现了彩色印刷技术，铜活字印刷得到普遍应用。明清时期印刷网点遍及全国各地，有的地方成为全国著名的出版地，如建阳、苏州等。第二是书业竞争的激烈。明代出版市场竞争异常激烈，书商为了求得生存，采取多种广告方式进行营销传播，其中，插图广告在宋元基础上进一步发展和革新，出现了新的样式，成为众多广告手段中非常重要的一种。第三是读者喜好的刺激。随着书籍出版的频繁和流通的广泛，读者尤其是小说和戏曲类的读者更加偏好配有插图的版本，相较而言，配有精美插图的书籍更受欢迎，这无疑刺激了书坊主对书籍插图的重视。

书籍插图广告的大量出现，就广告生态形态的发展演进而言具有重要的意义。首先，它是第一次以绘画的形式作为一种正式的广告手段大量出现。在广告原形态的形成时期，广告画还只是以图腾的形式开始萌芽，在广告原形态的发展时期，进而以印刷形式出现，但却存在两个不足：其一是具有明显的附属性，因为要么是绘画作品中展现的广告现象或者广告活动，如《清明上河图》中出现的各种广告形态，要么是文艺作品中的剧情图，如《眼药酸图》。它们有一个共同的特点，那就是都不具备明确的广告意图，也就是说它们虽然是画，却不是严格意义上的广告画。其二是数量不多。宋元时期插图广告已经出现，如在一些佛经和话本当中就有，但相较而言，这种广告形态一方面在整个宋元时期并非主流，另一方面这种广告形态自身数量也不算多。而到了广告原

---

[1]　王海刚．明代书业广告研究[D]．武汉:武汉大学,2009:70-72.
[2]　同上。

形态的兴盛时期，以上两个缺陷都得到了克服，插图广告既开始大量出现，也是书坊主们有意识地进行使用的广告手段。其次，它开启了后续不同形式的广告画。如清代后期出现的木版年画、招贴画和月份牌等，在某种意义上都可以从插图广告上找到渊源，它们以独立的形态进一步发展，不能不说是直接受到插图广告的启发和影响。

四、招牌广告三位一体的形式极力拓展和营造空间

在中国古代，招牌广告是最为常见的广告形式之一。行商坐贾的分化直接催生招牌广告的产生，但与此同时，招牌广告也因此陷入固着性也即缺乏流动性的局限。从诞生之日开始，招牌广告经过了多种形式的演变，尤其是经过宋元时期的发展，其形式已经相当完备，但从本质上说，都未对以上缺陷构成最大程度的突破。受招牌这种媒介本身的限制，虽然广告要想实现根本的突破不太可能，但通过对不同招牌广告形式的合理布局和综合运用来达到最大的效果，却是可能的。

在宋代，招牌广告曾经配合幌子、欢门彩楼在店面的外部装饰上起到了重要的作用，但在这诸多广告形态面前，尤其是新兴的广告形态面前，招牌的特色很容易被掩盖，并不能凸显自身的光芒，这就是即便在宋元时期已经出现了牌匾和冲天招牌，但整体上说招牌广告并没有得到商家足够关注和重视的原因。

明清时期，欢门彩楼已经很少使用，这为招牌广告的复兴创造了有利条件。招牌广告的兴盛，不仅体现为形式的丰富多样，更重要的是，它改变了过去孤立单一使用的局面，而是注重将不同的形式进行综合利用，发挥整体性的作用。

坐招，一般置于店铺里面的柜台之上，用以表现商家的经营理念和经营特色，常用的有"公平交易""童叟无欺""妙手回春"等，后世的"欢迎光临""欢迎惠顾"之类就是由此发展而来的。坐招对于牌匾来说，可以起到补充和强化的作用。

牌匾，古代最为常用的招牌广告形式，一般悬横于店铺门口正上方，其内容主要是店铺的名称或字号，宋代开始出现，明清非常流行。因为牌匾的特殊位置及其代表的意义，商家非常注重其外观的设计和名字的选取。在形制上，往往选取高档木质制作横牌，聘请书法家或者名人题笔；在内容上，既会反映经营的行业、范围和愿望，又会融合古代儒家的经典思想，体现其文化意蕴。

如现在还耳熟能详的牌匾名"同仁堂""全聚德""六必居""瑞蚨祥""都一处"等等，都是明清时期的大招牌。清人朱彭寿有一首七律诗，皆以招牌名写就，最能反映当时的盛况："顺裕兴隆瑞永昌，元亨万利复丰祥。泰和茂盛同乾德，谦吉公仁协鼎光。聚益中通全信义，久恒大美庆安康。新春正合生成广，润发洪源厚福长。"而齐如山在其《故都三百六十行》中记载的老字号招牌更是涉及各行各业。《水窗春呓》记载清代全国闻名的"老店"有"扬州之戴春林、苏州之孙春阳、嘉善之吴鼎盛、京城之王麻子、杭州之张小泉"[1]，其招牌自是少不了牌匾。

冲天招牌，置于店铺门面之外，一般放在店铺门前或者店面相对的街面中央，宽三尺，高不等，是所有招牌广告中体积最大者，一定程度上，也是招牌广告发展的极致形态。关于冲天招牌，《析津志》载："酒糟坊，门首多画四公子：春申君、孟尝君、平原君、信陵君。以红漆栏杆护之，上仍盖巧细升斗，若宫室之状。两旁大壁，并画车马驺从，伞仗俱全。又间画汉钟离、唐吕洞宾为门额。正门前起立金字牌，如山子样，三层，云'黄公铲'。"由此看来，冲天招牌不仅在外部形制上高大显赫，而且在表现形象上也非常精致，既要精心装饰，还要刻以各种动物形象，起到标识的目的。除此之外，清代的冲天招牌还利用其面积大的优势在文字上进行扩展，最多的有20余个，如：

德爱堂沈家，祖传七代小儿七珍丹。只此一家，并无二处。
同春堂自置川、广、闽、浙各省地道生熟药材。
同春堂遵古炮炙饮剂咀片诸般应症丸散膏丹。

冲天招牌广告在地理位置、外部形制上占据的优势，使其在视觉效果和吸引注意力上都较之普通的招牌广告更胜一筹，明清时期商家经常使用就不足为奇了。

然而，对于以上三种招牌广告形态，如果使用孤立的眼光来看待的话，也许并不能发现有太多的特别之处，因为它们并非第一次出现，只不过是在形态上更加完备而已，但是如果综合来进行考察，情况就大为不同了。

首先，从功能的角度上说，它们之间构成良好的互补关系。表面上看，三种招牌广告形式都起着相同的广告作用，仔细分析，其实不然：冲天招牌以其

[1]　欧阳兆熊,金安清.水窗春呓·卷下[M].北京:中华书局,1984.

独特的空间和视觉优势主要起吸引注意力的作用，它可以将距离店铺更远的消费者招引过来；而牌匾广告则主要发挥标识的作用，告诉人们店家的名称或名号；坐招则进一步宣扬店家的经营理念和经营特色。三种招牌广告互为补充，有利于完整地将商家的经营信息传达出来。

其次，从形式的角度来说，它们把招牌广告推向了极致。三种招牌广告形式，有大有小，有在室外的，也有在室内的，有横置的，也有竖放的，有非常简约的文字表达，也有较为详细的文字展现，有简朴的制作，也有浓艳的装饰，有早已使用的，也有新近出现的，甚至更有到此期发展至鼎盛而至后世经久不衰的，尤其是冲天招牌的流行，更是联合其他招牌广告形式一起将招牌广告的发展形态推向了极致。

最后，从空间的角度上说，它们共同拓展和营造了空间，形成三位一体的关系。唐以前，由于实行市坊制度，居民区和市场之间截然分开，甚至同种商品的店铺都必须集中于市内的规定地点，这导致商业建筑和商业行为都受到严格束缚，在这种背景下，招牌不可能有太大的发展。唐中期尤其是宋以降，市坊制度被打破，城市商业活跃起来，市场竞争加剧，招牌的形式也随之得到丰富，并且风格上越来越华丽。尤其是明清之际，如果招牌广告和店面装饰不壮观、不气派的话，商家都不能获得人们的信任，所谓"华丽者即无母钱存贮亦信而不疑。倘局面暗淡，虽楼积千万亦不敢贷矣"，反映的就是当时的社会情形。然而，在有限的空间里如何通过营造"局面"来获得关注和信任，则成为商家思考的重要问题。因为一方面店面空间有限；另一方面，"传统商业街道主要由商业建筑簇拥而成，底层店面半开敞，甚至完全开敞。店舍是专为他人服务而设置的。因此，街道空间只是两侧商店空间由内而外的延伸"[1]，也就是说街道空间也是受商店空间规约的。在这种情况下，抢占"街道空间"在某种程度上成为一种理想选择，因为其本质实现了"商店空间由内而外的延伸"，从这个角度上说，冲天招牌的出现和流行，即代表着商店空间完成了向外拓展。如此，商店的空间位置因为冲天招牌的营造在人们心中形成了一个虚拟位置，似乎招牌之处即是商店之处。除此之外，冲天招牌与店面之间的街道空间也被无形中纳入到商店的空间范畴，店家可以自由地与客人迎来送往，招呼应酬，甚至开展各种营销活动。很显然，如果没有冲天招牌，这种空间效果是无法获得的。有研究指出，"明清时期，商业店铺已发展到侵占官道，甚

---

[1] 陈芳. 中国传统商业建筑环境探源[J]. 中外建筑, 2000(2): 11.

至如月盛斋者跻身于官衙集中的户部街"[1]，这充分表明商家拓展商店空间的欲望，而冲天招牌则是常用的方式。冲天招牌的空间营造功能更重要的还是体现在以牌匾为界限所形成的店内和店外双重空间。也许有人说，没有冲天招牌，店铺同样具有内外两个空间，这种说法有失片面，因为对于店外所有空间都是商店的外部空间这样过于宽泛的界定是没有意义的。要知道，从招牌的角度上说，除了冲天招牌在外部空间的标界上功不可没，店内坐招的功能亦不可忽视，正是有了它，才与牌匾、冲天招牌形成了内外呼应，空间的层次感也就明显出来了。

综上，招牌广告通过多种形式的有机组合在一定程度上克服了自身固着性的缺陷，这既对于招牌广告自身的演变来说具有重要意义，因为它们将招牌广告的发展推向了鼎盛和极致，同时，就整个广告形态的变迁而言，一样意义重大，因为它承续宋元时期招幌广告向店面的内外装饰整体延伸进一步发展，由室内走向室外，最大限度地拓展了空间。更进一步说，它使招牌广告在商店的空间结构中所扮演的功能发生了变化。在冲天招牌广告流行之前，牌匾广告在商店的空间结构中主要扮演的是分隔的功能，它不仅意味着商家拥有一个合法的主体性范围，更重要的是它将"界限两边不同主体的社会关系组结在一个具体的空间环节中"[2]，"它可以使双方的矛盾，以协调、认同的空间形式统一起来，也可以展开进一步的冲突"[3]，这种分隔的功能在店铺之间建构诸种必要的关系。与此不同，店内的坐招则主要发挥连接的功能，它是一个"通道"，往往与店家主人或者招待人员伴随，发挥招呼和引导客人的作用。冲天招牌的大肆使用，使以上招牌的空间结构功能发生了变化。首先，冲天招牌将原来牌匾的分隔功能迁移到了室外，在更为宽阔的空间范围上树立边界。其次，与一般的墙体不同，冲天招牌是以标志性的符号主观性地来表明界线的，这在竞争关系上既形成防御也构成进攻。而牌匾广告亦由原来的分隔功能转换为连接功能，与坐招一起主要发挥引导顾客的作用。

五、广告伴随国内市场的明显扩大在时空传播范围上进一步扩大

在媒介技术尚未极大地克服时空限制的古代社会，广告主要伴随商业的发

---

[1] 刘凤云. 北京与江户：17—18 世纪的城市空间[M]. 北京：中国人民大学出版社，2012：148.

[2] 童强. 空间哲学[M]. 北京：北京大学出版社，2011：137.

[3] 同上。

展尤其是商业贸易领域的不断开拓才能在时空传播范围上得到扩大，这在广告原形态的发展时期尤其得到印证和体现。在广告原形态的兴盛时期，这种趋势再一次表现出来。

此期，广告在时空传播范围上进一步扩大，很大程度上就是得益于国内市场的明显扩大。这主要表现在以下几个方面：

（一）城市市场的繁荣

有研究指出，明清时期中国传统的城市已经发展到极限，甚至像京师等大号城市的发展规模远不如北宋的汴京和南宋的临安[1]，应该说这种观点是有依据和道理的。但另一方面则是，像京师这样的大城市既是政治文化中心也是经济中心，虽然城市的发展规模不如以前，但并不制约广告活动的活跃，明清时期的城市市场"特别发展了零售商业、铺坊加工业、饮食业和服务业"[2]，这也就是许多史料都会记载京师市肆繁华热闹场面的深层原因。

（二）商业市镇与农村集市的兴盛

明清时期，城市的类型和层次发生了很大的变化，《古今图书集成》说"今之所谓都会者，则大之而为两京（北京、南京）、江、浙、闽、广诸省；次之而苏、松、淮、扬诸府，临清、济宁诸州；仪真、芜湖诸县，瓜州、景德诸镇"，其中发展最快的要算市镇。市镇在宋朝伴随着市坊制度的取消逐渐发展起来，到了明清时期，"由于人口快速增加，每人耕地面积减少，虽然每单位耕地之产量上升，每农业人口之产量却逐渐下降，大城市的发展停滞。过剩人口全部为农村吸收，农户不得不发展副业生产，生产的物品自用有余便要向外出售。所以这一时期的经济发展重心向农村靠拢，市镇与农村集市的发展达到高峰。"[3] 市镇和集市的繁荣发展，一方面，出现了地方市场交易的频繁，"除'日中为市'外，因各地生产、生活习俗的不同，还有早市、晚市、夜市等，其中早市也较普遍"[4]，最为典型的要算江南的盛泽镇，此镇"四方大贾辇金而至无虚日，每日中为市，舟楫塞港，街道肩摩"。另一方面，促进了

[1] 赵冈,陈钟毅.中国经济制度史论[M].北京:新星出版社,2006:346.
[2] 吴承明.论清代前期我国国内市场[J].历史研究,1983(1):97.
[3] 赵冈,陈钟毅.中国经济制度史论[M].北京:新星出版社,2006:359.
[4] 何荣昌.明清时期江南市镇的发展[J].苏州大学学报:哲学社会科学版,1984(3):96.

各行各业的来往与兴盛，"除了农副产品的交易，还有各种手工业者在市镇以手艺谋生……此外，市镇有织工、缝工、木工、砖埴工、竹器工，以及'绘画神像、点缀须眉、装饰藻采、兼业漆器之人'等等"[1]，旅店、酒店、茶馆等服务性行业迅速在市镇得以存活和扎根。贸易的频繁和各种行业的交汇，必定少不了各种广告活动。

（三）长距离贩运贸易活跃

长距离贩运贸易是指全国性的大市场和在这种市场上的商品流通和商务活动，它是对区域性市场的突破。明清时期，由集市、市镇和城市市场构成了一个巨大而又通畅的全国性大市场。其中，农村集市网是大规模、长距离商品流通的基础，"农村与城市，小农与市场——与全国性的商品流通，乃至世界市场——联系在一起。而农村集市网在其中起着十分关键的作用，它是各种农产品、手工业品的集散市场，是大规模的商品流通的起点和源泉。"[2] 正是农村集市网，沟通了城乡市场，使商品流通几乎覆盖全国每一个角落。和集市相比，市镇在长距离贩运贸易中更是发挥着主角的作用，为各种不同的商品流通提供了自由灵便的现实舞台。城市的作用更是重大，它扮演着商品的集散地、转贩贸易的起落点、封建经济的枢纽和联系各地市场中心的多种重要角色。事实上，我国早就有了长距离贩运贸易，但是在宋代之前这种贩运只限于奢侈品和土特产，"这两种贸易所经营的都是已生产出来的东西，交换的对象又是贵族、士绅们的收入，根本不是生产者之间的交换"[3]，大约从明朝后期开始，民生用品取代奢侈品和土特产品，成为长距离贩运贸易的主要产品。我国国内市场也从这时起，有了真正的扩大。正是伴随着全国性大市场的打通和贸易的流畅，广告才得以在更大时空范围上进行传播。

---

[1] 任放. 明清市镇的功能分析——以长江中游为例[J]. 浙江社会科学, 2002(1): 150.

[2] 许檀. 明清时期农村集市的发展[J]. 中国经济史研究, 1997(2): 40.

[3] 吴承明. 论清代前期我国国内市场[J]. 历史研究, 1983(1): 97.

第四章
广告演进的现代媒介形态发展阶段

　　整体上说，此期广告形态演进的基本特点是定形。换句话说，广告的基本形态在这个阶段都确立了各自的成熟形态。如文字形态的报纸广告、图画形态的杂志广告、声音形态的广播广告、音像形态的电视广告，其间都顺利完成了生存形态的定形，并且保持基本形态的稳定，一直延续到下一阶段。

　　与此同时，广告形态无论在感官层面还是时空层面，都有较大改变。感官上，广告形态表现出较大的视听元素融合能力，典型代表是电视广告，它成功地复制和还原了人类看到动态的、立体的、彩色的世界的感知能力，这是之前的任何广告不曾实现的；时空上，广告形态以电波的形式跨越千山万水的阻碍，有效地突破了时空的限制。

第一节
广告现代媒介形态的形成与发展

文字形态的广告、图画形态的广告和声音形态的广告，在此期间均找到了各自的稳定形态，分别以报纸广告、广告画和广播广告的形态生存于世。

一、报纸广告成为文字广告的成熟形态

报纸在我国古代早已有之，正如戈公振所言，"我国之有'官报'，在世界上为最早"[1]，并且报纸在中国古代历史上存在的时间也很长，"邸报有1200 年左右的历史。小报有近千年的历史。民间报房出版的邸抄、京报有近400 年的历史"[2]，然而，无论从报纸的内容和形式来讲，还是从广告的使用而言，都无法与西方的报纸相比。究其原因是多方面的，首先从报纸的功能上讲，中国古代的报纸尤其是官报是封建统治阶级的喉舌和宣传工具，主要是统治阶级内部进行信息传播的渠道，涉及的内容也主要是皇帝起居、诏令、官员升免等朝政动态。对于小报而言，其也在统治阶级严密的控制之下，不能自由发布信息。其次从传播的范围上说，官报主要是在政府官员和士大夫之间传播，即是"与官阅"而不是"与民阅"。小报的读者范围虽然较之邸报要大一些，"但基本上仍然是各级官员和士大夫知识分子"[3]，并且还经常受到查禁。最后，封建自然经济的制约是根本原因。小国寡民的社会生活，安土重迁的小农思想，自给自足的经济形态，封闭的人际关系和社会心理，都深深地制约着报纸的发展，"在这样的土壤上，很难产生对信息的数量和时效要求较高

---

[1] 戈公振.中国报学史[M].上海:生活·读书·新知三联书店,2011:60.
[2] 方汉奇.中国新闻事业通史(第1卷)[M].北京:中国人民大学出版社,1992:165.
[3] 同上,第77 页。

和商品化的程度较高的报纸。"[1]

在西方，情况则不太一样，报纸往往与广告关系较为密切。一般认为近代资本主义最早的报纸是产生于16世纪中叶的《威尼斯新闻》，而其内容多是与商品交换有关的各种信息，其中主要就是广告。世界上第一条名副其实的报纸广告具体产生于何时虽然存在争议，但都只限于17世纪前半叶。18世纪是政党政治报发展的高峰期，报纸广告发展较为缓慢。总之，报纸自其诞生之日起就与广告一直保持着一定的联系，然而，直到19世纪30年代，"报纸经历了一个漫长的封建专制和政党政治报纸时期……这一时期的报纸被用作政治宣传的舆论工具，不以赢利为目的，因此广告在报纸上受到排斥。"[2]19世纪30年代便士报的产生，使以上情况发生了很大的改变。迈克尔·舒德森认为，"大众民主、市场观念及城市社会的发展造就了他所谓的'民主的市场社会'，为了适应这样一种社会的需求，便士报应运而生。"[3]便士报的出现，不仅在新闻史上具有重要意义，就广告而言同样意义非凡：它首先促使报纸成为大众媒介，成为普通劳工阶级都可以购买和观看的报纸，而不再是贵族的专利；其次，既然报纸以非常廉价的方式大量发行，又不再接受政党的津贴补助，广告因此成为报纸最主要的经济来源。最后，从广告形态发展演进的角度来说，便士报使报纸广告成为一种常态，从此，文字广告寻求到了一种稳定的生存形式。

与西方不同，中国的报纸广告很大程度上是伴随着西方资本主义入侵和商业推广产生和发展起来的。在鸦片战争以前，中文报纸主要集中在东南亚和中国沿海城市，多为传教士主办，带有明显的宗教传播和宣扬西方文化的色彩，也有刊登商业广告的，如1833年创刊于广州的《东西洋考每月统记传》。1840年至1870年是中文商业报纸产生的时期，"中文商业报纸开始依托外文商业报纸机构出现，作为外文商业报纸的中文翻译版或子刊的形式，供应给中国读者。"[4]如《香港船头货价纸》，该报即是由老牌英文商报《孖剌报》所创办，是中国境内最早的中文报纸，也是香港地区出版的第一张中文报纸，"该报又是我国最早的中文商业报纸及广告报……从1859年5月7日（'己未年四

[1]　方汉奇.中国新闻事业通史(第1卷)[M].北京:中国人民大学出版社,1992:165.
[2]　王放.中国报纸与广告的历史姻缘[J].新闻与传播研究,1994(3):36.
[3]　迈克尔·埃默里,等.美国新闻史:大众传播媒介解释史[M].展江,译.北京:中国人民大学出版社,2004:129.
[4]　王润泽.中国新闻媒介史(1949年前)[M].北京:北京大学出版社,2011:190.

月初五日，礼拜六'）出版的第 237 号所载内容看，该报首载少量'新闻'，其余均为广告。"[1] 1870 年以后，国人自办的商业报纸才开始出现，如分别创刊于 1872 年和 1874 年的《华字日报》和《循环日报》。

虽然中文商业报纸都自觉地刊登广告信息，但直到《申报》出现之前，其读者并不是以市民为主，报纸价格也比较贵，如上海的第一份中文商业报纸《上海新报》的读者大部分是各洋行商号、华商，价格昂贵。1872 年，英国商人美查创办了《申报》。《申报》的诞生代表着廉价商业报纸在中国出现。该报的生产、发行、价格和经营，都带有明显的新闻产业色彩。在生产上，为了降低成本，《申报》采用价格低廉的毛太纸和赛连纸印刷，每份报纸的售价只要 8 文钱，比 30 文一份的《上海新报》便宜了很多。在读者对象上，《申报》自创刊以来即以官绅阶层为读者对象，史量才接手《申报》不久对市场定位进行了调整，面对的读者从官绅阶层转而扩大到知识阶层和普通市民。在报纸内容上，《申报》极力去适应和迎合中国市民读者的习惯和需求，如刊登市井小说式的新闻，免费发表文人写的竹枝词等。《申报》的这种做法无疑是对英国报业经营的借鉴和本土化的努力，其目的自然也是通过吸引读者和广告主，靠广告收入来抵消成本并获取利润。经过发展，《申报》"广告在整个报纸的篇幅中所占的比重，由 19 世纪 70 年代的三分之一左右，逐渐增加到二分之一左右。广告费的收入，在报纸的总收入中，占有越来越大的比重"[2]，发行量上也是明显上升，"1912 年，史量才接手《申报》时发行量只有 7000 份，1920 年达到 300000 份，1935 年全国销量达到 15.59 万份"[3]。

《申报》在经营上的开创性，影响和带动了后来的中文商业报纸，1899 年创刊于上海的另一份中文商业报纸《新闻报》，就有明显的模仿痕迹。当然，《新闻报》与《申报》之间竞争激烈，两者难分伯仲，然而就当时的报纸广告而言，两者的出现和竞争，无疑在整体上共同推动了其快速发展。就发行量而言，据统计，《新闻报》1919 年达 46000 份，1924 年是 105727 份，1926 年达145000 多份，1928 年突破 15 万份大关。《新闻报》的经营目的很明确，报纸销数越大，广告效力越大，因此，"卖报一般微利或无利，有时甚至收不回成本，但只要能扩大发行，增加销数，报馆往往采取低价出售报纸的方式，即使

---

[1] 刘家林. 中国近代早期报刊广告源流考[J]. 新闻大学,1999:58.

[2] 方汉奇. 中国近代报刊史[M]. 太原:山西教育出版社,2012:55.

[3] 黄玉涛. 民国时期商业广告研究[M]. 厦门:厦门大学出版社,2009:25.

在发行上亏本，也在所不惜。"[1]　与《申报》侧重政治新闻不同，《新闻报》紧紧立足上海作为金融中心的优势，集中力量关注经济新闻，以工商界为主要读者对象，介绍商场动态，发布商业行情，逐渐发展为上海的"柜台报""广告报"。伴随着《新闻报》的快速发展，报馆通过增加出版量来刊登更多的广告，广告所占的篇幅也越来越大，"新闻报平时出版四五张，星期日往往发行8张，每逢节日甚至出 10 张，最多时候出过 16 大张，广告占据全部篇幅的 2/3。"[2]

综上，之所以认为报纸广告在此期成为文字广告的成熟形态，其主要原因就在于：

其一，报纸广告结束了文字广告长期以来在诸种媒介中不断选择却未能长期固定下来的状况，从而寻找到了稳定的生存形式。众所周知，在广告的原形态发展阶段，文字广告先后经历了龟甲、金属器皿、简牍、丝帛、印刷纸等多种不同媒介的生存依附和表现，然而，由于这些广告媒介的笨重、成本昂贵、不易保存和传播范围有限等，文字广告一直处于"漫游"的状态，而没有真正寻找到其安稳的"归属"。明清时期的书籍印刷广告，虽然盛极一时，但毕竟只局限在读书人之间流播，印刷书并未发展成大众媒介，因此，印刷广告对于广大市民而言，并不是一种常态。

其二，虽然最早的报纸和报纸广告产生的时间远远早于 19 世纪 30 年代，但只有报纸成为大众媒介，才可以认为文字广告以报纸广告的形式获得了其成熟的形态。原因就在于，一方面，最早的报纸并不扮演发布广告的角色，而是政治信息的传播渠道和统治阶级的御用工具，同时最早的报纸广告也往往是新闻信息的附属，无论是 1622 年在伦敦出版的第一张用英文印刷的报纸《每周新闻》，还是 1650 年英国的英文报纸《新闻周刊》，其上面的书籍广告和寻马悬赏启事，都只是众多新闻信息的零星点缀，其商业性质和目的并不鲜明，更不可能构成报纸的主要经济来源；另一方面，从报纸广告的产生到 19 世纪 30 年代（中国则在 19 世纪 70 年代），在如此漫长的时间里，报纸广告虽然逐渐发展成为报纸的重要组成部分，有的也成为报纸的重要经济来源，如 1666 年英国的《伦敦报》正式创办广告专栏，广告内容较之前有了很大的增加，收取的广告版面费也成为报纸收入的重要来源，但由于报纸本身价格昂贵，所以并不能在

---

[1]　黄玉涛. 民国时期商业广告研究[M]. 厦门：厦门大学出版社，2009：26.
[2]　同上，第 28 页。

普通市民中广为传播，因此，从形态上说，虽然此类报纸广告已经较为成熟，但与廉价报纸广告相比，其最大的差距就是发行量和受众范围的局限。

二、广告画以画报、报刊、月份牌等形式蓬勃发展

广告画在此期得到快速发展，一个最明显的表现就是以多种不同的形式大量呈现：

（1）画报广告。总的来说，如果按照出版方式的不同，可以以 1920 年为限分为石印和铜版两个发展阶段，前一阶段以《点石斋画报》为代表，后一阶段以《良友》和《北洋画报》为代表。

《点石斋画报》创刊于 1884 年 5 月 8 日，终刊于 1898 年 8 月，15 年共发表 4000 余幅带文的图画。相关研究统计显示，《点石斋画报》中的图文广告集中在三个时期：一是 1884 年 6 月至 7 月，在第 4 至第 7 号画报刊登；二是 1886 年 7 月至 1887 年 3 月，在第 83 至第 106 号画报刊登；三是 1892 年 9 月至 1893 年 11 月，在第 311 至第 354 号画报刊登。此外，1889 年 6 月 4 日出版的第 189 号画报刊登了梁恺悌堂药店的图文广告。因此，《点石斋画报》中至少有 38 号刊登了图文广告，计 38 张/76 页[1]。总的来说，《点石斋画报》上的画报广告在数量上并不算太多，但它突破了绘画在前文字在后的传统布局，形成了以图为主，以文为辅的格局。

《良友》1926 年创刊于上海，于 1945 年 10 月停刊，出刊 174 期，共载彩图约 400 幅，照片约 32000 祯。据统计，刊载广告共 2508 则，平均每期 19 则。广告类别涉及饮食、家电、书刊、医药、电影、摄影等多个行业。《良友》在当时深受广告主的青睐，其中一个很重要的原因就是"影写版印刷，广告美观夺目，传播效果好"[2]（图 4.1）。

---

[1]　郭秋惠."点石"：《点石斋画报》与 1884—1898 年间的设计问题[D].北京：清华大学，2008：88.

[2]　吴果中.民国时期《良友》画报广告与上海消费文化的想象性建构[J].广告大观（理论版），2007（3）：79.

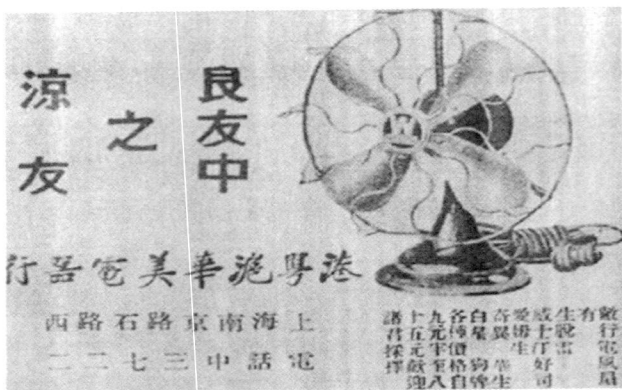

图 4.1 《良友》上的华美电器行电风扇广告

　　《北洋画报》1926 年创刊于天津，大多为四个版面，广告占到所有内容的一半（图 4.2）。《北洋画报》有一个显著的特点就是非常注意视觉上的冲击力，"每隔五十期就会以不同的颜色示人，如有褐色、淡紫色、蓝色、绿色、浅褐色、淡紫色、淡蓝色、鲜橙色、墨绿色、褐色等，图文一色，视觉冲击力蓦然而强烈。"[1]

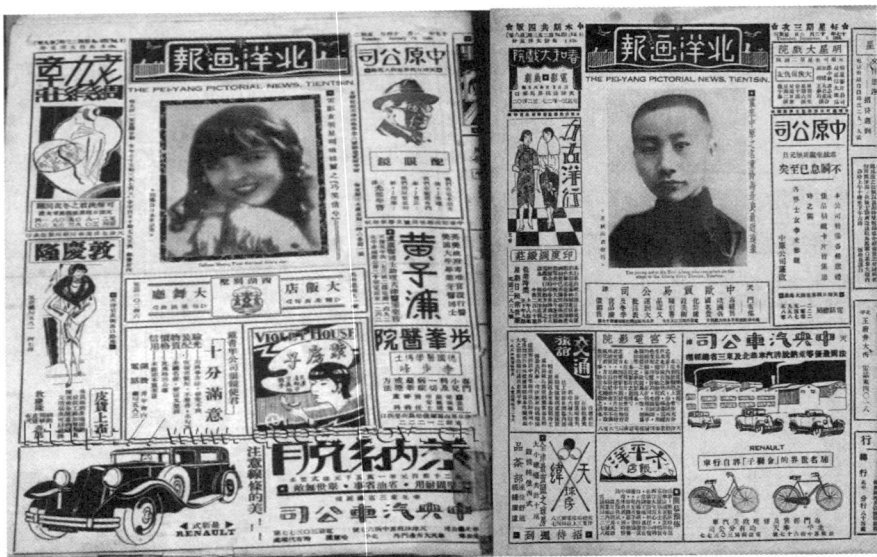

图 4.2 《北洋画报》上的广告画

[1] 解丹儒.《北洋画报》广告审美研究[J]. 时代文学, 2012(7): 214.

（2）报刊广告画。这里的报刊是指画报以外的报纸。此期，报纸上刊登广告画也是常见的事情，如《申报》和《广州民国日报》上的广告画就为数不少（图4.3、图4.4）。报刊广告如若按照篇幅和图文比例等标准，可以划分为多种形式，"但无论哪一种广告画，无不采用图文结合的形式，均显示了广告画的社会影响力和受欢迎的事实。文字与画面二重元素的融洽结合，无疑是近代报刊广告画的最基本特点。"[1]

图4.3　《申报》上的雀巢牌牛奶粉广告画

图4.4　《广州民国日报》上的小凤饼广告画

（3）月份牌广告。月份牌广告被认为是20世纪初兴起于上海，风行半个世纪的一种广告形式，是中国近代最重要的广告宣传形式。"月份牌的一般形式是：中间是画面，画的两边附有12个月节令的年历表，画的上方或下方印上商品或厂商的名称，商品有时也画在画的两旁。其上下边缘一般镶有铜边条，间或有仿照中国国画的装裱形式，上下各有一轴，方便悬挂。"[2] 不同于传统的木版年画，月份牌广告有一个重要的特点，即采用新式石印或胶印技术，产生丰满逼真的彩图效果，这比单线平涂的版画更为生动形象（图4.5、图4.6）。

---

[1]　邢照华.近代中国报刊广告画的若干特色探析[J].云南艺术学院学报,2010(2):40.

[2]　黄玉涛.民国时期商业广告研究[M].厦门:厦门大学出版社,2009:56.

图 4.5 《阴丹士林色布》月份牌

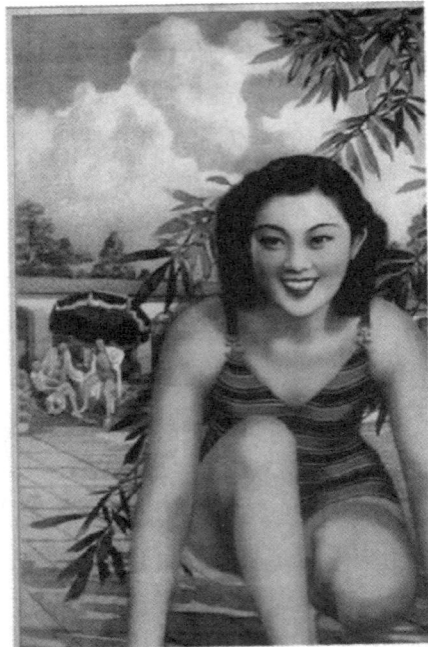

图 4.6 《泳装仕女》月份牌

总的来说，广告画在此期的蓬勃发展具有以下特点和意义：

（1）改变过去图画只是文字广告的附属和补充的格局，使图画真正成为广告的一种生存主体。在广告的原形态发展阶段，广告画曾经以图腾图案、绘画印刷和书籍插图等形式出现，但都存在一定的缺陷：图腾的宗教崇拜色彩鲜明，其主要功能并不在广告上；此期的绘画作品也并不直接用来作为广告宣传的工具，而只是描绘了某个时代的广告活动和现象；印刷广告画偶尔也有"惊艳"的出场，但限于成本原因，毕竟还是少数；书籍插图的大量出现，应该说使广告画进入一个较快的发展时期，但正如许多研究者指出的，插图毕竟还只是整个"书"的附属，它必须依附于文，而不能单独作为一个工具发挥广告的功能。总之，在广告的原形态发展阶段，广告画的生存形态是不够成熟的。然而，在广告的现代媒介形态发展阶段，以上情况发生了很大的改变。首先，随着报刊的近代化，无论是报纸还是画报，其经营的商业目的非常明确，《申报》自不待言，上文介绍的画报亦是如此。在这种前提下，如何赢得更多广告主的青睐，成为每个报业经营者必须思考的核心问题，而广告经营又是重中之重。有研究指出，"从《申报》创办到《点石斋画报》构建，没有来自官府的一分钱拨款或资助，一分一毫的积累都来自广告和报纸销售。"[1]　其次，要想在激烈的竞争中获得更多广告收入，抓住更多的受众成为必需，因此，较之文字，图画的优势得以发现和张大。如《点石斋画报》主张"天下容有不能读日报之人，天下无有不喜阅画报之人"，并极力宣传画报的优点，认为画报"不特士夫宜阅，商贾亦何不可阅？不特乡愚宜阅，妇女亦何不可阅？"正是深刻认识到图画在克服识别障碍上的先天优势，它可以突破文字阅读的限制，从而吸引广泛的大众，报纸和画报上出现大量的广告画也就不足为奇了。最后是石印技术的支持。戈公振就此认为："我国报纸之有图画，其初纯为历象、生物、汽机、风景之类，镂以铜版，其费至巨。石印既行，始有绘画时事者，如《点石斋画报》《飞影阁画报》《书画谱报》等是。"[2]　总之，正是在以上几种因素的综合作用下，广告画才得以一种主体的姿态获得广泛生存。

（2）多种因素促成广告画在视觉的艺术呈现和表达上走向成熟。首先要指出的还是石印技术的影响。石印技术较之传统的木刻和铅印具有明显的优势：其一是图像优势。明清时期的书籍插图，"包括人物绣像及情节插图两类，其设由来已久，大多以木刻版画印制，偶有铜版刷印者。然因制作工艺及成本等因素，小说图像并未普及，其绘刻精美者更属寥寥。"[3]　由于石印属于平版印刷复制技术，"这种复制方式非常忠实于原作且成本极低。其原理是利用化学方法将图像转移到石版上，一方面节省了雕刻师艰苦而又昂贵的劳动，另一方面复制性大大降低了印刷的成本。"[4]　点石斋曾指出："先取古今名家法书楹联琴条等，用照相法照于石上，然后以墨水印入各笺，视之与濡毫染翰者无二"，"但将原本一照于石，数千百本咄嗟立办，而浓淡深浅，着手成春，此固中华开辟以来第一巧法也。"与纯粹的文字印刷相比，石印图像可以收到"与原本不爽锱铢，且神态更觉焕发"的视觉效果。其二是速度优势和价格优势，这对于报刊而言是极其重要的。其次，除了技术因素，大量画家和设计师的积极参与也起到了推动作用。"民国时期涌现出一批画家、商业美

［1］　韩丛耀.中国近代图像新闻史：1840—1919（1）［M］.南京：南京大学出版社,2012：163.

［2］　戈公振.中国报学史［M］.北京：中国新闻出版社,1985：202.

［3］　潘建国.铅石印刷术与明清通俗小说的近代传播——以上海（1874—1911）为考察中心［J］.文学遗产,2006（6）：98.

［4］　韩丛耀.中国近代图像新闻史：1840—1919（1）［M］.南京：南京大学出版社,2012：326.

术设计家，他们创作出大量月份牌广告"[1]，如海派画家胡郏卿之子胡伯翔，著名画家周慕桥、郑曼陀、杭稚英，津门商业美术鼻祖宋省三、丁云先、周柏生、谢之光、金梅生、叶浅予、丁浩等，他们或受聘于公司行号，或自设画室，总之，以商业为目的，创作了大量深受喜爱的广告画。

三、广播广告实现了声响广告传播的第一次飞跃

早在世界上第一个广播电台诞生之前，上海的《东方杂志》就于1920年8月以《无线电传达音乐及新闻》为题对正在孕育中的无线电广播进行了宣传和介绍，这无疑让当时的许多中国读者产生了期待。和近代报刊一样，在中国最早出现的广播电台也是由外国人创办的。1922年12月，美国人奥斯邦与美资英文报纸《大陆报》合作，创办了"大陆报——中国无线电广播电台"，被认为是中国境内出现的第一座广播电台，发射功率50瓦。此电台以音乐娱乐节目为主，不播放广告。虽然此电台在上海于开办的第二年就被中国政府关闭，但作为一种新生事物，在当时引起了一阵"无线电热"，并受到业余研究团体尤其是无线电器材商店的支持。在华开办时间较长、影响较大的外台要算1924年5月开始播音的美商开洛电话材料公司所办的广播电台，该台发射功率初为100瓦，波长365米，后又有所增加。该台与《申报》合作，每天早晚各播音一次，共两小时，内容为"上午为汇兑、市价、钱庄兑换价格、小菜上市等等，晚间为重要新闻及百代公司留声机新片"，可见此时广告已成为广播的重要内容。

国人自办的第一座广播电台是东三省无线电台副台长刘瀚于1926年筹建，同年10月1日正式播音，发射功率为100瓦，每天播音两小时，内容除了新闻、音乐、演讲以外，还有物价报告等。"此后，奉系政府又建成沈阳广播电台，于1928年1月1日播出，并在攻占了华北以后，在天津和北京分别建立了广播电台，先后于1927年5月和9月播出。这是早期由政府办的4座广播电台"[2]，"这些台一开播就承揽广告业务。"[3] 1927年出现了民办的广播电台，以上海新新公司设立的广播电台肇始，同年底北京出现了商营电台——燕声广播电台，这些电台节目内容多为广告。"据1928年6月底统计，北京市装

[1] 黄玉涛.民国时期商业广告研究[M].厦门:厦门大学出版社,2009:57.
[2] 郭镇之.中外广播电视史[M].2版.上海:复旦大学出版社,2008:166.
[3] 黄玉涛.民国时期商业广告研究[M].厦门:厦门大学出版社,2009:183.

设收音机的有 1900 多户，销售收音机的商店 45 家。"[1] 1928 年 8 月 1 日，国民党"中央宣传部广播无线电台"正式开播，这是国民党广播网的中心。初创时功率仅 500 瓦，电波也仅及我国东南少数省份，播出内容主要为政令和新闻报道。1929 年，该台从德国购进 75 千瓦的发射机，"经过两年多的建设，新台于 1932 年 11 月装竣开播，呼号改为 XGOA，功率之大为东亚之冠。不但全国各地均能清晰地收听，日本、菲律宾等地也都在电波有效的笼罩之下"[2]，1934 年 8 月，"中国电声广告社"成立，为"中央广播电台"及地方台承办、代理广告。到 20 世纪 30 年代，中国商营广播进入全盛时期，全国有民营广播电台 55 座，仅在上海就达 44 座，到中华人民共和国成立前为止，上海一地共有 100 多座民营广播电台，除两家属宗教性质外，其余皆为商业电台，这些广播电台大多附属于公司、厂商，目的是为电台所有者进行广告宣传。

20 世纪二三十年代，广播在中国的出现与发展，尤其是商业广播的兴起，从广告形态演进的角度上说，意义显然是重大的。

（1）声响广告结束了漫长的形态更替，以广播的形式寻求到其成熟的生存形态。在广告的原形态发展阶段，声响广告主要借助人声和各种音响器具，诸如各种金属，箫、笛、鼓等乐器，以及各种带有行业特征的不同器具来发声，以引起注意。很显然，在漫长的历史过程中，声响广告经历了太多的媒介选择和形态更替，这难免造成其生存的随意性和不稳定性。比如各种声响器具的选择，并没有太大的规定性，之所以出现频繁的变换，说明其可替代性太强。广播的出现，使以上情况得到改变：第一，广播这种媒介在声源与接收者之间建立了一种相对固定的关系。广播是通过电台发射声音信号，而接收者通过收音机接收就可以远距离获得广播讯息，这种传受关系一方面解决了广告不需要选择各种声响器具以示不同行业之间的区别，也使传者处于非常稳定的状态，只要把声音录制好就可以反复播放，再也不需要走街串巷到处流动。第二，广播广告既改变了声响广告依靠人力发声的机制，也很好地还原了现场感。在广告的原形态发展阶段，声响广告的发声机制基本是依靠人力敲击或者吹打，其本质是对人声的延伸，这种朴实简单的方式贵在真实，但局限性也是显而易见的，那就是只适应以自然经济为主导的社会。广播这种产生于工业社

---

［1］ 方汉奇.中国新闻事业通史（第 2 卷）［M］.北京:中国人民大学出版社,1996:171.
［2］ 丁淦林.中国新闻事业史［M］.北京:高等教育出版社,2007:173.

会的媒介技术，运用科学的方式将声音以电磁波的形式进行发送和接收，其本质是对人声的复制和还原，它大大省却了敲击的劳力成本，同时集中诉诸听觉，具有鲜明的直感性，给人以现场感。第三，正是由于以上特性，广播具备了广泛性，即任何人都可以收听，甚至可以只听不看，而不像文字那样存在阅读障碍，因此，它比报纸更容易让大众接受。

（2）在空间传播范围上首次实现了飞跃。在广告的原形态发展阶段，不管是人的声音还是敲击各种器具发出的声音，其传播的绝对空间范围都是相当有限的，于是广告只能在声音本身上做文章，如叫卖吟唱的韵律化，声响器具的行业化，这些努力都是广告在媒介的先天性限制下在相对空间上极力进行的拓展。进入广告的现代媒介形态发展阶段，由于广播的发明可以实现将声音以无线电波的形式进行发送，广告传播的空间范围得以明显扩大。就一般广播所常用的短、中、长三个波段来说，其波长范围可以达到 10～100 米、100～1000 米、1000～10000 米，在收音机的配合接收下，广播广告可以真正走进千家万户。

第二节
广告现代媒介形态的繁荣

　　电视广告的出现是广告现代媒介形态繁荣的标志，它不仅意味着四种基本的广告形态最终完成了形态的定形，也意味着口头叫卖和实物陈列这两种最早的视听融合广告在经过漫长的视听分离之后，又再次以全新的形式完成了视听融合。

一、电视广告首次融合多种形式动态性立体性呈现

　　早在 20 世纪二三十年代，欧美一些国家就开始了电视的研究和实验。1929 年 BBC（英国广播公司）就开始了电视试播，最初播出的是无声图像，1930 年成功播出了声像俱全的多幕电视剧《花言巧语的男人》，但图像质量不好，扫描线只有 30 行。1936 年 11 月 2 日，BBC 在伦敦郊外的亚历山大宫以一场规模盛大的歌舞开始了电视的正式播出。这一天被认为是世界电视事业的诞生节日。此期 BBC 的节目主要包含音乐、游戏、表演、比赛、典礼等内容，不含广告。直到第二次世界大战爆发前，世界上仅有英国、德国、美国、苏联、法国和意大利等几个国家播放电视。第二次世界大战之后，世界各国纷纷发展电视事业，"20 世纪 50—60 年代，亚洲、非洲国家和地区纷纷建立起电视台。"[1]

　　电视广告的出现则是在 20 世纪 40 年代。1941 年 7 月 1 日，纽约市的全国广播公司（NBC）旗下的"WNBC"电视台播出了宝路华钟表公司的广告。这标志着世界上第一条商业电视广告诞生。其间，美国商业电视网的集中化，更

---

[1]　郭镇之. 中外广播电视史［M］. 2 版. 上海：复旦大学出版社, 2008:24.

是促进了电视广告的繁荣。"1954 年，NBC 和 CBS 两大电视网直属的 12 家电视台占有美国全国电视行业一半以上的利润。到 60 年代，三大广播电视网已经招募了 200 多家地方附属台，电视网的节目占据了 60% 的节目时间"[1]，这些电视网的收入来源主要就是靠的电视广告。

与欧美国家相比，中国的电视事业起步和发展都比较晚。中国最早的一批电视台，包括北京电视台、上海电视台和哈尔滨电视台都是在 1958 年开播。早期都是黑白电视，主要发挥的是新闻和政治宣传的作用，对于观众来说，影视剧等"正片"是他们最欢迎的。"文化大革命"期间，中国电视在挫折中前行。

改革开放带来了中国电视的新时期，尤其是对于广告而言，终于开启了电视广告的大门。1979 年正月初一，上海电视台播出了中国电视历史上第一条商品广告。3 月 15 日晚，上海电视台又播出了第一条外商广告。广东电视台随后跟进，于 4 月 13 日播出了第一条收费的商业广告，并在春季广州商品交易会开幕式的当晚正式播出。12 月，中央电视台在两套节目中同时播放广告。最初每天 5 分钟的广告有介绍商品的，有介绍厂商的，还有外商提供的含广告性的节目（如纪录片等）。1987 年，中央电视台第二套节目向全国性"经济频道"转换，分广告收费和不收费两种，有着电视由事业管理向企业经营转化的明显倾向。1989 年，该节目改为《经济半小时》，经营方式充满了商业气息。在中央电视台的带动下，上海电视台实行一台二台分台体制，形成相对独立、自成体系的商营格局。此后，广东、浙江、天津等地电视台迅速跟进，商业性收入成为日渐突出的部分。

1992 年春天，邓小平视察南方并发表重要讲话，电视从此开始大步奔向市场经济。"在有关政策鼓励下，广播电台、电视台开始积极与企业合作，开办各类经济专题节目、经济服务节目和经济信息节目，为市场经济服务，自己则从中得到各种广告和有偿服务收入。"[2] 广告收入在电视的商业性收入中所占的比重越来越大，"1991 年，电视广告首次跃居中国四大广告传媒榜首（其次为报纸、广告公司、广播），当年广告收入 10 亿多元，比前一年增加 82.7%。1992 年，电视广告再度名列四大媒介榜首，收入已达 20.5 亿元，比上年度增长 105.4%。1994 年仅中央电视台便获得广告收入 12 亿元，相当于

[1] 郭镇之. 电视传播史[M]. 北京:北京师范大学出版社,2000:117.
[2] 郭镇之. 中外广播电视史[M]. 2 版. 上海:复旦大学出版社,2008:220.

当年全国媒介广告收入 200 亿元的 6%，比 1993 年增长 70%。"[1]

电视广告的产生和兴起，对于广告的形态而言，有如下意义：

（1）它融合文字、声音、图像等多种形式于一体，改变了广告形态在视觉和听觉元素上长期分离的状况。在广告的原形态发展阶段，口头叫卖和实物陈列作为广告最基本的两种形式，往往紧密相随，这时候广告在视听上是结合在一起的。随着社会的发展和交换的扩大，仅仅依靠口头叫卖和实物陈列，是不足以满足市场需求的，于是这两种本来合二为一的最初形态分离出来各自发展。口头叫卖广告沿着声响广告的方向主打听觉路线，而实物广告沿着以幌子为代表的标志性广告主打视觉路线，沿着这两条发展路径，在漫长的广告原形态发展阶段，它们各放异彩，有声有色。然而，除了口头叫卖和实物陈列这两种最为原始的广告形态以从未消亡的生命力一直相伴使广告形态史不曾忘记它们从来都是不离不弃之外，那两条衍生的河流从未交汇过。电视广告的产生，改变了这种分离的状态，使视觉元素和听觉元素再次融合到了一起，由"声色各异"走向"声色俱全"。正如有研究者指出，"电视中传播的信息，一方面同报纸、广播一样运用语言传播间接信息，另一方面又通过现场图像（包括现场同期声、现场音响）传达直接信息"[2]，"电视媒介和其他媒介的最大区别就在于，它是直接信息与间接信息同时输出的双重信息的传播。"[3] 电视广告即这种传播方式。

（2）在图文表达上它实现了动态性立体性呈现。在广告的原形态发展阶段，广告就实现了以图文的形式呈现，既可以单独是图画，也可以做到图文并茂，然而无论是绘画、印刷画，还是画报、月份牌，广告画都是以静态的平面的方式展现。虽然较之纯粹的文字，这些广告画也具有形象生动的优点，但无声，立体感和现场感还很不足。电视广告的产生，改变了以上情况。由于电视利用了人类"视觉暂留"现象，所以我们所看到的电视广告就是动态的立体的。动态性立体性的图像，伴以声音同时展现，其直观性、形象性和现场感是四大媒介中最为优越的，也是电视之前的任何一种媒介不曾达到的效果。伴随电视的流行和普及，电视广告也以活灵活现的图像遍及大江南北。

---

[1] 郭镇之. 电视传播史[M]. 北京:北京师范大学出版社,2000:400.

[2] 石长顺. 论电视传播的特性[M]. 当代传播,2000(1):19.

[3] 同上。

二、广告的基本形态确立了各自的成熟形态

电视广告的产生和兴起，标志广告的几种基本形态到此期最终寻找到了各自的成熟生存形态。口头叫卖和实物陈列广告、文字广告和图像广告，是广告最基本的四种形式，经过广告原形态阶段漫长的发展演进，它们各自进一步形成了声响广告、幌子招牌、印刷广告、广告画等多种形式，如声响广告又具体经历了各种金属器具、乐器以及行业器具的选择与使用，文字广告先后在龟甲、金属器皿、简牍丝帛、印刷纸等多种媒介中求得生存和表现，而图像广告更是从金属器皿、岩壁、砖石、图腾、绘画插图等各种形式中一路走来。这期间，广告的生存形态得到不断丰富和发展，然而一个明显的不足就是它们尚未找到各自成熟和稳定的生存寄托。进入广告的现代媒介形态发展阶段，在其形成与发展期，文字广告率先以报纸广告的形式完成了成熟形态的寻求，广告画也以画报、报刊画和月份牌等形式在"画"和"图"的层面上完成了视觉表达的成熟，声响广告则以广播广告的形式获得其成熟生存形态。在广告现代媒介形态的繁荣时期，电视广告不仅在"像"上实现了动态性立体性呈现，从狭义的角度上说是完善了广告画的生存形式，进一步讲，它更以融合的趋势将文字、声音、图像铸于一炉，具备了报纸广告、广播广告和广告画等任何一种形式所不能拥有的优势。至此，不仅三种最基本的广告形式完成了各种成熟形态的寻求，电视广告更是以集成的优势对其他几种成熟形态产生重要影响。

三、广告凭借媒介优势在时空传播范围上实现了更大程度的突破

在广告的原形态发展阶段，受广告媒介的制约，广告在时空传播范围上是很有限的，其扩大传播时空范围的途径主要是通过市场的不断扩大来实现的，这从广告原形态的三个发展过程已经得到印证。进入广告的现代媒介形态发展阶段，以上情况发生了变化，主要表现为广告媒介在技术上的优势更为明显，广告依靠报纸杂志尤其是广播、电视这两种电子媒介，实现了信息的远距离即时传播，这对于前者来说是无法与之媲美的。

就时空传播范围的突破能力而言，电视广告在四大媒体广告中又是最强的。

在美国，20世纪五六十年代是电视的黄金时代，1948年，美国电视机销售量达到100万台，"到1950年，进入电视市场的家庭已达9%。然后是大发

展，5 年后，拥有电视机的家庭已达 78%。电视的作用已经超过广播……再过
5 年以后，它成为美国最大的和最有影响力的大众传播媒介了。"[1]

　　在中国，截至 1975 年年底，全国有电视机 46.3 万台，68% 的电视机分布
在城市，32% 分布在农村。"不足 50 万台电视机，按中国当时的 8 亿人口计算，
每 1600 人才拥有一台电视机，显然，电视尚未普及。"[2]

　　然而，到了"1979 年全国只有 485 万台电视机，但这个数字以每年几百
万甚至几千万的幅度疾速增加。1982 年已经达到 2761 万台"[3]。1983 年，广
播电视部召开全国广播电视工作会议，决定"四级办电视台"，这引发了一波
电视热，"顷刻之间，市、县电视台纷纷上马，热火朝天，由 1982 年的不足
20 个市级电视台一下子增加到 1985 年的 172 个市、县电视台。电视发射台和
转播台从 1980 年的 2469 个增加到 12159 个。财力雄厚的大企业、大单位也紧
随其后，各自创办有线电视网。"[4]

　　20 世纪 80 年代中期以前，中国电视传送信号的手段经历了靠差转或传递
录像带到微波传输网的过程，概括来说都是主要依靠建立地面微波和收转方式
传送电视节目来增加电视的人口覆盖率。由于我国幅员辽阔、地形复杂，70%
以上的地区为山地和丘陵，而微波传送技术受地形、地貌的影响和制约，电视
节目覆盖率增长不快。直到 1985 年采用卫星传送电视节目，这种状况才发生
了明显改变。卫星电视就是一种通过通信卫星、广播卫星进行的电视传送方
式。通信卫星是接收从地面上发射传送来的电波，加以增幅，再重新传送回地
面，以完成远距离地点间中继传输电话、电视、数据等通信工作的人造地球卫
星。而广播卫星则是一种专门用于传递语言和电视广播的静态同步卫星，被发
射于地球赤道上空实际高度为 35786 千米的赤道同步轨道上。用户只要使用不
同长度的天线就可以接收到信号。伴随着卫视电视的普及，电视的覆盖率也越
来越高，"到 1995 年年末，全国电视覆盖率已达到 84.5%，全国有卫星地面
站 96528 个"[5]，"截至 1997 年年底，全国县级以上有线电视系统已发展到
2000 多个，覆盖全国 30 个省、市、自治区的城市和乡村，入网观众已达 6000

---

［1］　郭镇之. 电视传播史［M］. 北京：北京师范大学出版社，2000：53.

［2］　同上，第 187 页。

［3］　郭镇之. 中外广播电视史［M］. 2 版. 上海：复旦大学出版社，2008：24.

［4］　郭镇之. 电视传播史［M］. 北京：北京师范大学出版社，2000：394-395.

［5］　曹璐，胡正荣. 卫星电视传播［M］. 北京：北京广播学院出版社，1997：123.

多万户，约 2 亿人口"[1]，"电视的人口覆盖率达到 87.6%"[2]。直到 2008 年 6 月，"我国'中星 9 号'卫星成功发射，其服务范围覆盖了我国的全部国土。"[3]

总之，比较而言，电视广告较之前在时空传播范围上实现了更大程度的突破，这主要表现为：其一，虽然在广告的原形态发展阶段，广告伴随区域性市场和全国性市场的形成，时空传播范围在不断地扩大，但扩大之后仍是各自为政的状态，也就是说各个城市、市镇、乡村的广告传播是孤立进行的，一个广告不可能在全国范围内同时同步展现。但是，电视广告改变了这种局限性，它可以实现远距离同步传播，也就是说可以在全国甚至世界各个国家同步播出，位于不同地方的不同观众可以在相同的时间看到相同的广告。其二，电视广告在绝对的时空传播范围上也远远超过了之前的广告形态。原形态的诸种广告形式不用多说，相对于现代媒介形态的报纸杂志广告和广播广告而言，亦是如此。报纸杂志广告是工业技术的产物，受编辑、印刷和出版周期等因素的影响，报纸杂志广告很难做到即时传播。另外，报纸网点一般也不会布局到偏远的乡村，同时，识字水平也是报纸杂志广告广泛传播的重要限制性因素。广播广告既可以做到即时传播，也克服了文字阅读能力的限制，甚至可以传播到较为偏远的乡村，但是图像的缺失使其在现场感上远远不足。电视广告的产生和兴起，一方面，由于它采用卫星技术使广告可以真正做到无远弗届，遍及城市和每一个村落；另一方面，由于"电视兼容其他媒介，兼容其他艺术，借助科技手段，不断丰富发展自己，使屏幕变成了一个五彩缤纷的世界"[4]，比起广播更能受到广大观众的喜爱，成为家家户户必备的媒介，广告因此也渗透到广大的家庭之中。

[1]   郭镇之. 电视传播史[M]. 北京:北京师范大学出版社,2000:398.

[2]   同上,第 402 页。

[3]   金文中,李建新. 广播影视科技发展史[M]. 北京:中国广播电视出版社,2013:175.

[4]   石长顺. 论电视传播的特性[M]. 当代传播,2000(1):20.

第五章
广告演进的数字形态发展阶段

　　有定形就有变形，广告演进的数字形态发展阶段就是广告形态的变形阶段，需要强调的是，这种变形是蜕变。

　　广告形态蜕变的第一要义是生存形态发生根本改变，即由前两个阶段的原子化生存变为数字化生存。数字化生存进一步带来广告形态的泛形态化生存。广告似乎并不像前两个阶段那么可知可感。

　　广告形态蜕变的第二个要义是广告形态的感官融合程度得到极大提升和时空克服能力得到前所未有的突破。感官上，第二个阶段只能做到视听两种元素的融合，而此时可以满足多种感官的平衡；时空上，更是可以达到无远弗届的程度。更重要的是，广告的数字形态还可以做到超时空自由与多感官平衡的双重实现。

第一节
广告数字形态的形成

广告数字形态的形成主要是在 web 1.0 时代完成，其典型特征是既保留了传统广告形态的特征，同时在某些方面又极大地超越了传统广告形态的限制。这样一种并非一蹴而就的变化，有着多方面的原因，同时也是符合事物演进的规律的。

一、传统广告形态的网络移植与广告形态的网络蜕变

以网络广告为代表的数字广告最先起源于美国。1994 年，美国著名杂志《连线》的网络版 Hotwired 与美国电话电报公司（AT&T）合作，在其主页上发布了美国电话电报公司等 14 个广告主的广告，其形式为旗帜广告。这标志着网络广告的真正诞生。Hotwired 将各种信息分门别类，以图文并茂的形式陈列，丰富了网络内容，吸引了大量广告主纷纷进行投放。在 Hotwired 的引领之下，美国的有线电视网 CNN、《华尔街日报》等传统媒体也成立了自己的网站。这些网站在刊登新闻信息的同时，也承担网络广告的发布与经营。

中国早期的网络广告主要由留美学人经营，其仿美色彩非常鲜明。1995年 5 月 9 日，马云创办的"中国黄页"正式上网发布。中国黄页是"国内第一家网上中文商业信息站点，同时也在国内最早形成主页发布的互联网商业模式，为互联网商务应用播下最早的火种"[1]，堪称中国网络广告的先锋。1997年 3 月，我国出现了第一个网络广告。IT 网站 Chinabyte 为 IBM 公司的新产品 AS/400 发布了一则宣传广告，其形式是 468×60 像素的动画网幅广告。随后，

---

[1] 陈一,贾飞 . 马云和他的"阿里巴巴"[J]. 企业研究,2000(12):40.

1998 年 6 月，国中网报道世界杯足球赛获 200 万人民币广告收入一事，标志着网络媒体广告在内地登陆成功。1999 年 1 月，IBM 为宣传 AS400 与新浪签订了 30 万美元的网络广告合同。

1994 年 5 月，国家智能计算机研究开发中心开通了中国大陆的第一个 BBS 站——曙光 BBS 站。1994 年 5 月 15 日，中国科学院高能物理研究所设立了中国大陆第一个 Web 服务器，推出中国第一套网页。1994 年，Yahoo、Lycos 等分类目录型搜索引擎相继诞生，众多公司逐渐意识到搜索引擎的广告价值，纷纷把他们的网站信息提交到搜索引擎上。电子邮件、BBS 等免费网络应用的流行，吸引了国内大量的网民，为网络广告的产生与发展奠定了基础。

1995 年 1 月，中文电子杂志《神州学人》创刊，标志着中国第一家网络媒体的诞生。1995 年 10 月，《中国贸易报》推出"网络版"，这是中国由传统媒体推出的首家报纸网络版。1995 年 12 月，《中国日报》开设网站，开创全国性日报开办网站的先河。1997 年 1 月 1 日，《人民日报》主办的人民网接入国际互联网络，由此，中国第一家中央重点新闻宣传网站正式开通了。1998 年 1 月 1 日，《光明日报》网站也相继开通。根据 CNNIC 的统计，截至 1999 年 6 月 15 日，国内有 273 家报纸上网，占 1998 年全国报纸总数的 13.2%。这些网络媒体的成立，不仅极大地丰富了网站的内容，吸引了大量的网民，而且使网络媒体自身的形象获得了明显提升，吸引了广告主的广泛关注。

1995 年，基于网页 HTML 代码中 META 标签检索的搜索引擎技术诞生，网站排名的技术由此得到改进。1997 年，搜索引擎优化与排名自动检测软件问世，网站的搜索引擎优化设计的水平得到提升。1998 年，"搜索引擎算法"开始关注网站之外的链接。搜索引擎的诞生，扩展了网络广告的投放空间，也丰富了网络广告的形态。

2001 年，新浪网在国内最早推出网络分类广告业务，并开通了"新浪分类信息"频道作为网络分类广告的专门平台。2002 年 8 月，新浪宣布与慧聪成立合资公司，共同开拓网上分类广告市场。

以上通过对 2003 年之前中外网络广告发展过程的梳理，主要旨在说明：

其一，广告数字形态的形成是从对传统广告形态的网络移植开始的。无论是美国还是中国的第一个网络广告，其传统广告的印记都非常明显。此阶段，广告的数字形态主要依赖门户网站得以展现，用户主要通过浏览的形式进行观看。早期门户网站与传统媒体并没有本质区别，仍然是一种由点到面的传播形态，扮演的是内容的生产者与提供者，其经营的模式也是直接从报纸、电视等传统媒体当中复制而来，即按照传统媒体的经营思路来经营网络媒体。在这种背景之下，广告不仅仍然成为网络媒体最为重要的收入来源，而且其形态也基本是从传统广告形态移植和复制而来。"这类 Web 广告在形式上包括文字广告、旗帜广告、按钮广告、弹出窗口式、Flash 动画广告、富媒体与视频广告等。它类似于传统形式的广告，只不过其媒介载体不是报纸或电视等传统媒体，而是互联网上的 Web 站点。尽管由于网络媒体本身所具有的新特性，这类网络广告也呈现出一些新的特性，但本质上它们只是传统广告在网络媒体上的移植。它们只是在保持传统广告基本逻辑不变的前提下，在局部细节有着某些量变性质的改良。"[1]

其二，伴随着数字技术和网络传播技术的进一步发展与互联网的普及，广告形态发生了网络蜕变，这种蜕变体现了广告数字形态的基本特性和优越性。广告数字形态的网络化生存，所带来的一个显著变化即是在时空上实现了根本突破——全时性和泛在化，这与传统广告形态相比，绝对是蜕变。而这种蜕变是伴随着互联网技术的不断发展得以实现的。总的来说，是随着互联网国内、国际互联互通能力与范围的不断扩大而实现的。

综上，广告形态在时空上的根本性突破主要通过网络得以实现，"在以比特为基础的数字化空间，信息可以以极快的速度进行无限距离的传播，可以进行无数次的复制和大比例压缩而不会有任何损失，时空障碍也随之消失，不再有现实社会中信息传播的时间、地点的障碍。"[2] 数字形态的广告因此具备了空前的时空突破能力，这种突破在能力和范围上较之广告的原形态和广告的现代媒介形态而言都是一种蜕变：首先，在绝对的传播空间范围上，这是空前的。在此之前，虽然广告不断地在试图克服空间的限制，但从未有过一种广告形态可以实现全球范围内的随时随地传播。在广告的原形态发展阶段，广告主要依赖人自身和自然物、手工制造物等外在媒介进行传播，其时空范围都是极其有限的。进入广告的现代媒介形态发展阶段，依赖电子媒介，广告在时空传播范围上实现了很大的飞跃，尤其是卫星通信的出现，将人类信息传播活动的空间范围由地球延伸至太空。网络的诞生，使广袤的世界成为一个"地球

[1] 黎明. 网络广告的形态演进与未来发展[J]. 湖北大学学报：哲学社会科学版，2011(6)：108.
[2] 李国亭，等. 信息社会——数字化生存的地球村[M]. 北京：军事科学出版社，2003：126.

村"，广告也因此可以在这个"地球村"畅行无阻，甚至遍及各个角落。尤其是移动互联网的普及，使人类可以通过随身携带的自媒体瞬间与世界相连。也就是说，虽然卫星通信可以做到极大范围的覆盖，但是接收终端的固定性限制了信息传播的自由度，并且这种传播模式仍然是由点到面的单向传播。其次，在传播的时间自由度上，也是空前的。长期以来，广告在时间传播的自由度上一直存在几大障碍：一是听觉形态的广告短暂停留、转瞬即逝，如声响广告即是如此；二是视觉形态的广告一旦形成不容更改，如文字广告就是如此；三是广告信息接收的限制性，即传统的广告形态所展现的信息都需要在固定的终端和一定的情境中被接收，如报纸、杂志和电视广告，都得坐下来读和看，广播广告虽然可以因为车载的形式得以在移动中展现，但转瞬即逝和驾驶情境是其限制。以网络广告为代表的数字形态的广告，都成功地克服了以上障碍：其一，它可以一直存在于网络空间中，不会存在一播放就不复存在的问题。过往的广告信息可以通过相关链接和自主查询等多种方式得以展现。尤其是数据库，更是可以极大地整合海量的广告信息于一体，全方位满足受众的需求。其二，广告信息在网络中可以随时进行更新和更改。传统的广告形态，一旦发布出来，无论是在报纸上还是电视上，要进行信息的更改或者更新，都需要较长的时间，而且容易造成不好的影响。但是在网络上就不同，因为数字媒体本身就是一种即时性的媒体，它完全可以适应和满足广告市场信息快速动态的变化，从而及时地进行更新和更改，"当企业营销策略发生变化，或发现既有的广告方案存在问题，或需要增加新的信息内容，必须对目前的网络广告进行调整时，只需对既有的程序作出修改。"[1] 其三，广告信息接收的随时性。其包含两方面的含义：一是指接收者可以选择同步接收或者异步接收。与广播电视要求人们必须与其播送同步，按照它们的节目播送时间来安排自己的时间不同，数字传播赋予了人们自主选择适宜的时间进行接收信息的自由。二是移动网络广告的出现和发展，充分利用了受众碎片化的时间，克服了传统广告形态固定接收终端和一定情境的特殊限制，随时打开移动手机，即可接收到广告信息。

---

[1] 翟秀文,郭萍,杨玉修.信息经济——21世纪的全新经济形态[M].北京:军事科学出版社,2003:287.

二、泛形态化

一般而言，广告的生存形态是一个具体的概念，它意味着广告总是以某种可感知可说明的形式存在于时空之中，这在广告的原形态发展阶段和广告的现代媒介形态发展阶段都可以得到体现。"而在数字传播背景下，媒介融合导致媒介形态边界模糊，新媒介广告形态并非通过媒介载体就能作出明确区分，呈现出多种形态混一或是完全崭新的形态样式。"[1] 广告的泛形态化，是广告在数字形态发展阶段的一个特性，关于这个特性，有三点内涵需要说明：

（一）泛形态化不是无形态

广告在数字形态发展阶段的泛形态化特性，并不是指形态的泯灭和消亡，而是以下两点：

1. 广告生存形态的具象消融性

在广告的原形态和现代媒介形态发展阶段，广告形态对媒介形态的依赖性较大，在很大程度上，媒介形态直接决定了广告形态。当我们指称某种传统的广告形式时，我们总能在脑海中投射一个具体的形象与之对应。同时，就某种广告媒介而言，它也总是呈现一定的广告形态，而很少有一种广告媒介能够呈现各种不同的广告形态（电视广告是一个例外，但当我们说起电视广告的时候，它与其他广告形态的区隔还是很明显的）。造成上述情况的很大一个原因就是广告媒介形态的具象性，即无论是原形态的广告还是现代媒介形态的广告，其依附的媒介都是可感可触、可视可听的实物。而以网络为代表的数字媒体则与前面所说的广告媒体迥然不同，网络本质上是一个信息传输、接收、共享的虚拟平台，虽然它也必须借助通信线路、通信设备以及接收终端（如电脑）等介质来运作，但真正发挥功能还要靠网络协议、操作系统和各种软件。所以当我们说网络广告的时候，这本身就是一个包容性很广的概念，它并不能和某种具体的广告形式挂钩和等同。对于网络传播而言，广告"并不一定有固定的形式"，只要"有关生产与消费、供应与需求的所有商务信息都属于广

---

[1] 姜帆. 数字传播背景下广告的生存与发展研究[D]. 武汉:武汉大学,2010:66.

告的范畴。其介质、形式不必拘泥"[1]。

2. 强调广告形态运用的灵活性和隐蔽性

广告形态运用的灵活性是指以网络为代表的数字媒体不仅可以运用传统广告的任何一种形式，而且可以基于数字媒体自身的特性创新广告形态。就前者而言，一则广告信息可以以多种不同的广告形式同时存在于网络之中，"各个媒体的内容可以更加方便地实现相互嵌入。这不仅可以出现在同类产品中，也可出现在不同类产品之间，例如，在电子报纸中嵌入电视台的节目。"[2] 就后者而言，广告信息的展现不再如传统广告形态那样直接和明确：一方面，由于受众在数字媒体面前的自主性很高，他们可以通过技术方式来屏蔽硬性的广告，通过付费的方式来拒绝广告，使广告的生存境遇面临巨大的考验；另一方面，数字媒体在技术上的优势为解决这一问题开辟了道路。广告于是通过以下几种方式进行变形：其一是情景强化，将广告融入到生活情景当中，淡化广告的形态特征，增强体验感，如网络上的试衣间、试驾室、商品数字展厅、虚拟道具等。其二是资讯化，这一点将在后面详细讨论。

（二）泛形态化是广告形态融合的结果

广告形态的融合以媒介融合为前提，受数字技术的发展和推动，"在多媒体技术成熟的条件下，生产端口和消费端口都具有以数字技术作为应用技术的可能性，整个传媒产业系统形成贯通的整体。各种内容形态——文字、图像、声音、影像——在多媒体技术应用层通过采样和量化转换为统一的双状态逻辑脉冲信号：'0'和'1'，传媒的内容生产端口和受众的内容消费端口能够实现各种逻辑脉冲信号的接收、转换、处理和发送。"[3] 正是在这一背景之下，媒介融合是"以信息消费终端的需求为指向，由内容融合、网络融合和终端融合所构成的媒介形态的演化过程"[4]。而伴随着媒介融合，广告形态从根本上改变了过去各自独立的状态。

---

[1]　张金海,王润珏.数字技术与网络传播背景下的广告生存形态[J].武汉大学学报:人文科学版,2009(4):493-497.

[2]　彭兰.媒介融合时代的合与分[J].中国记者,2007(2):88.

[3]　鲍立泉,吴廷俊.论媒介融合的传播技术路径[J].现代传播,2010(3):150.

[4]　王菲.融合化的广告业形态[J].广告研究,2011(12):16.

1. 广告形态的生产

在传统媒体时代，语言、声音、文字、图像等内容形态分属不同的信号系统，无法做到统一和兼容；在数字时代，由于所有的信息形式都实现了数字化，将千差万别的模拟信号进行了统一处理，都以比特流的形式生存，这从根本上打破了不同内容形态的区隔，为不同形态的广告之间的融合与"汇流"创造了条件。融合意味着相互之间的横向差异性消融，"汇流"强调的是纵向上的集成与整合。

2. 广告形态的传输

以互联网、电信网和广播电视网为代表的数字网络扮演着传输通道的角色。从横向上说，它们之间是渠道的互联互通，这意味着汇流之后的广告可以在它们之间畅行无阻；从纵向上说，它们则是更高层次的平台意义上的融合，广告的生存与运作形态由此产生急剧的变化。

3. 广告形态的终端呈现

数字技术在媒介终端的融合上带来了两个显著的变化（图5.1）：一是终端对内容形式的兼容，"数字传播技术使以往千差万别的模拟信号被数字信号取代，终端对于媒介内容理解的问题简化为对各种不同的双状态逻辑脉冲信号的解读问题"[1]，数字终端伴随着多媒体硬件和软件技术的发展与成熟，对信息的理解能力和展现能力不断提高，这样，数字终端对传输通道上广告信息的接收与展现就不存在问题了，受众也就可以通过融合终端自由地接收广告信息；二是终端与渠道分离，即可以不必考虑与各种传统渠道之间的绑定关系，能够无障碍地与融合渠道对接。这两个变化，一方面使广告形态在终端上的呈现并不是以某种固定的形式，既可以是糅合了多种内容形态的综合呈现，也可以让人觉察不到是广告；另一方面，由于终端具备接入多种网络的能力，广告形态的呈现将泛化于网络之中，可以真正满足消费者"即时、即地、获取所需"。

---

[1] 鲍立泉,吴廷俊. 论媒介融合的传播技术路径[J]. 现代传播,2010(3):152.

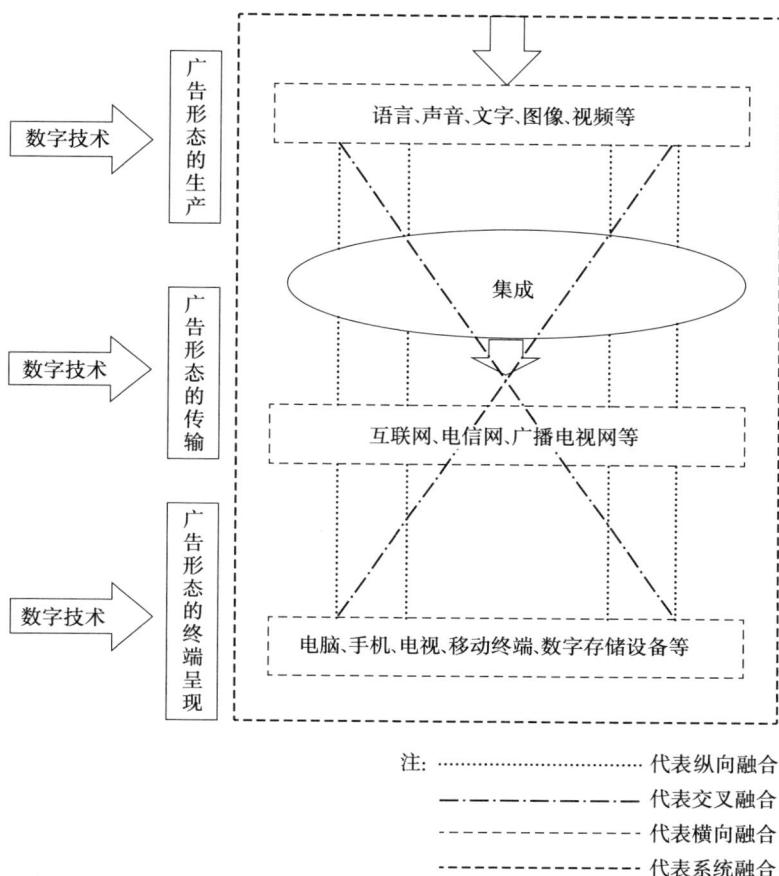

注：⋯⋯⋯⋯⋯⋯⋯⋯⋯⋯ 代表纵向融合
　　 —·—·—·—·—·—·—·— 代表交叉融合
　　 ---------------- 代表横向融合
　　 ------------------ 代表系统融合

图 5.1　广告形态融合图

（三）大数据促使广告泛形态化升级

　　数字化和大数据是两个本质不同的概念。数字化指的是将复杂的不同的信息转换成用 0 和 1 表示的二进制代码并纳入计算机内部进行统一处理的过程。尼葛洛庞帝将数字化生存的基本单位称为比特，以区别于物质世界的原子，并指出两者遵循不同的生存法则，"比特没有重量，易于传播，可以极快的速度传播。在它传播时，时空障碍完全消失。原子只能由有限的人使用，使用的人越多，其价值越低；比特可以由无限的人使用，使用的人越多，其价值越高。"[1] 数字化生存背景下，广告的生存形态较之传统广告而言，发生了以

―――――――――
[1]　尼葛洛庞帝. 数字化生存[M]. 胡泳,范海燕,译. 海口：海南出版社,1997：3.

下变革：其一是由于语言、文字、声音、图像等不同形态的信息都可以转换为统一的数字形式，因此广告实现了多媒体形态的融合。其二是由于比特信息可以实现海量存储与传输，带来广告的超文本呈现以及广告的数据库生存。其三是由于比特传播的超时空特性，广告形态在时空传播范围上实现了根本性的突破和空前的超越。与数字化生存强调比特作为"信息的 DNA"不同，大数据强调量化，正如《大数据时代》的作者舍恩伯格指出的那样，大数据是将现象运用制表分析的方式进行量化的过程。也就是说，数字化告诉我们的是在网络时代信息生存与传播的巨大改变，它提示我们人类进入到一个与原子时代迥异的社会。而大数据则带来我们如何认清世界本质的问题，即可以通过量化的方式发现复杂现象背后的内在规律和本质。

在舍恩伯格看来，谷歌在图书领域的发展正好经历了从数字化到大数据的转变：早在 2004 年，谷歌就开始计划对所有版权允许的书本内容进行数字化，为此，谷歌与世界上最大的图书馆合作并且还发明了自动翻页的扫描仪，上百万的纸质书籍变成了网络数字文本，身处各地的人们从此可以很方便地进行查阅了。然而，由于这些数字文本只是一些图像，并没有被数据化，所以它们不能被检索和分析。谷歌很快意识到这一点，因此使用了能识别数字图像的光学字符识别软件来识别文本的字、词、句和段，由此实现了数字化图像到数据化文本的转变。这种转变带来的好处是，"通过检索和查询，我们可以对它进行无穷无尽的文本分析；也可以揭示一个词以及词组第一次出现的时间及其成为流行词的时间，据此发现几百年来人类思维发展和思想传播的轨迹。"[1] 关于大数据，IBM 公司最初概括为三大特性，即大量化、多样化、快速化。大量化，指数据体积量大，一般在 10 TB 或跃升到 PB 级别的规模；多样化，指数据类型繁多，既包括结构性数据，也包括非结构性数据；快速化，指数据处理速度快，基本可以实现对数据的实时处理。基于大数据的以上基本特性，广告的形态将发生以下变迁：

一是进一步朝着泛形态化生存的方向发展。在数字化背景下，广告打破了不同形态之间的区隔，不同形态的广告可以在同一种媒介上自由传播，形式之间逐渐走向消融。大数据时代，这种趋势将进一步发展。由于所有形态的信息，包括文字、声音、图像、音乐和视频等都统一划归为数据进行处理，信息

[1] 维克托·迈尔-舍恩伯格,肯尼思·库克耶. 大数据时代:生活、工作与思维的大变革[M]. 周涛,译. 杭州:浙江人民出版社,2013.

的个性特征尤其是形态特征在某种程度上并不凸显。

二是广告的运作形态走向数据化。数字传播背景下，我们说广告是在以互联网为代表的交互式性信息平台上进行的运作，也称之为平台化运作。大数据的快速发展，使平台化这一概念已经不足以概括广告运作的特征。由于大数据是全样本采集和分析，物联网、云端、移动互联网、PC、平板电脑、可穿戴设备等各种终端以及传感器都是大数据的来源，形式包含书籍、相册、电子邮件、社交媒体、电话、视频、电子游戏、导航应用、地理位置等。这些终端以及应用所产生的数据不仅都是广告信息的来源，同时也是广告信息发布和推送的目的地。这样一种特点摒弃了广告使用市场调查的传统方式，代之以人类"镜像式"投射到网络上的各种形态，因而也是大规模的数据为广告的依据。也许人们在社交媒体上不经意的一句话就足以构成一则广告的投放，也许需要汇集很长一段时间以来不同地点的消费行为数据才能作出某个预测。换句话说，大数据背景下的广告就是以各种数字设备和数字应用为基础的数据化运作。

第二节
广告数字形态的发展

广告数字形态的发展主要是在 web 2.0 时期完成的。在这一时期，网络媒体交互性的核心特质得以彰显和张大。广告的数字形态在这一时期呈现出从未有过的新貌。

一、资讯化

（一）广告作为信息流及其演进

从传播学的角度上说，罗杰斯在其《创新与扩散》一文中最先提出信息流的概念，他认为信息的传递过程即是信息流。广义上说，信息流是指人们采用各种方式来实现信息交流，包括信息的收集、传递、处理、储存、检索、分析等渠道和过程。按照以上概念，广告本质上就是信息流。广告无论以何种形态生存，都最终要表现为信息流。

与广告形态的发展阶段相对应，广告信息流的演进也经过了三个不同的时期：在广告的原形态发展阶段，广告信息流主要通过人自身、自然物和手工制造物等渠道来进行信息的收集、传递和加工处理。其特点是信息量小、流动速度慢、流动范围窄、信息更新周期长。在广告的现代媒介形态发展阶段，广告信息流主要通过工业化的生产方式进行信息的生产与传播，其特点是信息量大、流动速度较快、流动范围很广、信息更新周期较短。进入广告的数字形态发展阶段，广告信息流统一运用虚拟数字的技术和方法以比特流的形式获得生存，这是与前两个阶段的原子形式截然不同的生存形态，其特点是信息海量、流动速度很快、流动范围是全球性的、信息更新是即时性的。如果将前两个阶段的广告信息流称为传统广告信息流，那么第三个阶段的广告信息流则可以称为数字广告信息流，两者的运动过程如图5.2、图5.3所示。

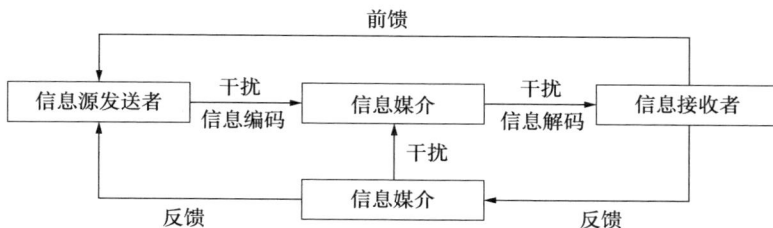

图5.2　传统广告信息流运动图

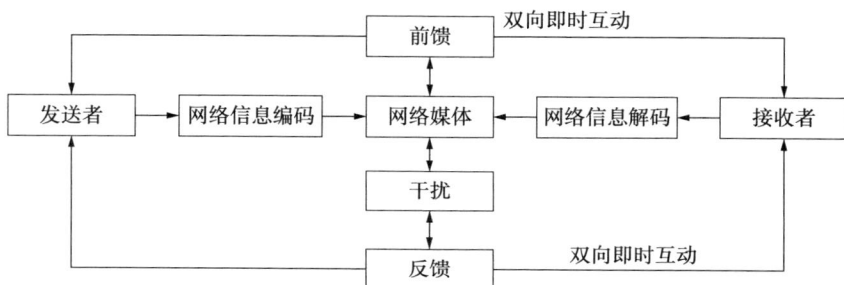

图5.3　数字广告信息流运动图

　　对比发现，数字广告信息流的最典型特征就是双向即时互动。传统广告信息流的流动是单向的，广告信息发送者决定了信息发送的时间、内容和方式，广告信息接收者处于被动的状态，即便有互动，也是延时性的，如顾客和消费者通过写信或者电话表达意见和建议，前馈和反馈的时间周期都比较长。数字广告信息流的流动则是双向即时的。以网络为代表的数字媒体提供了信息自由流动、传播和扩散的平台。一方面，广告信息的发送者在发送信息之前可以通过网络媒体对信息的接收者进行了解、调查甚至沟通，在信息发送之后，可以在第一时间就接收者的反馈意见进行处理；另一方面，从广告信息的接收者来说，他们再也不需要消极被动地面对广告信息，而是可以主动地搜索自己感兴趣的和需要的信息，甚至还可以在网络上发布相关的需求和服务信息。广告信息的发送者与接收者之间既打破了相互沟通的时间阻隔，信息可以在双方之间即时通畅地流动，也打破了两者身份角色的明显区隔，使信息发送者和接收者的界限不再明确。

　　就目前来说，对数字广告信息流的开发和应用比较具有代表性的要算信息流广告。美国社交网站 Twitter（推特）于 2011 年 7 月最先推出信息流广告（Promoted Tweets to Followers），官方对这一产品的解释是，"它不再针对用户搜索的关键字，而是进一步捕捉用户关注的对象、发布和评论的信息、参与的话题、过往的搜索记录等行为，判断其兴趣所在。并在用户登录 Twitter 首页时，在信息流的顶端以一条 Tweet（推文）的形式显示相关的广告，同时这一广告也会随着信息流的刷新而向下滚动，而不是始终保持在顶部。用户可以对这条以 Tweet 形式呈现广告进行各种常规操作，转发、评论、点击其中的链接等。至于广告主，只需要为那些与用户产生互动的广告付费。"[1] 随后，Facebook（脸书）、新浪微博、腾讯微博等社交网站都相继推出了这一产品，并受到广告主的欢迎。

（二）资讯化是广告信息流网络化生存的结果

关于广告资讯化，国内目前已产出了一些相关研究成果。张金海教授早在2002 年就已从网络广告概念的层面上指出这种趋势，他认为凡在网上发布的有关生产与消费、供应与需求的所有商务信息都是广告[2]。近年，他又从网络交互式信息平台的角度进行了更为深入的研究，指出广告咨询化是广告形态演变的趋势，并认为基于网络交互式平台的广告资讯化趋势所强调的问题不仅仅是广告信息的传播，更重要的是广告信息资源运作，并指出基于网络交互式平台的广告资讯化趋势分析，其最终意义就在于其对广告业转型发展具有促进作用[3]。黄升民则从广告信息传播和接收的关系出发，指出"广告已经资讯化，信息传播者和接收者的界限日益模糊，企业发布着资讯并收集着消费者的反馈信息，消费者搜索着需要的资讯并愿意向企业提出建议和意见"[4]。更有研究者从内容的角度着手，认为"网络媒体不受时空限制，内容可以无限延展等特点，要给受众提供全面的、有用的、有价值的并能够满足其需求的信息内容，使得网络广告在内容上呈现出资讯化的特点和趋势"[5]。总的来说，关于广告资讯化的研究虽然成果并不太多，但这种趋势已经被学界所关注，而且研究角度较为多元。但是一个最基本的问题仍然没有得到较好的回答，那就是资讯化的内涵到底是什么。

［1］ 广告门. Twitter 正式推出信息流广告［EB/OL］. 广告门网，2011-07-29.
［2］ 张金海. 20 世纪广告传播理论研究［M］. 武汉:武汉大学出版社，2002:177.
［3］ 张金海,林翔. 基于网络交互式平台的广告资讯化趋势分析［J］. 武汉理工大学学报:社会科学版，2012(6):949.
［4］ 黄升民. 分与聚:一个潮流五大关键［J］. 广告大观(综合版)，2007(6):25.
［5］ 薛媛. 网络广告内容的资讯化［J］. 商场现代化，2007(9):182.

资讯是用户因为及时地获得它并利用它而能够在相对短的时间内给自己带来价值的信息。资讯具有及时性、便捷性和有用性，或者说，及时、快捷、有用的信息即是资讯。和单纯的信息相比，资讯带有明显的消费者立场和取向，它意味着必须被消费者使用。广告信息流的发展演进告诉我们，广告信息流就是朝着资讯化的趋势和方向迈进。

传统广告信息流是无法达到资讯化的发展程度的。在广告的原形态发展阶段，广告信息流不可能做到及时地发送给接收者，这里面有信息发送者自身的障碍，也有信息传播媒介的障碍，更有时空的限制。如声响广告，卖主很难洞察消费者的需求心理，声响媒介的弱点是转瞬即逝，传播的空间距离也相当有限，因此很难满足及时性的要求；当消费者有广告信息需求的时候，也难以在较短的时间内获取到所需的信息。在古代，虽然集市扮演了广告信息汇聚与流通的功能，最新和最全的广告信息基本在集市可以获得，但地域的限制，使信息获取的时间成本较高。另外，获取的广告信息也难以保证其有用性，广告信息媒介容量的限制、信息更新周期的漫长以及广告信息发送者的故意隐瞒等因素是造成这一现象的主要原因。在广告的现代媒介形态发展阶段，广告信息流在信息容量、流动速度和流动范围上都有了很大的进步，广告信息流也因此在资讯化的道路上挪动了前进的步伐，但其局限性仍然很明显：在及时性上，在报纸、杂志、广播和电视四大广告媒体中，及时性最强的首推广播，然而，这并不代表着给消费者带来及时性使用的益处，原因就在于包括其他三种媒体在内的广告媒介都属于统治者管控的工具；在便捷性上，虽然通过打电话可以较快地获得和反馈需求与服务信息，但此时的电视和电话主要是作为固定终端，这使方便性大打折扣；在有用性上，此期与广告的原形态发展阶段并没有本质区别，根本原因就在于缺少一个允许消费者主动获取信息的平台。

进入广告的数字形态发展阶段，广告信息流化身为虚拟的比特流获得网络化生存，这使广告形态走向资讯化。我们不妨也从及时性、便捷性和有用性三个方面进行具体分析。

1. 广告信息的及时性、便捷性

由于广告信息流的网络化生存带来广告信息的及时性和快捷性往往是同时发生的，所以为了论述方便，我们将两者放在一起阐述。及时性和快捷性即是指广告信息在用户和消费者有需求的时候就能出现或者通过检索、查询、咨询和搜索等方式可以方便快捷地获取到。这是传统的广告信息流所无法做到的。

传统的广告信息流经常使用的是漫天轰炸式的强行覆盖，这容易造成大量并不是用户和消费者所需要的广告信息弥漫在他们周围，而真正当他们有信息需求的时候又苦于不能及时获得。广告信息流的网络化生存使以上问题得到了改变，其方式主要有：

一是精准化推送。精准化推送即企业根据网络用户的使用习惯、行为偏好、地理位置和访问历史等数据，通过网络后台分析技术有针对性甚至是适时地向目标受众推送广告信息。这意味着"在精准广告传播中，企业的市场分析和营销决策是在个体水平上计划和实施的。同时，这也表明，在一段时间内营销者能与众多单个目标化的顾客进行直接联系和沟通，从而能够迅速追溯和评估与各个顾客接触的有效性并及时调整"[1]。建立在受众数据库基础上的精准信息推送，有利于克服传统广告信息流的盲目性，在很大程度上保证广告信息是消费者所需，从而提高传播效率。更进一步，伴随着传播技术的发展，精准化将不仅发生在传播过程的后端，而且也会发生在传播过程的前端，"也就是说，人们既可以通过新媒体找到符合要求的信息接收者，也可以找到符合要求的信息传播者。比如，有人需要5000吨聚氯乙烯，他可以公开发布这一信息，这一需求信息将自动匹配到所有可能的潜在提供商那里，并通过'面对点'的传播模式建立动态的信息沟通。"[2]

二是移动化服务。移动化服务是移动互联网技术的成熟与智能手机的普及所带来的优越性。对于手机网民而言，其最大的好处就是可以便捷性地获取信息服务。CNNIC发布的第44次《中国互联网络发展状况统计报告》显示，截至2019年6月底，我国手机网民规模达8.47亿，网民中使用手机上网的比例高达99.1%。移动互联网的发展，改变了传统媒体时代依靠固定终端接收广告信息流的状况，手机网民可以通过各种APP获取个性化的信息需求和服务，尤其是LBS应用、手机二维码和移动支付的流行，更是让信息的获取唾手可得，甚至迅速地转化为实际消费都不是稀奇之事。

三是智能化匹配。有研究者指出，搜索引擎的出现，使受众与广告信息之间的关系已经发生了由传统媒体时代的"信息邂逅"走向网络传播时代的

[1] 何家瑞. 广告精准化的策划与投放策略[J]. 企业改革与管理,2013(4):74.
[2] 周笑. 新媒体:重塑产业结构的力量[J]. 经济管理,2006(18):66.

"搜索满足"[1]，其实，在互联网的海量信息当中要想真正做到"搜索满足"并非易事。"搜索"要想真正做到让用户"满足"，必须实现广告信息流的智能化匹配。随着搜索引擎技术和语义分析技术的发展，未来的搜索将走向智能化。"第一代搜索引擎是以 Yahoo 为代表的目录导航式搜索，第二代是以 Google 为代表的关键词搜索。……第三代或者第四代应该是智能化搜索引擎，能够分析出搜索者个人偏好，根据偏好自动完成相关搜索，并将分类整理好的信息随时反馈给搜索者。具有第三代或第四代智能化搜索功能的手机，将是这一类传播模式中符合最高标准的典型化渠道。"[2]　总之，广告信息流在网络时代通过精准化推送、移动化服务和智能化匹配等方式带来信息的及时性和便捷性，这是传统的广告信息流所不能比拟的。

2. 广告信息的有用性

广告信息流的网络化生存带来广告信息的有用性。广告信息的有用性是指广告信息可以被消费者用来消除对于商品或服务的不确定性。当我们说广告信息的有用性的时候，需要说明的是，这只是一个相对意义上的概念，即传统媒体时代的广告信息并不是毫无用处，而数字传播时代也并不能保证所有广告信息都一定有用，相比较而言，广告信息流的网络化生存使广告信息的有用性更有保障。在传统媒体时代，制约广告信息有用性的因素主要有两个：一是客观因素，即广告媒介自身的限制，包括广告媒介的信息容量，广告媒介的版面、刊号、频率、频道资源等。就广告媒介的信息容量而言，广告原形态时期的媒介自不用说，广告现代媒介形态时期的四大媒介在承载广告信息上也是容量有限的，即便可以容纳大量的广告信息，也必须要耗费大量的物质载体。就广告媒介的各种资源来说，由于是稀缺资源，所以广告信息的刊播成本很高，一则电视广告动辄几百万是常有之事。以上两点使广告信息在量上的流动与传播具有非常大的局限性，这直接造成广告信息有用性的欠缺。另一个是广告主的故意隐瞒，这是主观因素。广告主在传播商品和服务的信息的时候，受利润的驱使，带有明显的主观性和选择性，一般都只会择取有利于自己的信息对外宣传，甚至会夸大商品或服务的优点，更有甚者直接拿虚假信息欺骗消费者。

---

[1]　舒咏平."信息邂逅"与"搜索满足"——广告传播模式的嬗变与实践自觉[J]. 新闻大学, 2011(2)：79-81.

[2]　周笑. 新媒体：重塑产业结构的力量[J]. 经济管理, 2006(18)：63.

　　以上两个方面的因素使消费者和广告主之间在信息上处于不对称的状态，在这样的情况之下，广告信息的有用性也就大打折扣。进入数字传播时代，广告信息流获得网络化生存，这使广告信息的有用性更有保障：首先，以网络为代表的数字媒体在媒介自身的限制上获得了突破，可以进行海量信息的传输与永久存储，尤其是作为广告的终极生存形态——专业数据库生存，更是可以全方位地容纳和涵盖广告产品和服务的所有信息。而且，网络广告的成本较之传统媒体的广告成本要低很多，"以广告主角度讲，他们不必为传达有关商品与服务的完全信息，而支付与信息量同比的信息传播成本"[1]，这也就可以在很大程度上打消广告主的营销顾虑，事实上，目前网络广告也深受广告主尤其是中小企业广告主的青睐。总之，"网络的超强信息功能，能够对品牌进行全方位的展示，从而降低消费者的认知风险，增强品牌的认知度和亲和力，强化品牌与消费者的情感联结"[2]，这对于广告信息的有用性无疑是大有裨益的。其次，网络交互性信息平台使商品和服务信息处于开放和分享的状态，这给广告主故意隐瞒广告信息带来巨大的压力。在传统媒体时代，由于没有为大众提供一个自由发声和互动的信息平台，由点到面的信息流动是一种强制性的单向传播，广告主在传播广告信息时经常故意隐瞒甚至欺骗消费者。在网络传播时代，大量交互式信息平台的诞生，使受众和消费者的积极性和话语权得到极大的提升。他们不仅可以通过搜索引擎、即时通信工具、论坛等各种方式去主动查找、询问和对比商品或服务信息，还可以使用微博、微信等各种社交媒体来分享商品或服务的使用体验，这使广告主的商品或服务很快就可以暴露于开放性的网络之中，如果广告主故意隐瞒相关信息被消费者发现并被披露于网络，其结果必定是得不偿失的。在这种背景之下，广告主一定会慎重考量这其中的利弊，而只有选择诚信经营获得良好口碑才是正道。因此，网络对于制约广告主的故意隐瞒也有作用。

　　综上，广告信息流的网络化生存，无论是从克服广告媒介的局限性，还是从制约广告主故意隐瞒广告信息上，较之传统媒体时代，都是巨大的进步，这使广告信息的有用性更有保障。

---

[1] 张金海,廖秉宜. 网络与数字传播时代广告告知功能的回归[J]. 广告大观(综合版),2006(7):49.
[2] 张金海,廖秉宜. 网络对市场信息不对称的消解及利用[J]. 中国广告,2006(10):21.

（三）广告资讯化发展的理想路径：信息流、资金流与物流的三流合一

根据广告信息流在人类商品交易活动中的作用以及与物流、资金流之间的关系，可以大致分为以下几个演进阶段：第一个阶段是信息流与物流的同步发生阶段。在这个阶段，人们采取最为古老的"以物易物"的方式进行商品交换，信息流与物流基本上是同步发生的，此时尚未出现资金流。第二个阶段是信息流、资金流与物流的同步发生阶段。在这个阶段，货币的产生，使人类的商品交易活动出现了资金流，并且这种交易往往是"一手交钱，一手交货"的直接方式，因此，整个活动基本上体现为信息流、资金流和物流的同步发生。第三个阶段是物流和资金流的分离阶段。在这个阶段，商品交易活动中更为专业和细化的中介服务机构——银行出现了，由此，物流和资金流开始分离，产生了多种交易方式：交易前的预先付款，交易中的托收、支票、汇票，交易后的付款如分期付款、延期付款。而正是物流和资金流的分离，使信息流的作用更为重要，因为这种分离带来了风险问题，而要规避风险就要依靠尽可能多的信息，比如对方的商品质量信息、价格信息、成本信息等。第四个阶段是信息流、资金流和物流三流合一的阶段。随着数字技术与网络技术的发展，商务活动的高级中介——电子中介作为一种工具被引入生产、交换和消费之中，人类进入了电子商务时代。这一阶段与第二阶段相比，既是一种高级回归，因为它再一次将信息流、资金流与物流融合到一起，又是一种空前超越，因为它改变了第二阶段面对面的时空限制，使商品交易可以突破时空的阻隔，信息流、资金流和物流之间的流动与融合不需要在实时的面对面的情境中就可以实现。"此时的信息流处于一个极为重要的地位，它贯穿商品交易过程始终，在一个更高的位置对商品流通的整个过程进行控制，记录整个商务活动的流程，是分析物流、导向资金流、进行经营决策的重要依据。在电子商务时代，由于电子工具和网络通信技术的应用，交易各方的时空距离几乎为零，有力地促进了信息流、资金流、物流的有机结合。对于某些可以通过网络传输的商品和服务，甚至可以做到三流的同步处理，例如通过上网浏览、查询、挑选、点击，用户可以完成对某一电子软件的整个购物过程。"[1] 正是在以上背景之下，广告咨询化的发展趋势必然要求信息流、资金流和物流的三流

[1]　孙群力.物流、信息流、资金流与电子商务发展[J].中南财经政法大学学报,2001(2)：66.

合一。

在传统媒体时代,广告收入是媒体的主要收入来源,依靠广告信息流的运作基本上就可以支撑起媒体的运营甚至是发展。在网络媒体时代,这种情况发生了变化,仅仅依靠广告信息流是远远不足以支撑其生存与发展的。淘宝的成功,很大程度上就是因为它能将信息流、资金流和物流有机地融合于一体,构筑起庞大的商业帝国。而新浪门户网站长期以来不见有起色,就是因为它是一个穿着新媒体的衣裳跳的仍然是传统媒体的舞姿,复制着传统媒体依靠广告信息流来支撑其生存的模式,所以近年来新浪微博绞尽脑汁试图寻找新的出路,最终与淘宝达成合作。"新浪微博与淘宝合作推进的'橱窗推荐'功能正式上线,每日在用户信息流中推送3～5条商品展示橱窗,当用户所发布微博中含有淘宝单个商品页面链接时,下方也会自动出现该模块,点击会进入更丰富的淘宝产品展示页面。"[1] 其目的也就是想从资金流中分一杯羹。国内另一家网络媒体腾讯成功的秘诀依然在于将"三流"尤其是信息流与资金流融合得娴熟,腾讯抓住庞大而又稳固的用户,积极开发虚拟道具与虚拟货币,以及后来的财付通和现在虎视眈眈的移动布局——微信支付,虽然这是被业界诟病的"从未被超越"的模仿式,但却出奇制效,原因仍然是抓住了"三流"合一的趋势。

二、移动化

(一) 从移动的广告和广告的移动到广告移动化:广告移动化生存的演进

从总体上说,广告形态的移动化生存经历了以下三个发展阶段:

第一是基于广告主身体移动的发展阶段,以口头叫卖广告为典型代表,尤其是伴随着行商和坐贾的分化,这种形态的广告更为常见和流行。在此基础之上发展起来的某些声响广告,如通过运用乐器和各种行业化的声响工具进行生存的广告形态都属于此类。这是移动的广告。

第二是基于广告载体移动的发展阶段。以车载电视广告、车载广播广告等为代表,主要依靠的是公交车、汽车、火车甚至飞机等交通工具为载体,其本质是静态的电视广告和广播广告的动态移植和流动,因此,这类广告形态属于

---

[1] 佚名. 新浪微博与淘宝合作 推信息流展示广告[J]. 互联网天地,2013(4):29.

广告的移动。

第三是基于广告受众移动的发展阶段。其核心特征是移动的重心由广告主、广告媒介转向了广告受众。发生这一转变的关键因素是移动终端的出现和普及。以手机、便携笔记本、PDA 和平板电脑等为代表的移动终端具有随身携带的特点，尤其是手机被誉为带着体温的媒介。这类媒介因为具有鲜明的私人属性也常常被称为自媒介，因此，人的流动也往往意味着这些媒介的移动。以上特性使之与车载电视广告和车载广播广告形成巨大的差异：前者是以广告受众为中心，终端的移动往往意味着广告受众的移动，后者以载体为中心，载体的移动并不意味着受众的移动；前者是基于移动终端自身特点开发的数字广告，而后者是电视广告或者广播广告的移植。

广告的移动化生存得益于移动网络的高速发展和移动智能终端的普及，前者提供了通信的基础设施，后者则为广告提供了与用户交流的接口。广告的移动化发展趋势可以从以下几个方面进行观照：

首先是媒体的移动化发展是大趋势。Mary Meeker 的 2017 年互联网趋势报告显示，从全球范围来看，虽然智能手机出货量在放缓，但整体上高于传统 PC（个人计算机）是毋庸置疑的（图 5.4）。

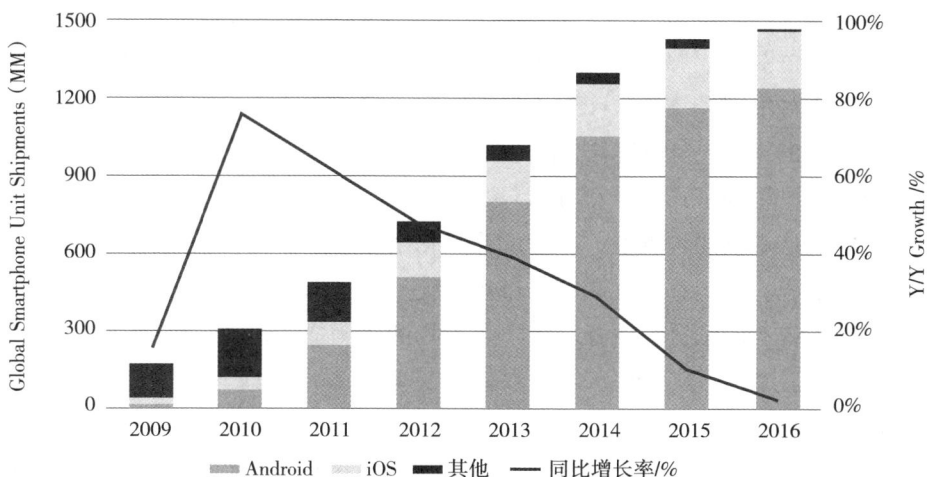

图 5.4　2009—2016 年以操作系统区分的全球智能手机出货量/百万

来自互联网监测公司 StatCounter 的 2016 年 11 月的统计数据显示，在全球网络用户中，在移动端访问互联网的用户数量已经超过桌面端用户，同时来自手机和平板电脑的网络流量已经合计达到 51.2%，史上首次超过桌面端流量（图 5.5）。

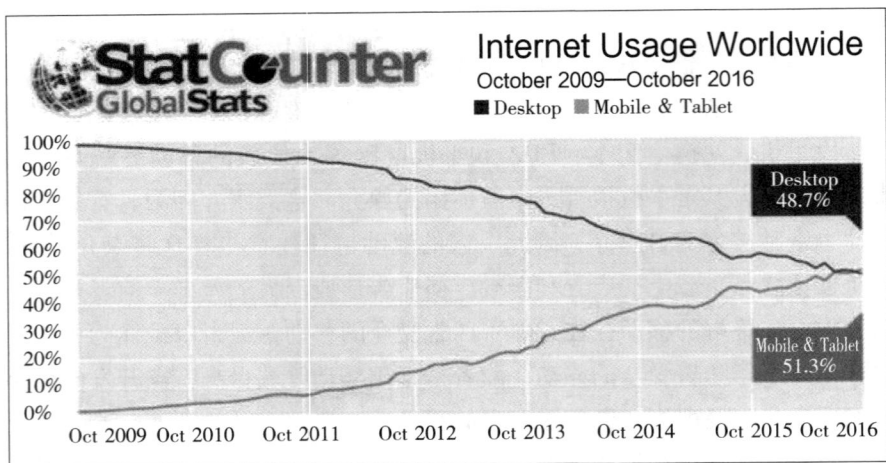

图5.5　全球网络使用移动和桌面端比例对比

　　媒体移动化的发展趋势，除了4G的普及和移动终端价格的下降以外，就以智能手机为代表的移动终端自身而言，其"移动性""即时性""私人性"和"方便性"等优点成为大众青睐的重要原因。"在信息时代，由于互联网和移动通信网络的发展加上计算机终端的便携化，使时空信息服务的大众化代表了当前和未来的时代特征"[1]，因此，有研究者指出，人类正进入"移动社会"[2]。进一步讲，"中国互联网的移动化带来的不仅仅是手机上网用户的迅速增长，更对中国经济模式产生了巨大影响。移动化让手机迅速成为填充消费者碎片时间的工具，上网、视频、游戏、通信、购物等都可以通过移动端解决，中国网民呈现了'永远都在线'的特征。"[3]

　　其次是从市场的角度看，广告的移动化生存形态多样，市场前景可观。

　　总体上说，我国移动互联网的市场规模呈明显的上升态势。移动广告业作为互联网广告业的细分，占互联网广告市场的比例增速迅猛，由2012年6.9%的份额增长至2016年的60.35%，首次超过非移动端市场，成为互联网广告业的主体。艾瑞咨询预测，到2019年，中国移动广告市场规模将接近5000亿，在网络广告市场渗透率将达80%。而根据美国市场研究公司eMarketer的测算，移动平台正在逐步成为中国领先的广告开支渠道；到2021年，接近60%的媒

---

[1]　李德仁. 地球空间信息学的机遇[J]. 武汉大学学报:信息科学版,2004(9):755.

[2]　陈昌凤,仇筠茜. 移动化:媒介融合的新战略[J]. 新闻与写作,2012(3):30.

[3]　刘胜义. 移动化带来经济模式变革[N]. 经济日报,2013-06-21(10).

体广告开支和接近 82% 的数字广告开支将投向移动领域。

（二）时间紧迫度与位置相关性：基于时空维度划分的广告移动化生存的类型

人类总是生活在一定的时空之中，其活动范围无论是自然界还是社会层面，"80% 与其所处的时空位置密切相关"[1]。李德仁院士认为，随着无线传输技术的更新换代和无线互联网技术的不断发展，在需求和技术的双重驱动下，将互联网上的海量信息和强大的应用服务功能扩展到移动终端上，为用户提供随时、随地的信息服务是未来信息服务业的发展趋势。空间信息由于与人们生活紧密联系，移动空间信息服务将在未来信息服务业中占有很大比重[2]。他根据不同的位置信息类型，从个体消费者、企业和政府三个市场行为主体出发对移动空间信息的需求进行了细分，详见表 5.1。

表5.1 **移动空间信息服务的应用需求**

位置信息类型	基于位置的服务		
	消费者	企业	政府
位置	个人位置查询	联系最近专业服务人员 寻找企业位置	位置敏感报告
事件	车抛锚了需要帮助 医疗急救	本地培训服务 交通警报	本地公众通告 事故警报
分布	在人口稀少地区购房 度假计划	高速增长趋势 销售模式	增长模式 人均绿地面积
资产监控	私车位置 保险税率最低的地方	派出的维修车的位置 资产状况评估	清洁车位置 道路维护
定点服务	当到达目的地时通知我 商店位置	特定类型的顾客位置 特定对象的广告	经济发展区域 新行政分区
路线	到达路线 最快路线	最好的递送路线 出租车派遣	交通模式 紧急事务派遣
事件发生环境	最近可见的界标 寻找最近的目标	旅馆附近有什么 寻找离机场最近的出租车	经济合作规划 区域贸易

[1] 李德仁. 地球空间信息学的机遇[J]. 武汉大学学报:信息科学版,2004(9):754.
[2] 李德仁,等. 论空间信息与移动通信的集成应用[J]. 武汉大学学报:信息科学版,2002
(1):1.

续表

位置信息类型	基于位置的服务		
	消费者	企业	政府
目录服务	寻找最近的专家 哪儿能找到需要的商品	特定距离内最好的供应商 最近的维修服务点	公众服务 外部采购
交易	如何运费最低 在特定区域内购买	低费用分布服务 位置相关的交易	出租车税率 位置相关征税
地点	寻找建房地点 旅行地点参考	可能的仓储地点 最佳蜂窝基站位置	新建学校地点 环境监控站地点

来源：李德仁，等. 论空间信息与移动通信的集成应用［J］. 武汉大学学报：信息科学版，2002（1）：6.

　　这样一种细致全面的划分，揭示了移动空间信息服务的巨大商业前景，不过其着力点重在指出与空间位置相关的信息服务，而对于时间因素的考量则重视不够。实际上，在不同的时空情境当中我们对于信息的需求是存在差异的：在不同的时间流上，所产生的信息需求的位置相关性就不一样，在不同的空间位置上，所产生的信息需求的时间紧迫度也不一样，正是从这样的角度出发，可以按照移动广告应用场合的时间紧迫程度与位置相关性，将移动广告的生存类型分为以下四种（图 5.6）。

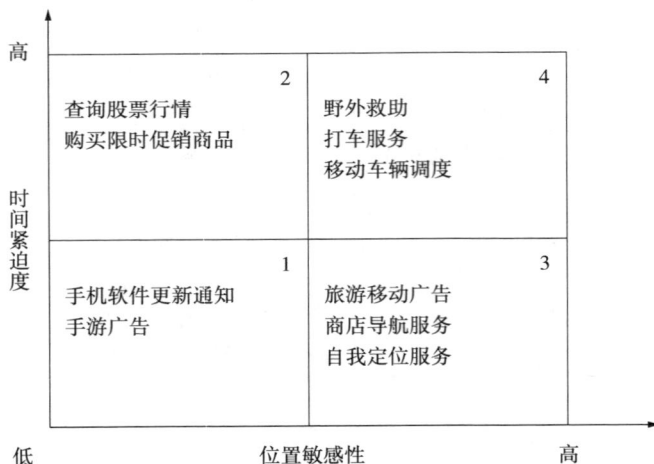

图 5.6　基于时空维度划分的广告移动化生存类型

　　第一类移动广告应用对通信者所在位置的要求程度不高，时间也不紧迫，以手机软件更新通知、手游广告等为典型代表。此类移动广告类型在时间和空间上都没有严格的规定性，既不要求与位置有关联性，也没有时间紧迫性，随意性比较强，可以在任何时间和地点进行操作。在移动广告当中，这一类型并不能体现出较之一般意义上的网络广告的优势。

第二类移动广告应用适合时间紧迫而位置不敏感的场合，以查询股票行情、购买限时促销商品等为典型代表。就股票交易而言，这一商务活动对时效性要求很高，哪怕一分钟的误差也有可能带来巨大的损失。移动通信在这一方面较之传统的互联网具有明显的优势，它可以不用坐在固定终端面前操作，也就是说摆脱了地理位置的限制，从而在时间自由度上获得解放，也就可以满足股票交易时间紧迫的要求。就购买限时促销商品而言，如航空飞机在起飞前几个小时的限时机票促销活动，易腐食品、剧场、影院、球赛等都属于此种类型。相比之下，传统的广告形态都难以在紧急时刻寻找和联系到潜在的顾客，从而失去商机。与第一类移动广告相比，此种类型在于张大了移动互联网不受时间限制的特点，相比传统广告而言具有时间灵活的价值。

第三类移动广告应用适合位置敏感而时间不紧迫的场合，以旅游移动广告、商店导航服务、自我定位服务等为典型代表。这类应用一般都限于某个局部区域。旅游移动广告和商店导航服务都属于商家向潜在消费者的"推送"信息，其应用对象是进入某一特定区域的顾客，一般以优惠、打折和免费导航等形式来吸引他们。另外，大型会展、体育活动、文娱活动也都会提供类似的服务。自我定位服务则是主动以"拉"的形式获取信息，即当移动终端的所有者处于一个不熟悉的环境时，如野外、高速公路、陌生的旅游景点等，通过打开相关的移动应用就可以获取当前的地理位置。上述移动广告应用都不具备时间紧迫性，但对地理位置却很敏感，要求较高。

第四类移动广告应用是时间紧迫、位置敏感的移动信息服务，以野外救助、打车服务、移动车辆调度等为典型代表。也就是说，这种移动广告应用不仅要求在有限的时间内提供服务，而且要求根据不同的地理位置提供不同的服务内容。野外救助意味着要在最快的时间内准确到达求助地点实施救援行动，这无疑是时间紧迫度和位置敏感度都很高的，也是传统广告信息方式所难以企及的，移动广告服务在此种情境下显示出其独特的价值。同样，在日常生活中，当遇到紧急事情需要出租车服务的时候，如送病人或孕妇去医院、赶飞机等，只要你打开相关的打车应用，出租车公司就会根据需求者的位置迅速派出最近的出租车提供服务。移动车辆调度是物流企业管理中的常事。物流调度中心可以根据每个车载终端反馈回的位置信息迅速了解每个运输任务的完成情况，也可以根据任务的动态变化情况随时下达新的调度指令，从而有效地分配运力资源，提高运作的效率。上述各类应用兼具时间紧迫性和位置相关性，对两者的要求都是最高的，所提供的服务内容取决于服务对象当前所处的位置。这种随位置不同而提供的个性化服务也是传统广告所无法比拟的。这种类型比第三种类型更能体现出移动广告的独特属性。

(三) 从时空固定到时空自由：广告移动化生存的意义

不断地克服时空的限制和障碍，是广告形态演进的时空逻辑。实际上，这一逻辑包含两个方面的内涵：一方面是不断地扩大时空传播的范围，另一方面是不断地寻求时空传播的自由。

广告的数字化生存，如果按照以上两个内涵进一步细分，无疑可以分为广告的网络化生存和广告的移动化生存，前者是基于互联网生存的广告，后者是基于以手机为代表的移动互联网生存的广告。

就前者而言，在互联网时代，广告的网络化生存在时空传播范围上实现了空前的突破，这是原形态和现代媒介形态的广告所不能企及的。然而，广告的网络化生存仍然和传统广告有一个共同的缺陷，那就是终端的固定性，也就是说，虽然网络广告在时空传播范围上没有限制，但是这一切必须在固定的时空点上完成，通俗地说就是必须坐在电脑面前（包括传播者和受众）来完成。这样一来，广告在时空传播的自由度上就受到了很大的限制。因为人们不可能一整天都坐在电脑面前。除了正常的工作时间需要使用网络之外，还有大量的碎片化时间很可能是在流动之中的，而且流动之中的人往往比处于工作状态的人会产生更多的信息需求，每当这个时候，网络广告也爱莫能助。这样的弊端在移动互联网和智能手机普及之前是常态，但是，在以上技术和终端发达的现在和未来，广告的移动化生存所带来的常态一定是另一番景象。

在上文的论述中，我们回顾过广告移动化生存的演进，在移动的广告和广告的移动两个发展阶段，虽然都还不能严格地称为广告的移动化，但在这两种形态的背后实际上都蕴含着一个重要的逻辑：那就是试图在更大的时空范围实现传播，让更多的受众知晓广告信息。包括进入到互联网时代，这样一种逻辑仍然得到了延续。但是，长期以来，这个多少带有商业性的逻辑却有意无意地忽视甚至压制住了另外一个向度，那就是传播的自由。传播自由，不仅是指传受双方享有传播的时空自由，更指传受双方使用传播媒介的时空自由。在移动的广告发展阶段，是广告主享有传播时空自由的阶段。广告主可以自由地穿街走巷，可以任意地选择传播媒介，甚至可以任意地延迟和中断广告服务。广告受众很大程度上是位于居住地的被动接收者。在广告的移动发展阶段，是广告主享有使用传播媒介的时空自由的阶段，各种车载工具成为他们的理想选择，但这些都与广告受众无关，他们并不能自由地使用。即便是进入到广告的网络化生存阶段，虽然广告的传受双方所享有的传播时空自由和使用传播媒介的时空自由都有了很大程度的提高，但由于终端的固定性，以上自由度同时受到了制约。综上，从移动的广告到广告的移动一直发展到广告的网络化生存，广告只能在某一层面上实现或者在一定程度上实现两个层面的时空传播自由，而无法同时在两个层面上实现时空传播自由。

广告的移动化生存使以上情况得到了根本改变，其重大意义就在于，它不仅保持了广告网络化生存在时空传播范围上的空前突破的优势，更能保证在两个层面上同时实现时空传播的自由——传受双方享有传播的时空自由和使用媒介的时空自由。就前者而言，广告的移动化生存本质上仍然是数字化生存，其形态仍然是数字形态，是在互联网基础上发展起来的高级形态。因此，在时空传播范围上它和基于互联网的网络广告相比并不逊色，甚至更方便和快捷。就后者而言，分两个层面而论：从传受双方享有传播的时空自由来说，一方面，广告传播者可以根据广告接收者所处的时空情境自由地甚至是有针对性地发送个性化的广告信息，而不必担心广告接收者是处于静止还是移动状态；而广告受众也可以在流动的时空当中自由地接收广告信息，而不必通过固定终端坐下来阅读和浏览。因此，可以说"移动技术在时空上解放了阅读者，人们获取信息的时机变得零散且随机。人们既可以自主地向内容提供方订制信息，也可以在内容提供商了解其偏好的基础上，坐享个性化的内容"[1]。从使用媒介的时空自由来说，由于以手机为代表的移动智能终端是一种"全天候媒体"[2]，这种通信媒体"一个突出的特点是，要在未来移动通信系统中实现个人终端用户能够在全球范围内的任何时间、任何地点，用任意方式与任何人高质量地完成任何信息之间的移动通信与传输"[3]，好在到目前，"移动蜂窝通信技术（以 GSM、GPRS、CDMA 为代表）、蓝牙技术、IEEE 802.11 技术等

[1] 陈昌凤,仇筠茜. 移动化:媒介融合的新战略[J]. 新闻与写作,2012(3):30-31.
[2] 刘胜义. 移动化媒体的新时代[N]. 人民日报,2013-06-06(19).
[3] 李德仁,等. 论空间信息与移动通信的集成应用[J]. 武汉大学学报:信息科学版,2002(1):2.

已经实现了'任何地点、任何人、任何时间'连接到'任何信息'的美好设想。建立在移动终端设备和无线互联网技术之上的移动 GIS 结合了这两者的优势，使移动用户（移动终端设备）能够随时随地通过无线接入方式上网，以前只有在办公室或家里才能获取的空间信息服务，现在却可以在室外、在移动中获得"[1]。因此，这样的媒介使用时空自由是空前的，它摆脱了有线的束缚，使网络从固定的终端走向了移动的终端，人类传播可以从固定的时空之点走向移动的时空之流，从而自由地穿梭于比特的海洋，这极大地克服了传统广告和网络广告在固定时空点上传播和接收广告信息的弊端。

三、虚拟化

（一）从身体在场、感官"截肢"到身体缺席：广告形态与感官之关系及其变迁

任何一种广告形态都是人的产物，同时还必须作用于人，从这个角度来说，广告都应与人尤其是人的身体产生最为直接的联系。在更大的时空范围内让更多的人接触到广告，一直以来都是广告试图完成的使命，也是长期以来努力克服的矛盾。在广告形态漫长的演进历史中，这对矛盾逐渐得到了解决，然而，一个不容忽视的事实却是，人，尤其是人的身体被隐匿了。也就是说，经过长期发展，广告确实可以做到跨越时空不受限制，甚至可以实现互动和交流，但是，这是以牺牲身体的在场为代价的。为此，我们不妨从广告形态与人的感官、身体之间的时空关系这一角度来回顾一下其发展变迁的轨迹，大体上可以分为以下几个阶段。

1. 身体在场的即时同步交流阶段

以口头叫卖和实物陈列广告这两种基本的广告形态为代表。

在这一阶段，广告活动中的交流是面对面的人际交流，人体的各个感官处于自然均衡的状态，买方不仅可以直接观看、触摸和闻嗅商品，还可以与卖方进行口头上的讨价还价，而卖方也可以直观、真切地展示其商品和服务，并通过实时观察买方的需求和心理进行针对性的推销。传播学研究表明，最有效的交流方式就是面对面的人际交流。这是因为它保证了身体在场，当交流双方的所有感官信息通道处于开放状态中的时候，他们是即时同步的，而没有被任何

[1] 陈飞翔. 移动空间信息服务关键技术研究[D]. 北京:中国科学院研究生院,2006:6.

中介所阻隔和延迟。更有研究表明，人类对外部信息的接收，约 65% 通过视觉通道，20% 通过听觉通道，10% 通过触觉通道，2% 通过味觉通道。换句话说，只有面对面的人际交流才可以在最大程度上实现全息效应：全息的传播、接收和互动。口头叫卖和实物陈列作为最古老的两种广告形态，虽然时空传播的范围非常有限，但从感官的角度上说，却保证了身体的直接参与和感官的平衡，这也正是麦克卢汉所推崇的部落化的口语媒介时代，"在这个时代，虽然感觉主要由耳朵来把握，但同时却牵动着全部感觉的相互作用和相互影响，因此，部落人的感觉能力大体是平衡的，他们的行为与他们所处的环境是浑然一体的。"[1]

2. 感官"截肢"的延时异步交流阶段

以文字广告、报纸广告、广播电视广告等形态为代表。

在这一阶段，广告传播的时空范围得到了极大的扩展，广告信息甚至可以克服口头叫卖转瞬即逝的弊端，但同时也带来了一个明显的缺陷就是信息和信息的传播者之间的分离，也就是说，广告信息的接收者失去了与传播者直接在场对话的机会。"这些技术将信息与信息的传播者相分离，信息可以跨越千山万水与接收者见面，而信息的传播者却可以原地不动，与此同时，人类交流的界面也由身体转向了白纸黑字以及后来的影像。曾经一度，传播者在传播界面中彻底消失了（文字、印刷传播时期）。"[2] 不能面对面交流，取而代之的是作为界面的各种广告媒介，这些广告媒介用麦克卢汉的话来说就是人体各种器官的延伸，文字广告和报纸广告是视觉的延伸，广播是听觉的延伸，电视是视听的综合延伸。虽然通过感官的延伸，人类在某些方面实现了突破和弥补，但却是以丧失人类的本真和淳朴作为重大的代价，因为延伸毕竟是扩展和张大，而不是还原和回归。有的人或许会说，麦克卢汉不是指出以广播电视为代表的电子时代宣告了重新部落化的回归吗？按照麦氏的观点，他认为电子媒介时代是"同步"的时代，"在电子时代，时间和空间很大程度上已经还原为信息流动，所以我们就像古代小型的口头社群一样以深化的方式思考，这是再自然不过的事情。"[3] 且不说电子时代的思考方式是不是部落社群的模式（实际上

---

［1］　郭庆光. 传播学教程［M］. 北京：中国人民大学出版社，1999：149.

［2］　陈月华. 传播：从身体的界面到界面的身体［J］. 自然辩证法研究，2005(3)：23.

［3］　马歇尔·麦克卢汉. 麦克卢汉如是说——理解我［M］. 何道宽，译. 北京：中国人民大学出版社，2006：13.

两种方式截然不同），只说"同步"就值得商榷。无论是广播还是电视，从交流的层面上说只能是延时而无法做到同步，因为它们无非就是借助电话的方式来做某种自我救赎。想想广播听众通过拥挤的电话通道抢到一个难得的机会而其他人只能自叹运气不佳，电视观众获得一个千载难逢的露镜待遇结果也要等上至少几个小时与大家见面还不能保证是播出你最想说出的话，你就会明白所谓的"同步"离现实有多么遥远。电视节目主持人的出现，似乎弥合了信息传播者与信息之间分离的裂缝，但不无遗憾地告诉你这只能说是追求传播者在场的一种努力，因为无论他（她）多么笑容可掬、文质彬彬，你都无法在你想要跟他（她）交流的时候你们就可以自由地交谈，这就是为什么我们会经常看到太多的电视观众在面对有些广告的时候，要么立马离开，要么听之任之。因此，当麦氏指出"接触电视需要人们积极的感觉上的参与，这种参与是有接触感觉的，因而电视成为人类社会脱离部落文化以来长期失落的'感觉总体'和'感官平衡'重新恢复的工具"[1] 时，我们也许只能说他对电视给予的厚望似乎太大了，诚然，电视确实在视觉和听觉上实现了双重的延伸，但这两个感官之外的器官却被无情地关闭掉了，因此倒是他所使用的"自我截肢"这一概念比较符合包括电视在内的诸种大众媒介。正如有的研究者指出，"事实上，在大众传播语境下，人们要么变成了'聋子'（阅读状态下），要么变成了'瞎子'（听广播状态下），要么变成了不聋不瞎但却没有触觉、嗅觉、味觉的'感官功能不全者'（观看影像状态下）。"[2] 也就是说，在这一阶段，广告形态既无法满足感官平衡的要求，也不能实现即时同步的互动，而只能是感官"截肢"的延时异步交流。

3. 身体缺席的时空自由交流阶段

以网络广告形态为代表。

在这一阶段，网络广告不仅在时空传播范围上实现了空前的突破，时空的限制不再构成广告生存的障碍，同时在交流的自由度上也摆脱了种种束缚，既可以即时同步也可以延时异步，甚至可以随时随地。较之于广播电视等大众媒介而言，网络不仅是一个集大成者，因为它汇聚和融合了传统媒介的种种优势，同时也是一个1+1大于2发生质变的媒介新宠，因为它具备任何传统媒介所不具备的新质。从交流的角度上说，网络广告回归到了即时同步的交流状

[1] 张咏华. 媒介分析：传播技术神话的解读[M]. 上海：复旦大学出版社，2002：651.
[2] 陈月华. 传播：从身体的界面到界面的身体[J]. 自然辩证法研究，2005（3）：24.

态，真正克服了广播电视广告延时异步的反馈，实现了传受双方的互动。然而在互联网发展的早期，网络广告仍然存在美中不足的地方就是传受双方的身体缺席，也就是说，无论是对于广告信息传播者还是对于广告信息接收者而言，虽然信息丰富，信息的展现方式也是多姿多彩，但不得不说这仍然是一场主客双方的身体都不在场的交流。进一步讲，网络只是提供了一个即时互动、交流自由但主客的身体都缺席的广告平台。互联网虽然将不同时空的人们联系在了一张"网"上，但也正是这张"网"将人们的身体阻隔开来，尤其是网络交流并不能保证身体所有感觉器官都处于自然开放状态，因此，网络也并非十全十美，而要想进一步弥补和克服这种缺陷，则是下一阶段的事情。

(二) 跨越时空的身体浸染与感官平衡：广告虚拟化生存的内涵

自从人类脱离口语媒介的部落化时代，就在不断地创造和使用新的媒介，同时也陷入了两难境地：创造了身体不在场媒介的人，却又渴望身体在场。所谓的重返"部落化时代"和"地球村"这些概念，无非就是代表着这种希冀和欲望。然而，一个让人遗憾的事实却是，人类通过不同的媒介在不断地跨越时空的限制，而且这种能力在网络时代已经达到了空前的水平，但似乎离人与人面对面交流互动的场景越来越远。

不过值得庆幸的是，虚拟现实技术的出现和发展，让这个梦想越来越近。

虚拟现实（virtua reality）（图 5.7）技术是计算机技术、信息技术等多种技术发展的结果和新成就，它"是一个综合数字图像处理、计算机图形学、多媒体技术、模式识别、网络技术、人工智能、传感器技术以及高分辨显示等技术，融视觉、听觉、触觉为一体，生成逼真的三维虚拟环境的信息集成技术系统。在虚拟现实技术系统中，使用者戴上特殊的头盔、数据手套等传感设备或利用键盘、鼠标等输入设备，便可以进入虚拟空间，成为虚拟环境的一员，进行实时交互，感知和操控虚拟世界中的各种对象并参与其中的各种事件。他们可以在这样一个人机界面上，获得与自然状态下几乎相同的、身临其境的身体感受并产生相应的肢体反应"[1]。

虚拟现实的概念可追溯到 Ivan Sutherland 于 1965 年在 IFIP 会议上的一篇报告《终极的显示》。当时，它是作为图形仿真器出现的。到了 20 世纪 80 年

---

[1] 梁国伟,侯薇. 虚拟现实:表征身体传播无限开放性的符号形式[J]. 现代传播,2008 (3):12.

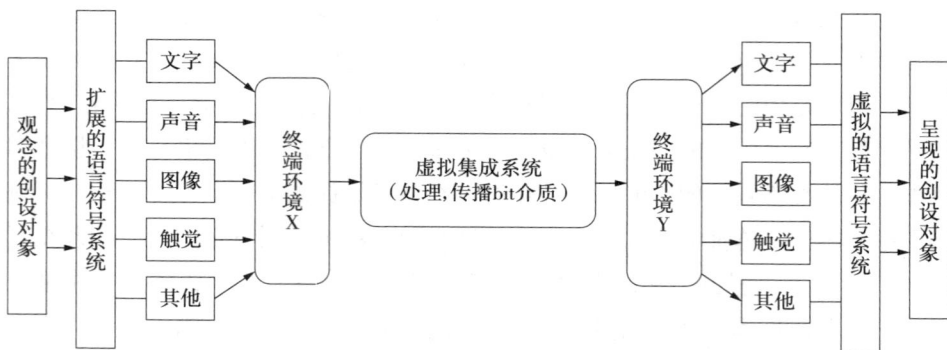

图 5.7　虚拟现实系统

代初期，经过 20 年的研究探索，美国 VPL 公司的创建人 Jaron Lanier 正式提出了 Virtual Reality 一词[1]。1992 年世界上第一个虚拟现实开发工具问世。此后，形形色色、种类繁多的虚拟现实系统陆续出现。至 21 世纪初，虚拟现实已经成为一项广泛应用于机械制造、军事训练、航天、建筑与城市规划、医学与生命工程、能源开发、地球物理、文物保护、体育训练、娱乐游戏、商业展示与销售等各种领域的重要技术，并以它超前而独特的技术与艺术的综合优势，给当代社会带来了巨大的经济效益。

　　1993 年，美国科学家 G. Burdea 和法国科学家 P. Coffet 提出了"虚拟现实技术的三角形"理论，指出虚拟现实技术的三个基本特征：沉浸感（Immersion）、交互性（Interaetion）和想象性（Imagination）。沉浸感是强调虚拟技术给用户带来的体验具有身临其境般的感受，交互性是指"用户对模拟环境内物体的可操作程度和从环境得到反馈的自然程度（包括实时性）"[2]，想象性指虚拟现实技术应具有广阔和自由的可想象空间，不仅可以再现自然的真实世界，而且可以创造想象的虚拟世界。

　　虚拟现实中的"现实"是一个宽泛的概念，泛指在物理层面或者功能层面上存在于世界上的任何事物或环境，它可以是实际上可以实现的，也可以是实际上难以或者根本无法实现的。而"虚拟"则是生成的意思，其手段主要就是通过数字化的方式。简单地讲，虚拟现实即是由数字化手段形成的一种特

［1］　王健美,等. 美国虚拟现实技术发展现状、政策及对我国的启示［J］. 科技管理研究,2010(14)：37.
［2］　王玮,武小明. 基于虚拟现实技术的现代交互广告艺术探究［J］. 包装世界,2013(4)：78.

殊环境。这种环境的特殊之处就在于：一方面，虚拟的事物是真的，是真实存在的，并且人们可以感性地感受得到；另一方面，虚拟的事物又是假的，它只是一种数字化的存在，与被虚拟的对象有着本质的区别。因此，虚拟现实"是实际上而不是事实上为真实的事件或实体"[1]。正是虚拟现实的这种特点，使人类的实践活动突破了现实的由原子组成的物质时空对人类的限制，从而可以去尝试和探索各种事物发展的可能性，将之以比特和字节的数字化形式展现于赛博空间。

伴随着虚拟现实技术的发展与实践应用，广告也积极采纳这种技术进行营销与传播，这一过程正好体现了广告形态虚拟化生存的演进。总的来说，到目前为止，其经历了以下三个阶段：

第一个阶段是起步阶段。最先将虚拟现实技术融入到广告中的是体育赛事或文艺节目的电视直播。其方式是将在电视演播室制作的虚拟广告牌插入到赛场或表演场地，或用虚拟广告牌替换掉场地上原有的广告牌。同时，赛场上可以运用二维或三维的动态形式吸引电视观众的注意力。其效果是现场人员不会受到任何干扰，而只是电视观众可以观看得到。其优点是广告的位置和尺寸可以不再有严格的限制，缺点就是不具有交互性。

第二个阶段是形成阶段。其特点是充分利用和凸显了虚拟现实技术的沉浸感，将人的感官与现实世界隔绝而完全沉浸在由计算机所营造的数字空间之中。这种方式一般都要借助一些特殊的设备，如封闭式头盔显示器、立体耳机等。在商业应用中可见于汽车试驾、房地产楼盘展示等。其特点是沉浸感、体验感和互动性都很强，但不足之处是隔离于现实世界。

第三个阶段是发展阶段。这一阶段得益于虚拟现实技术的进一步发展——增强现实（augmented reality）技术的出现。增强现实技术是在虚拟现实技术基础上发展起来的，是利用计算机产生的虚拟信息对用户所观察的真实环境进行融合，真实环境和虚拟事物实时地叠加到了同一个画面或空间同时存在。增强现实技术与虚拟现实技术最大的区别就在于对沉浸感的要求不同，增强现实技术并不要求隔离周围的现实环境，而是"强调用户在现实世界的存在性并努力维持其感官效果的不变性，增强现实系统致力于将计算机产生的虚拟环境

---

[1]　迈克尔·海姆. 从界面到网络空间——虚拟实在的形而上学[M]. 金吾伦,刘钢,译.
　　　上海:上海科技教育出版社,2001:111-112.

与真实环境融为一体，从而增强用户对真实环境的理解"[1]。增强现实技术在广告领域中运用得比较普遍，无论是基于互联网还是移动智能手机、线上还是线下，都有许多成功的案例，涵盖了餐饮、运动用品、香水、服装等各个行业。

由此可见，广告形态的虚拟化生存是一个动态的过程，是伴随着虚拟现实技术的进步与扩大应用而逐渐发展的过程。在这一过程中，紧紧围绕的一个核心问题就是广告形态与感官时空之间的关系问题。在某种程度上说，广告形态的虚拟化生存就是广告形态的生存时空及其带来的感官体验的虚拟化过程。在这个过程中，"传播主体可倚仗其完美再现真实情境的能力，辅以 VR 器械的多重感知模拟，营建出跨越时空的'临场感'，以驱动受众'共情效应'，显著提升客体对内容产品的体认和感知。"[2] 从这个角度而言，广告形态的虚拟化生存具有以下特征：

1. 时空跨越性

应该说，广告形态的虚拟化生存与一般意义上广告形态的网络化生存一样，都具有时空跨越性，因为它们都是以网络为根本的生存依托。然而，两者又有不同：前者是基于网络而再次创造生成的虚拟时空。后者是基于网络自身的虚拟时空。前者强调的是想象性与创造性，即超越常态下的"不存在"和"不可能"，拓展和创造特殊形态的赛博时空，通过虚拟实践，"人们可以让时间倒流，可以令空间变形，可以深入分子、原子和基因内部等无限小的领域探索其中的奥秘，借助信息技术、虚拟技术，人们所从事的虚拟实践活动可以上天入地，进行许多从前连想象都不敢的事情"[3]；后者主要凸显广告生存的时空自由度，即可以不受时空范围的限制，随时随地任意传播。

2. 在场效应感

就人际传播而言，在场效应是指信息传受双方面对面即时互动交流时因所有信息通道的开放而形成的全息效应。一般而言，要形成在场效应，必须满足两个基本条件，一是直接以双方的身体作为交流的界面而不需要其他任何中介，二是保证双方所有的信息通道（感觉器官）处于开放状态。在广告形态漫长的发展历史过程中，只有口头叫卖和实物陈列这两种最基本也是最古老的

[1] 王聪. 增强现实与虚拟现实技术的区别和联系[J]. 信息技术与标准化，2013(5)：58.
[2] 史安斌. 作为传播媒介的虚拟现实技术——理论溯源与现实反思[J]. 学术前沿，2016(24)：28.
[3] 孙伟平. 论虚拟实践的哲学意蕴[J]. 教学与研究，2010(9)：34.

广告形态符合以上条件，即最初意义上的身体在场交流。在这之后的其他广告形态都无法获得身体在场效应。虚拟现实技术的产生与发展，尤其是增强现实技术的出现，使在场效应得以重新回归。那么，虚拟现实技术是如何满足以上两个基本条件从而实现在场效应的呢？首先需要强调的是，在虚拟现实技术条件下所获得的在场效应并不是严格意义上的传受双方的身体在场，实际上这也是不可能的。但同时也要指出的是，虽然不是传受双方的身体在场，但却可以获得在场效应，其途径就是通过沉浸式传播。沉浸式传播即是通过虚拟现实系统让用户置身和融入到虚拟环境之中，真切地感知虚拟环境中的对象并与之互动。总的来说，沉浸包括"使用者身体的感知系统和行为系统"[1] 的双重沉浸，而其具体的操作方式就是通过网络制造的虚拟界面。在赛博空间，沉浸感的获得源于人与虚拟界面的互动所产生的心理感受，这也正是形成在场效应的关键所在：通过使用各种技术手段将交流对象的各种信息（包括感官通道）"编织"并投射到虚拟界面上，借助（甚至无须借助）于各种传感器装置，"交流主体与这个界面的身体的互动交流就将会产生等同于真实的面对面交流的感觉，在场效应自然也就尽在其中了。"[2] 也就是说，虚拟界面在一定程度上扮演了身体界面的功能，它将身体不在场的缺陷做了最大程度的弥补，赋予沉浸式传播以身体在场交流的真实感，"借用德里达的话语，也可以说是'在场'孕育的'不在场'，换言之，是'不在场'按主体意志演绎的新'在场'。"[3] 一个比较有代表性的案例很能直观地说明这个特点：由 Medialand 公司设计的 NIKE DUNK 户外体感互动墙，设置于台湾街头 NIKE 门店前，采用虚拟现实手段设计篮架、篮筐和两只投篮的手，体验者只要动起自己的双手，便可像现实运动一般完成拿球、运球、起跳、投球等一系列动作，引来路人的积极参与，体验者乐在其中，真实感受与篮球明星一同灌篮的激情。身体虽然不在场，但却可以从感知和行为上全方位立体式地浸染到虚拟的环境之中，不仅保证了感官通道处于开放状态，也实现了在这种状态之下的行为自然，交流主体"将不仅是以敏锐的双眼和聪慧的大脑介入虚拟环境，而是要以完整的生物个体融入虚拟系统。通过这种融入，作为生物体的各种生理活

［1］　杭云，苏宝华. 虚拟现实与沉浸式传播的形成[J]. 现代传播，2007(6)：22.
［2］　陈月华. 传播：从身体的界面到界面的身体[J]. 自然辩证法研究，2005(3)：25.
［3］　章铸，吴志坚. 论虚拟实践——对赛博空间主客体关系的哲学探析[J]. 南京大学学报（哲学·人文科学·社会科学），2001(1)：9.

动，如视觉、听觉和触觉等感知行为，以及喜悦、悲伤、紧张与恐惧等心理反应，都将得到充分的表达"[1]。

3. 感官平衡性

前文在梳理广告形态与感官之间的关系时已经有所论述，形成的一个基本结论就是：在虚拟现实技术之前，除了口头叫卖和实物陈列广告可以保证交流时感官系统的平衡以外，其他广告形态都无法做到这一点。传统媒体背景下，广告形态要么使感官部分地被延伸，要么使感官被"截肢"。在虚拟现实技术走向应用之前的互联网时代，不仅广告所连接的传受双方仍然处于缺席的状态，网络广告对象对于广告信息接收方来说也不能产生现实般的感知体验。虚拟现实技术尤其是增强现实技术的发展与应用，使以上情况发生了重大改变。在以上技术背景之下，人们可以获得与自然状态下几乎相同的、身临其境的身体感受并产生相应的肢体反应。即在虚拟现实系统所构筑的虚拟世界之中，任何感官都是自然开放的，不是被延伸，也没有被"截肢"，"在这样一个虚拟现实技术系统中，我们可以按照身体内部的潜意识指令，无限开放地宣泄自己的欲望"[2]。

（三）虚实相生与高级回归：广告虚拟化生存的意义

有研究者曾假想了一个虚拟现实未来发展的时间表，指出在第一阶段的发展情况是：2015 年虚拟现实空间将初步形成，当你看到自己的手与视场中的物体相接触时，你的手将获得相应的触觉；击打同一物体时，能听到从物体方向传来的声音；2035 年，人们感觉到自身进入了赛博空间，此空间以自己的视界原点为中心；2040 年，整个人体的动态立体形象与环境中的其他物体形象相互作用，由此产生相应的五官感觉输入；2060 年，赛博空间与互联网结合，上网即进入赛博空间，与其他上网的人进行感觉、感情的交流；2090 年，在赛博空间中的交往成为人们日常交往的主要方式[3]。虽然作者强调这不是一个时间预测表，但是正如尼葛洛庞帝所说："不管怎样，数字化生存的确给了我们乐

---

[1] 胡小安. 虚拟现实技术与主体感知能力的增强[J]. 科学技术与辩证法，2006(1)：71.
[2] 梁国伟，侯薇. 虚拟现实：表征身体传播无限开放性的符号形式[J]. 现代传播，2008(3)：21.
[3] 翟振明. 有无之间：虚拟实在的哲学探险[M]. 孔红艳，译. 北京：北京大学出版社，2007：181-182.

观的理由。我们无法否定数字化时代的存在，也无法阻止数字化时代的前进，就像我们无法对抗大自然的力量一样。"[1] 虚拟化生存在不久的将来也一定会成为现实。就目前而言，虚拟现实技术还处在初级发展阶段，但在某种程度上已经对人类的生活方式产生了重大影响。有的学者认为，虚拟实践"正在为人类营造一种新的生活方式——数字化生存或虚拟生存方式"[2]，更有学者进一步指出，虚拟"表示人类从现实性的生存方式和思维方式进入虚拟性的生存方式和思维方式，虚拟将成为人类新的元起点"[3]。可见，虚拟现实不仅仅是一门技术那么简单，我们甚至可以毫不夸张地说，它将在互联网给人类带来巨大改变的基础之上进一步产生革命性的变迁。

就广告而言，虚拟化生存至少有两个方面的重大意义：

1. 虚拟化生存带来广告虚实相生的全新形态

虚，从广义上"是指人借助于符号化或数字化中介系统超越现实、观念地或实践地建构'非现实的真实世界'的能力、活动、过程和结果"[4]；实，一般是指真实、自然实在的意思。如果从广告借助不同中介系统所呈现的形态的性质出发，可以将广告划分为四个演进阶段：第一个阶段是以口头广告、实物陈列广告、声响广告、文字广告和广播广告等为代表的实在形态，是以行为、实物和声音文字作为中介系统，既在现实时空中呈现也可以在现实时空中被直接感知，其性质为实；第二个阶段是以影视广告等为代表的符号形态，其特点是以影像符号作为中介系统，通过光电等手段，先在物理空间把实物转化为影像符号，然后再在虚拟空间展现出来，其性质为虚；第三个阶段是以网络广告为代表的数字形态，以比特为单位，通过二进制"0"和"1"的方式进行制作、传输和存储，生存并展现于虚拟的赛博空间，其性质为虚；第四个阶段是虚拟现实技术背景下的虚拟化形态。很显然，这种形态不同于第一个阶段的实在形态和第二个阶段的符号形态，根本原因就在于前者是以比特为生存单位，而后者都是以原子为生存单位。同时，虽然性质都为虚，而且本质也是数字化生存，但它与第三个阶段的网络广告仍有很大不

［1］　尼葛洛庞帝. 数字化生存［M］. 胡泳,范海燕,译. 海口：海南出版社,1996：269.
［2］　张明仓. 走向虚拟实践：人类存在方式的重要变革［J］. 东岳论丛,2003(1)：92.
［3］　陈志良. 虚拟：人类中介系统的革命［J］. 中国人民大学学报,2000(4)：57.
［4］　张明仓. 虚拟形态：从虚拟思维到虚拟实践［J］. 福建论坛：人文社会科学版,2002(5)：77.

同：尽管网络广告可以融合各种广告媒介的特点和优势，汇聚声音、文字、图像、视频等于一身，但是所有这些元素都是以比特的形式生存于虚拟的赛博空间，既不可以呈现于现实时空，更不可以在现实时空中被整体感知。从这个角度而言，网络广告和影视广告没有太大的区别，因为它们本质上都为虚。然而，在虚拟现实技术条件下，尤其是增强现实技术的发展，不仅可将虚拟变成现实，于现实世界之中创造一个虚拟世界，使人类拥有现实的自然平台和虚拟的数字平台两个平台，而且可以使"现实世界与虚拟世界，自然平台与数字平台，相互交叉，相互包含"[1]。正是在这样的背景下，广告的虚拟化生存将是一种虚实相生的全新形态。具体而言，就是人们不用和现实世界隔绝，就可以进入虚拟现实系统所构造的广告时空。在这个时空之中，人们的感知、体验、行为和心理都是与现实世界等同的。同样，人们也可以从虚拟世界返回到现实世界，将在虚拟世界的交流和互动反馈回来，继续和跟进现实世界的广告活动。

2. 广告的虚拟化生存是对身体在场的即时同步交流的深层次复制

在前面的论述中已经指出，只有口头叫卖和实物陈列这两种基本的广告形式体现和保留着身体在场的即时同步交流，在后续的发展演进中，要么是感官"截肢"的延时异步交流，要么是身体缺席的时空自由交流，而难以有一种形态可以再现最初的场景。广告形态的发展演进似乎透露出一个悖论：广告的时空突破能力越大，身体在场的可能性就越小。也许这也可以归结为技术的缺陷。然而，从进化论的角度上说，整体上人类总是朝着更高的阶段和水平前进，也就是说我们毋须重返到一个虽然理想但却比较低级的交往状态中去。进一步讲，如果存在一种可能可以实现对某种理想状态和境界的深层次复制和高级还原，那么，这种可能是值得我们去期待和实现的。

广告的虚拟化生存就是这样一种可能，它将实现向身体在场的即时同步交流的深层次复制。说它是深层次复制，主要是出于以下几个原因：

（1）广告的虚拟化生存并不要求身体在场，但却可以保证在场效应。从严格意义上说，身体不在场是一种缺陷，而且这种缺陷长期以来并没有得到很好的克服，然而，人类也总是在试图对之进行最大努力和最高程度的弥补。如果弥补一旦达到最佳效果甚至超过理想期待，缺陷则在某种程度上说也是一种

---

[1]　陈志良. 虚拟：人类中介系统的革命[J]. 中国人民大学学报,2000(4):57.

美，因为它为创造一种较之理想状态更高级的形态提供了前提。广告虚拟化生存的技术条件——虚拟现实技术，即是这样一种弥补，同时也是升华的技术。它在弥补了身体不在场的缺陷的同时，也创造了逼真的甚至比现实更真实的在场效应。"虚拟实在系统可利用网络空间来表现物理空间，甚至能达到这样的程度，在传送实况过程中，我们能体验到遥在（telepresent），也就是说，我们自己虽然不能在场或出场，但却有一种身临其境的感觉，无论是去火星还是下深海。"[1]广告虚拟化生存所获得的在场效应，极大地超越了时空的障碍，既可以做到"遥在"，也就是说可将非常遥远的、人类自身难以企及的距离化为眼前可亲身体验的场景，也可以做到"内在"，即进入到物体的内部，如细胞、原子等。

（2）广告的虚拟化生存既不只是对口头叫卖和实物陈列这两种广告形态的简单复制，也不意味着只有这两种形态才可以实现身体在场（效应）的即时同步交流。就前者来说，事实上，在现实世界中，口头叫卖广告和实物陈列广告依然存在，人们根本用不着再通过高端技术去复制它。广告的虚拟化生存是一种全新的高级形态，它与口头叫卖广告和实物陈列广告存在某种内在的共通性，但从进化的角度上说，其发展水平又远远超出了这两种基本形态，它是人类智慧和多种技术相互融合的结果。就后者而言，虽然口头叫卖和实物陈列这两种广告形态是身体在场的即时同步交流的典型代表，广告的虚拟化生存当然也可以真实地还原这两种形态。但除此之外，广告的虚拟化生存还可以将其他各种广告形态置于这种情景之中，如报纸广告、广播广告、电视广告甚至户外广告，只要经过虚拟化的处理之后，都可以实现身体在场（效应）的即时同步交流。

（3）广告虚拟化生存的一个重要功能和价值是可以建构未来可能，但现在还不可能出现的多感官平衡场景。探求人眼无法观察的微观世界，探寻遥不可及的太空宇宙，直观地解密复杂机器的构造及其运作原理，体验攀越巍然耸立的高山大峰……诸如以上在一般常态下无法完成的种种事情，对于虚拟现实技术而言却并非难事，事实上有许多广告公司和科技公司已经成功地运作了这种营销案例，"从身体姿势到触控、手势，到语音，到全息投影、脑电波，虚

---

[1]　*迈克尔·海姆. 从界面到网络空间——虚拟实在的形而上学*[J]金吾伦,刘钢,译. 上海:上海科技教育出版社,2000:81.

拟现实将变得真正像现实那样可以感受和触摸。"[1] 从本质上说，"通过数字化虚拟，人们不仅能复制、补充和延伸现实体和现实关系的许多功能，而且能建构未来可能，但现在还不可能出现的现实体和现实关系的可感觉的模式"[2]，因此，广告的虚拟化生存，对于营销传播来说，不是形态的改变，也不是传播模式的弥补和超越，它更意味着广告形态演进的趋势和生存范式的转变，这一点或许更值得业界和学界进行深思和探究。

[1]　周逵.虚拟现实的媒介建构：一种媒介技术史的视角[J].现代传播，2013(8)：33.
[2]　叶险明.马克思的哲学革命与哲学的现实基础——兼论关于虚拟与现实关系研究的方法论[J].哲学研究，2005(2)：27.

第三节
广告数字形态的演进趋势

————————————

正如尼葛洛庞帝早就说过的那样，数字化是不可阻挡的发展趋势。这是如今的我们都非常坚信的事情。然而，每当我们对趋势进行预判的时候，往往会感觉到是多么艰难。广告形态在数字传播背景下也正在进行着深刻的变化，对于未来又会是具体以何种形态生存，也许难以给予十分准确的预测。下面所进行的有关发展趋势的阐述，也只能是基于广告数字形态的形成与发展两个阶段，从时空和感官两个角度做一点推演。

一、超时空自由与多感官平衡的双重实现

（一）基于时空自由与感官平衡划分的广告形态演进

总的来说，到目前为止，广告形态在超时空自由与多感官平衡这两个层面上尚没有真正达到双重实现的程度。为了更好地了解其发展趋势，如果按照这两个标准对广告形态进行划分，可以分为以下几个阶段：

1. 多感官平衡阶段

广告原形态发展阶段的口头叫卖广告和实物陈列广告，包括后来发展起来的声响广告，都是典型代表。在这一阶段，广告主要凭靠的生存媒介是人自身以及某些手工自造物，广告商品也都是实物，这保证了视觉、听觉、嗅觉、触觉、味觉等感官元素的全面开放。但缺陷就是广告传播的时空范围非常有限，广告很难在较长的时间上和较大的空间里生存和传播。

2. 时空传播自由而感官失衡阶段

文字广告的诞生，是这一阶段开始的标志。文字这一符号不但将各种事物进行了抽象化的处理，而且主要以视觉的形式将信息固着在不同媒介之上，突

破了时空尤其是时间的限制，让流动的人们停下来阅读，改变了人们的交往方式。类似于文字广告的还有各种广告图画。印刷广告的出现更是将以上两种广告形态向前推进了一大步。大众媒体催生的报纸广告、杂志广告、广播广告、电视广告让广告的生存时空范围获得了一次次的突破。在这一阶段，伴随着广告形态的演进，虽然时空生存范围得到了极大的拓展，但是，感官却在不断地走向失衡。视觉形态的广告虽然保证了五彩缤纷，但难以实现婉转动听、香气扑鼻和可感可触，听觉形态的广告虽然可以实现百啭千声，但无法做到色彩斑斓，更不用说可嗅可触了。虽然电视广告在视听上实现了某种综合，但仍然在其他感官成分的传播上存在明显缺陷。

3. 向超时空自由和多感官逐渐接近平衡的阶段

这个阶段是与广告数字形态的形成与发展时期相吻合的。一方面，数字形态的广告在时空传播范围上实现了前所未有的根本突破，广告不仅可以快速地在全球范围内到达各个角落，而且可以自由地随时随地传播。进一步说，数字形态的广告所获得的超时空自由，不仅是时空传播范围的无障碍，更是传播媒介使用的极大自由。另一方面，数字形态的广告也在向多感官平衡努力接近。从本质上说，在数字传播背景之下，广告仍然需要依靠一个界面来实现传播，这个界面就是互联网。互联网一个强大的功能就在于可以融合多种媒介的优势于一身，这也在某种程度上保证了它可以展现多种感官元素，尤其是虚拟现实技术的发展以及在某些领域的应用，让人们获得多种感官的体验，如触觉和嗅觉等一些视听以外的感官功能得到弥补。虽然此期在多感官平衡这一层面上尚未达到理想的水平和状态，但随着技术的发展和应用的推广，我们有理由相信，在下一个发展阶段是可以实现和值得期待的。

通过以上三个阶段的划分和分析，我们可以发现，广告在时空生存与传播上越来越走向自由，但与此同时，多感官平衡性却不同程度地遭到破坏，即便是在目前的数字传播技术背景之下，这种缺陷也没有得到很好的克服。也就是说，要实现超时空自由与多感官平衡的关键重在后者。那么，我们不禁要问，多感官平衡对于广告来说真的那么重要吗？广告的未来生存又如何实现这种平衡？

（二）多感官平衡的重要性

多感官平衡对于广告来说其重要性至少可以从两个方面说明。

1. 多感官平衡符合人类的感知本能和感知目标

人类从婴儿的出生开始就是一个多感官平衡（正常发育情况下）的动物，婴儿的第一声啼哭告诉我们他来到人间，从此五官与外界接触并慢慢适应。虽然不会说话，但是会哭会笑，能嗅能尝，甚至只有在母亲的怀抱中才能不吵不闹。婴儿在其感官发育尚未健全的情况之下，仍然力图调动各种感官来与外界进行交流。这种感知模式充分说明了人类的本能。也即是说，人类经过漫长的进化所获得的多种感官，并不是可有可无，也不是说有些是必需的有些是多余的。随着社会的发展和进步，人类发明了很多工具，按照马克思的说法是人的本质力量的对象化，按照麦克卢汉的说法是人体的延伸，总之，即是人类把自己有限的感官能力通过工具进行了弥补和延伸。从本质上说，这反映了人类希望借助外物来获得多感官平衡的企图和目标，因为人类的感官并不是无所不能。如人类的声带发出的声音范围很有限，于是就借助敲击石头、树木等自然物来扩大其声音的传递范围，远处的人就可以听到声音了。人类的眼睛看到的范围也很有限，于是发明了望远镜，这样，近处的人就可以看到远处的事物。然而，人类也许没有想到的是，虽然工具不断地延伸了人类的感官功能，但最后却发现离多感官平衡越来越远。在媒介种类日益纷繁多样的今天，人类却很难找到一种媒介可以满足多感官平衡的感知目标。类似于创造了不在场媒介的人却又渴望身体在场的悖论，创造了感官不平衡媒介的人类也同样希望有一种媒介可以实现多感官平衡。

2. 多感官平衡符合当今营销传播的发展趋势

有人说，当今时代是视听主导的时代，抓住了视听也就抓住了受众，也有人说在营销与传播环境发生巨大变化的背景下，仅仅依靠某种单一的广告手段是不足以应对复杂的市场情况的。也许每种说法都不失其合理性。但从感官的角度上说，多感官平衡或许更符合将来的发展趋势。

理由有四：首先，视听主导并不是数字时代的专利，也并不能代表数字时代的优势。在某种程度上说，人类一直以来都是视听主导的时代，视觉和听觉在人类的感官信息传播当中占据了绝大的比重。无论古代还是近现代，都是如此。数字时代也许并不能颠覆这种主导的感官模式，但一定会改变这种模式，从而与传统时代判然有别。其次，当主导一直是主导的时候，也就意味着单一，余端将成为新的营销与传播诉求，从而对主导形成弥补甚至超越。有研究指出，"在过去的一个世纪中，广告业宠溺了我们的眼睛，给了我们最佳的视觉满足感……但我们好像忘了一件事：在这个世界上，每个男人、女人和儿童，他们不是只有两种感官，而是五种"[1]，"只关注两种感官的品牌注定平

---

[1] 马丁·林斯特龙. 感官品牌[M]. 赵萌萌,译. 天津:天津教育出版社,2011:17.

庸"[1]。一个典型的例子就是"新车味"营销。购车的顾客总觉得车内有一种令人陶醉的特殊气味。"闻着新车的皮革味"成了人们购买新车的喜悦时刻之一。但其实新车是没有气味的，至少不是自然香，大多数气味都是新车离开生产线之后工人往汽车里面喷进去的。三菱汽车集团就曾经使用过这种方式，使其销售额出现快速上升。甚至有顾客表达随着时间的流逝再也找不到"新车味"的遗憾。再次，数字时代可以实现传统时代无法实现的多感官平衡，这为新的营销传播模式创造了条件。最后，多感官营销与传播已受到许多营销专家的认可与关注。正是认识到多感官平衡的重要性和目前营销所存在的缺陷，许多营销专家纷纷出来提倡感官营销。这里主要介绍有代表性的两位：全球首席品牌营销大师马丁·林斯特龙《感官品牌》一书被誉为"开创五维感官塑造品牌力全球第一书"，作者极力提倡五感协同作用，提升品牌附加值，并从感官的角度建立了标准对全球 20 个品牌进行了评估。现代营销学之父菲利普·科特勒为该书作序，并认为品牌要想始终保持领先地位，那就要带给消费者全面的感官和情感体验。另一位是美国密歇根大学教授、感官营销领域的先驱阿莱德哈娜·科瑞斯纳博士，其《感官营销》一书探讨了产品的感官层面是如何影响我们的情感、记忆、认知、偏好、选择和消费的，对迄今为止感官营销方面的研究进行了回顾。

（三）超时空自由与多感官平衡的技术实现

至于将来广告形态如何实现超时空自由和多感官平衡，也许技术层面的回答才是最直接的。

1. 虚拟现实技术

虚拟现实技术是一种创建和体验世界的计算机技术，它通过计算机生成的虚拟环境，使用户产生身临其境的感觉和交互视景仿真，达到视觉、听觉、嗅觉、触觉、味觉都能真实感知的效果，这种技术实现了信息处理环境以机器为主体到以人为主体的变化。虚拟现实技术使从过去只能从计算机系统的外部去观测计算机处理得到的结果，转向到人能沉浸到计算机系统所创建的环境中，从过去人只能通过键盘、鼠标与计算机环境中的单维信息进行交互，转向到人能用多种传感器与多维信息环境发生交互作用，从过去人只能从定量计算为主的计算中得到启发而加深对事物与现象的认识，转向到人能从定量与定性综合

[1] 马丁·林斯特龙. 感官品牌[M]. 赵萌萌, 译. 天津: 天津教育出版社, 2011: 28.

集成的环境中得到感性和理性的认识。"举个例子来说，假设我正住在美国宾夕法尼亚州的一个小城里。如果成熟的虚拟实在技术已在全球网络化，我就可以在这个小城里进入某个终端，这个终端的设施一方面检测我身体发出的信号，另一方面给我的身体感官施加恰到好处的刺激，从而让我进入赛博空间。在中国的参与者也可以用同样的方式进入同一赛博空间。于是，你我就可以在赛博空间里相遇了。这样，开国际会议也就不必越洋远行了。我们在虚拟的会议厅里台上发言台下交流，与我们现在开会的情景没有多大差别。但是，我们可以随意设计自己的形象，高矮胖瘦，可以通过软件编程的不同而不同。不仅如此，如果有必要的话，通过遥距操作技术，我们在虚拟世界里的活动还可以在自然界里引起相应的物理运动，完成我们想要完成的任务。"[1] 虽然就目前而言，虚拟现实技术尚处于初级阶段，但这种技术在广告传播与营销领域已经出现了较为成功的案例。如 2011 年世界知名香水品牌 AXE 的广告，在伦敦维多利亚机场大厅设置了一个特殊的区域，区域内有一个特殊的感应装置，一旦有人进入这个区域，就可以通过机场大屏幕看到一位美丽的天使从天而降，在身边和人一起翩翩起舞，并能闻到香水的气味。又如，新近一些购衣网站和购车网站出现的试穿、试驾功能，都能在某种程度上带来全新的触觉体验，这是以往的广告所不能做到的。因此，有研究指出，"作为一个技术平台，虚拟现实在其商业化运营上首先进入的还是广告，通过广告体验逐渐改变传播模式，然后逐渐改变营销模式，最后形成整个社会的一种习惯或者范式，实现对现有营销与传播模式中各个环节角色与利益的重新划分。"[2] 也就是说，虚拟现实技术带给广告的最大变化就是使消费者和受众可以在虚拟与现实两个时空之中自由地穿梭，而且具有真实的全方位的感官体验，这既是网络传播技术的极大提升，也必将是广告形态未来进一步发展和完善的方向。

2. 多种聚合技术

2000 年，美国国家科学基金会（NSF）和美国商务部（DOC）共同资助50 多名科学家开展一个研究计划，研究的结果是一份长达 480 多页的研究报告。报告指出，在下个世纪，或者在大约五代人的时期之内，一些突破会出现在纳米技术、信息科学、生物科学和生命科学、认知和神经科学和社会科学领域，这些突破被用于加快技术进步的步伐，并可能会再一次改变我们的物种，

---

[1]　翟振明. 虚拟实在与自然实在的本体论对等性[J]. 哲学研究,2001(6):62.
[2]　彭虹. 广告将是一种虚拟体验[J]. 当代传播,2004(4):81.

其深远的意义可以媲美数十万代人以前人类首次学会口头语言。NBICS（纳米—生物—信息—认知—社会）的技术综合可能成为人类伟大变革的推进器。清华大学教授蔡曙山指出，在人类进化的历史上，只有三个重大的事件改变了我们的物种，也改变了人类进化的方向。第一个是人的直立行走，它使人与猿最终分离；第二个是火的使用，它使人能摄入异体蛋白，最终完成脑的进化；第三个是文字的使用，它使人类的经验形成为知识，并一代又一代地传给我们的后人。除此之外，其他的事件都没有也不能称为"可能会改变我们的物种"。中国古代四大发明、法拉第与电的使用、爱因斯坦与核能的释放、计算机的发明和互联网的使用……这些都是改变人类历史进程和生活方式的重大事件，但它们都还不能被称为"改变我们的物种和生存方式"的事件。由此可见，NBICS 的技术综合将对人类产生多么巨大的改变。美国科学家 N. 金里奇进一步指出，我们正在经历着计算机、通信和互联网带给我们的巨大变化，然而，"这些变化将会在未来 20 年中因为被生物学、信息和纳米技术的联合带来的巨变所取代而黯然失色。这种新的且尚不被看重的变化浪潮，将会与计算机、通信和互联网联合引发的早已相当显著的变化相结合，进而产生一系列持续的新突破，引发一些新的商品和服务。"[1] 他认为，我们正在开始经历两种模式的变化，一个是计算机通信革命，一个则是刚刚起步的纳米生物信息革命。如图 5.8 所示，我们刚进入的就是重叠的时期。他认为这也是变革的时代。

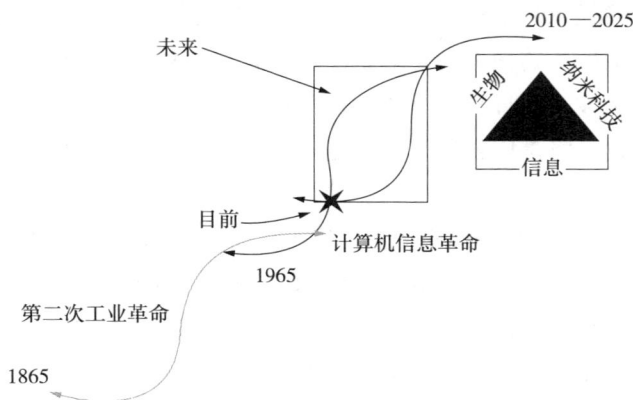

图 5.8　变革时代

［1］ 米黑尔·罗科,威廉·班布里奇.聚合四大科技　提高人类能力——纳米技术、生物技术、信息技术和认知科学［M］.蔡曙山,等,译.北京:清华大学出版社,2010:53.

看来，四大技术之间的聚合是未来科学界思考和探索的前沿问题，一旦成功实现，其意义对于整个人类世界而言是值得重视和期待的。那么，就个体而言，这些高端技术的聚合又将带来什么呢？美国科学家米黑尔·罗科、威廉·班布里奇为我们提供了一个技术聚合与个人相关的主要发展领域的框架，如表5.2 所示。

表5.2　聚合技术与个人相关的主要发展领域

相关位置	发展领域
外部的（在身体之外的），环境的	新产品：材料、装置和系统、农业和食品 新代体：社会变化、组织、机器人、聊天机器人、动物 新介质：固定工具、人造物品 新空间：真实空间、虚拟空间、混合空间
外部的，集体的	增强的群体交互和创造力 统一的科学教育和学习
外部的，个人的	新介质：移动工具/可穿戴工具、人造物品
内部的（在身体之内的），暂时的	新的可吸收的药物、食品
内部的，永久的	新组织：新的传感器和受动器、可植入物体 新技能：认知技术、旧传感器和受动器的新用途 新基因：新遗传学、新细胞

从表5.2 我们可以发现，四大技术的聚合给个人带来的变化几乎是全方位的，涉及的领域也相当广泛，当然也包含时空和感官两大方面，如新空间一栏就具体指出了真实空间、虚拟空间和混合空间，而与感官密切相关的新介质也列举了不少。

总的来说，研究报告认为四大技术的聚合在提高人类认知和交际能力、人类健康与机体功能、群体和社会成果、国家安全、统一科学和教育五个方面做了陈述。其中第一个方面即提高人类认知和交际能力对本书具有重要的启发意义。

报告人之一加州大学圣特巴巴拉分校的 R. 高列吉讨论了聚合技术与人类空间认知的关系，其中有三个主题与本书相关，即提高学习、增进空间领域内的感受和认知能力、NBIC 和改进人机接口。就提高学习而言，作者认为人类与自然环境的互动是多模式的体验，即在一定的时空内我们运用了各种感知器官。因此，我们没有理由认为多模式表征只有在二维屏幕被取代后才可能出现。NBIC 技术将超越平面的视觉支配地位。就提高空间范围内的感觉和认知能力而言，作者指出，视觉化只是空间化的一个子集，空间化是超出视觉范围的，人类应该识别出空间感知的偏见。为此，要解决将一种全新的方法应用于计算机设计和接口装置（例如，放弃键盘和鼠标），从而允许我们使用所有种类的传感器和诸如听觉、触觉、视觉和手势等认知能力。在 NBIC 与改善人机接口和互动上，作者强调多模式接口可以使显示信息的类型、规模和直接程度加强。他主张我们越来越有理由超出平板屏幕的视觉化来思考问题。相关的例子包括：①多模式的数据进入和数据表征提供了一种在认知上和感知上丰富的互动形式；②在视觉不可能或者视觉不合适的情况下，多模式的输入和输出接口使人机互动成为可能；③在缺少光的情况下无法使用视觉；④在视觉信息需要补充的情况下；⑤在非视觉感知是必要的情况下。为此需要在一些技术上进一步研究，包括：①一种力量——反馈鼠标要求围绕屏幕特征建造虚拟墙；②震动触觉设备可以使人们感觉到不同平面信息来探知屏幕特征；③使用真实的、数字化的或者虚拟的声音，包括言语来鉴别屏幕特征；④通过手势或者目视来表达情感或者给出命令；⑤智能衣服可以处理空间信息，提供周围对象的信息，给出附近的温度、湿度和污染程度；等等[1]。

从整体上说，人类交流能力的改进目标包括个体之外的交流设备（如更小更轻的手提电话）、设备和个体之间的信息传导（人机接口）、个体之内的交流和认知能力三个主要方面。过去几十年的认知和交流进化过程，在个体之外的设备的改进和人机接口方面是主要的。NBIC 技术的聚合则有很大的潜力来提高个体之外的认知和交流能力，促进人机接口的发展，从而使个体之内发生革命性的改进。改进人类认知和交流所遵循的高整合和多功能的发展道路，有利于超越自然时空的限制，完善人类整体认知的水平。也许四大技术的聚合在时空和感官上所带来的改进和增强会远远超出人类的预料，但在克服人类感知的不足和偏见，完善其多模式接入和表征等方面应该是足资期待的。也正是从以上角度，我们认为，在这样的技术前景之下，广告形态的发展趋势迈向超时空自由和多感官平衡是非常可能也是非常乐观的事情。

[1]   米黑尔·罗科,威廉·班布里奇. 聚合四大科技   提高人类能力——纳米技术、生物技术、信息技术和认知科学[M]. 蔡曙山,等,译. 北京:清华大学出版社,2010:144-153.

二、自然化

（一）自然化的内涵

自然化，这一概念目前主要在两个领域使用较多，一个是哲学领域，用以指在社会实践中将一切自然物种的尺度（规律）内化为自己内在的尺度，从而回归自然并且按照自然规律对待和利用自然的过程。另一个是大众文化研究领域，自然化体现为社会、历史、经济与文化所限定的（因而是可以改变的）情景与意义被当作自然而然的东西，也就是说不可避免的、永恒的、普适的、遗传的（因而也是不容争辩的）东西而成为某种"经验"。之所以出现这两种不同的使用语境，与"自然"一词本身的多义性直接相关。《汉语大词典》关于"自然"一词有 4 种解释，《辞海》收了 6 个释义，对两者进行综合，主要有以下 5 个含义：①即"自然界"。广义指具有无穷多样性的一切存在物，与宇宙、物质、存在、客观实在等范畴同义，包括人类社会。狭义指与人类社会相区别的物质世界。通常分为非生命系统和生命系统。被人类活动改变了的自然界，通常称为第二自然或人化自然。②天然，非人为的。③自然而然；按事物内部规律发展变化。④不做作，不拘束，不呆板。⑤副词或连词，犹当然。由此可以清晰地看出，"自然化"的"自然"在哲学研究领域是从第一个释义的角度使用，而在文化研究领域则与第三个释义有点接近。

本书所使用的"自然化"也有特定的指称，它与以上两种用法都不相同。这主要表现在：首先，对"自然"这个多义的概念，本书所取的基本含义是第三个和第四个释义，即同时包含自然而然，按事物内部规律发展变化的意思，也包含不做作、不拘束、不呆板的意思，但不包含"自然界"的意思；其次，具体而言，本书所说的自然是指人类自身所具备（无须借助外物）的合乎人类自身发展规律的感知形态和感知模式，比如"只听不看""停下来看""边走边看""边走边说""边走边听""边看边摸""看一看尝一尝""摸一摸闻一闻"等等。最后，自然化就是指广告形态的发展演进符合、遵循和复制人类自然的感知形态和感知模式的过程。

很显然，自然化这一概念直接受到保罗·莱文森媒介演进的"人性化趋势"的启发。莱文森之所以喜欢使用人性化这一概念，很大程度上是为了彰显其乐观主义的媒介进化观，以此与麦克卢汉和波斯曼等为代表的悲观的媒介进化论者形成旗帜鲜明的对比。换句话说，他想强调的是媒介形态在人类历史发展进程中所具有的积极意义和凸显人对于媒介的主体性地位，这一点对于广告形态的演进而言是相通的。然而，本书之所以不采纳"人性化"这一表述，是基于以下考虑。

1. 人性化是一个模糊而又有歧义的概念

单就人性而言，就是一个包含多个层面的概念，人性有好有坏，有自然性的一面也有社会性的一面，如此，人性化趋势要满足什么样的人性呢？以嘴巴为例，人类天性喜欢吃美味的东西，人性化趋势是不是也要满足这种人性呢？就人性化而言，既可以说技术和产品要满足人类的需求和习惯，也可以说要有人文关怀，如人性化管理，这样的话，人性化趋势又要满足哪方面的人性呢？

2. 人性化趋势理论的核心概念是"前技术环境"

前技术环境或者叫"前技术传播模式"，这个概念指的是人类先天所具有的自然传播模式。莱文森媒介演进的人性化趋势理论的逻辑起点是前技术环境或是前技术传播模式，他认为构成前技术传播必须满足两个条件：其一是审议之中的传播模式的存在是独立于复制它的技术，或者是否可以在技术或缺的情况下存在；其二是从历史观点来看问题，该传播模式是否在复制它的技术开发出来之前就已经存在。比如，人对颜色的感知能力被认为是前技术，这是因为人类能够在摄影术和电视出现之前就看到颜色；同时人又能够看到被发明出来的颜色。同理，在没有电话的情况下，我们也可以互动交流，我们在电话出现之前的互动交流能力也是不容否认的[1]。由此可知，莱文森所谓的前技术传播模式就是作为自然人的最初感知模式，这种模式尚未受技术尤其是工业的改造和入侵，有着非常质朴和原始的意味，但它无疑又是一种深层次的传播模式，其最典型的特征就是自然不受任何侵害。正是这样一种最平常不过、自然而然的传播模式成为莱文森用以评判媒介生死的标准。无声片走向死亡，有声片得以存活，以及广播在电视兴起之后仍然可以获得其生存的"小生境"，都是因为它们成功地复制了人类"只听不看"的自然传播模式。彩色电视取代黑白电视，也是由于前者复制了人类眼睛观看五彩缤纷世界而不单是黑白两色的自然传播模式。莱文森所举的三维电影的例子可以说明"净利"原理，也就是说媒介如果要成功地完成对人类自然传播模式的复制，那么它不应该给人类带来负担和累赘。这也从反面说明了所谓的人性化趋势仍然是要保持自然而然的淳朴而不是增加华而不实的附加物。

---

[1] 保罗·莱文森. 莱文森精粹[M]. 何道宽,编译. 北京:中国人民大学出版社,2007:43.

3. 自然化趋势的提法更符合广告形态自身的演进规律

首先，广告说到底是一种感知活动，而且这种感知首先就是从广告的形态开始。其次，符合人类自然的感知形态和感知模式的广告形态更有利于生存。决定一种广告形态能否生存的因素是多元的，但是是否符合人类自然的感知形态和感知模式是先决条件。试想可知，如果一种广告形态违背了人类的感知规律和给人造成别扭的感觉，它再怎么新奇也是不能长久生存的。最后，媒介和技术的发展为广告形态的自然化趋势创造了条件。如移动互联网、物联网、可穿戴设备等，这些技术的发展和普及必将带来广告形态的自然化生存。

（二）可穿戴设备的自然化特征

我们以目前被各界普遍看好的可穿戴设备为切入点，探析一下这种发展趋势。

可穿戴计算设备泛指具备可持续的无线通信和数据处理能力，以衣着或随身佩饰为形态的设备。国际上公认的可穿戴式计算机的发明人之一，加拿大的斯蒂夫·曼恩（Steve M）教授认为可穿戴计算机是这样一类计算机系统："属于用户的个人空间，由穿戴者控制，同时具有操作和互动的持续性，即 always on and always accessible。"目前已经问世和即将问世的可穿戴设备包括四大类：一是运动和健康辅助类产品，如 Jawbone Up、Nike+Fuelband 等；二是独立智能设备，如 iWatch、果壳手表等；三是互联网辅助产品，如百度 Eye；四是与物联网密切相关的体感设备，如腕带等。

可穿戴设备基于五大关键软件技术模块：语音识别、自然语言处理、用户分析、搜索和推荐，以及增强现实。它们各自扮演的功能分别是语音识别——可以由机器实现话音和文本的相互转换，是人机自然交流的基础功能。声控可穿戴设备使用语音识别来完成如网络搜索、语音拨号、听写文本消息等操作。自然语言处理——能够把计算机数据转化为自然语言，也能够把自然语言转化为计算机程序更易于处理的形式。用户分析——包括用户信息收集，并据此为用户兴趣、喜好、上下文和意图建模。用户分析是可穿戴设备提供个人信息、对话、推荐的基础。增强现实——指在真实环境之上提供"信息性和娱乐性的覆盖"，如将图形、文字、声音及超文本等叠加于真实环境之上，提供附加信息，从而实现提醒、提示、助记、注释及解释辅助功能[1]。

---

[1]　杨天一. 可穿戴设备：催生信息时代的新锐[J]. 世界电信，2013（9）：42.

可穿戴设备的优点除了显而易见的可移动性和持续工作性以外，最大的特点莫过于让智能设备与人体融合为一，"设备可以更加自然地融入人类生活的不同场景中，而不需要单独携带一个设备，最终达到人与设备自然、完美融合的状态"[1]，它改变了传统意义上设备的功能和特点，让设备成为衣服、饰物一样可以穿戴，并且智能化地服务于人类。人类很早就有佩戴饰物和装扮身体的喜好和习惯，从动物的皮毛、兽角、海贝到花朵、果实、玉器甚至金银器等，这些饰物基本上扮演的是驱寒、礼仪、宗教、美化和婚姻爱情等不同功能，尚不能达到智能化服务的程度，但是有一点是共通的，那就是和身体成为一个和谐的统一体，不轻易分开。可穿戴设备的发展也一定会遵循这样一种人类长久以来形成的"集体无意识"，这种无意识难以言尽，但至少包含着符合人类自然感知形态和感知模式的"惯习"，因为它们和人类的身体亲密接触。

也正是区别于一般意义上的衣服和饰物的功能，以及符合人类自然的感知形态和感知模式，我们才说可穿戴设备的发展趋势必须是充分自然化的。

1. 可穿戴设备解放了人类的双手

这是继移动智能手机之后的又一大进步。移动智能手机成功地复制了人类边走边说的基本感知模式，赋予了人类极大的媒介使用自由。然而美中不足的是，移动手机把人类的双手和双眼紧紧地限制了，"拇指族"和"六分钟低头一党"就是鲜明的写照。可穿戴设备既然可穿戴，那么双手的时间占用率就会降低，而主要是单手操作、视线位移、肌肉变化、语音命令等方式操作。2012年，美国的 Allerta 公司发布了一款全新的智能手表 Pebble。Pebble 的"智能点"在于，它可以通过蓝牙与 iPhone 或者安卓手机连通，用户不需要从口袋中频繁地拿出手机查看，只要有电话、短信进来，手表就会及时振动提醒，还能在上面查看邮件、天气和日程。因此，从这个意义上说，有人指出"功能更丰富，独立性更强的可穿戴设备，也最具平台潜质，很可能成为继电视、电脑、手机之后的'第四平台'产品"[2]，未必是不可期待的。

2. 可穿戴设备是一种全方位的身体覆盖

当然，全方位的覆盖并不是要求身体每个部位都要用可穿戴设备。其方式

[1] 孙永杰. 联想:可穿戴计算设备存挑战关键在人机融合[J]. 通信世界,2013(17):28.
[2] 甘芳. 可穿戴设备的创意革命[J]. 上海信息化,2013(10):72.

是让智能设备成为人类身体自然需求的一部分，同时我们也可以根据个体爱好和需求进行自由灵活的选择。我们要穿衣服和鞋子，戴眼镜、手表和指环，佩戴项链和腕带等等，可穿戴设备要么就是通过在这些衣服和饰物上"编织"或者"移植"网络，要么其本身就是一个数字形态的设备，从而极其自然地满足和服务人类。如由谷歌公司发布的全球首款可穿戴计算设备——智能眼镜。该产品配备了一台投影显示器，一个能拍摄视频的摄像头，镜框上有触控板。它还带有麦克风和喇叭、各种传感器、陀螺仪。智能眼镜基于增强现实技术，支持语音、触控、眼神控制等多种操作方式，能够实现拍照、视频通话、网页浏览、文字处理和电子邮件等多种功能。"眼镜帮助用户缩短了与整个互联网沟通的时间，因为我们不需要掏出手机，解开密码锁，打开网页搜索然后获取我们所需要的信息。它几乎成为我们身体的一部分，就像是近视眼镜对于近视患者一样。技术对于人而言变得更加自然了。"[1]

3. 朝复制人类感知形态和感知模式方向发展

从互联网、移动手机到可穿戴设备，网络与人的身体的关系也在发生着微妙的变化，其轨迹是由膝盖到掌上再到全身，由固定到移动再到解放双手的自由移动。因此，我们有理由相信，这样一种趋势昭示着网络将朝着全方位智能化精确地复制人类的感知形态和感知模式的方向发展。（图5.9—图5.11）[2]

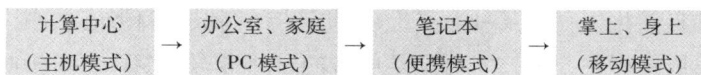

计算中心 （主机模式）	→	办公室、家庭 （PC 模式）	→	笔记本 （便携模式）	→	掌上、身上 （移动模式）

图 5.9　计算机使用"地点"的变化

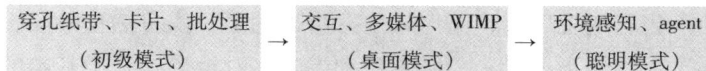

穿孔纸带、卡片、批处理 （初级模式）	→	交互、多媒体、WIMP （桌面模式）	→	环境感知、agent （聪明模式）

图 5.10　计算机使用方式的变化（WIMP 是指 Windows、Icon、Menu 和 Pointer）

大型机	→	中型机	→	小型机	→	微型机	→	笔记本	→	掌上机	→	穿戴机	→	电子人

图 5.11　计算机向小型化、微型化和超微型化发展的历程和趋势

---

［1］　温宝臣. 可穿戴计算机的"前世今生"［N］. 经济日报,2013-05-08（15）.

［2］　陈东义. 可穿戴式计算机的发展与趋势（I）［J］. 重庆大学学报:自然科学版,2000（3）:120.

回顾计算技术的发展史，一方面是计算端离人越来越远，飘到未知位置的云端了。计算能力已经可以作为商品在互联网上进行流通，在哪、由谁来计算已经不重要了；另一方面则是计算机离人越来越近，物理设备从大楼到房间，从房间到桌面，从桌面到背包，从背包到口袋，现在开始从口袋到穿戴了。但不管怎样，有一点是清楚的，人与技术之间的隔膜越来越小，融合度越来越高，并且变得更加自然[1]。

（三）广告形态的自然化发展趋势

可穿戴设备的出现和发展，一个重要的意义就在于昭示网络将朝着全方位智能化精确地复制人类的感知形态和感知模式的方向发展。正是认识到这种价值，有许多研究者指出可穿戴设备广泛的应用前景和效益，有的认为"它将在工业、军事、情报、新闻、医疗、商业、农业、抢险与救灾，乃至日常生活等领域有着非常重要而特殊的用途"[2]，也有的主张将不同的可穿戴设备进行有机整合与连接，从而打造"个人生态信息系统"[3]，还有的指出"未来可穿戴设备不仅为数字营销加入了'地理位置和场景'这一维度，更增加了'感官'和'情感'这一维度"[4]。就广告形态演进的趋势而言，本书比较赞同最后一种主张。

广告的自然化生存在某种意义上说是广告的高级生存形态。在广告生存形态的历史发展过程中，前技术时期是广告的自然形态时期，以口头叫卖广告和实物陈列广告为典型代表，其特点是基本不依赖其他媒介保持着自然感知形态和遵循着自然感知模式。以印刷术和电子技术为代表所催生的报纸广告、杂志广告、广播广告和电视广告，是广告生存形态的第一次自然化阶段，它们分别成功地复制了人类停下来看、只听不看和看到多彩世界这几个基本的自然感知形态和感知模式。到目前为止，数字与网络技术背景下的网络广告和移动互联网广告，是广告生存形态的第二次自然化阶段，它比第一阶段进步的地方在于成功地复制了人类边走边看、边走边说和边走边听这一灵活性更大，因而也是

[1] 温宝臣. 可穿戴计算机的"前世今生"[N]. 经济日报, 2013-05-08(15).
[2] 陈东义. 可穿戴式计算机的发展与趋势[J]. 重庆大学学报:自然科学版, 2000(4): 142.
[3] 黄佳源, 张宏. 基于可穿戴设备构建个人生态信息系统的探讨[J]. 现代传播, 2015 (2): 140.
[4] 粟建. 数字营销进军可穿戴设备[J]. IT经理世界, 2015(2): 61.

难度更大的自然感知模式。因而，下一个阶段广告生存形态的自然化发展趋势必然会遵循以下两个方向：

1. 复制可以触摸、可以闻嗅甚至可以品尝的感知形态

复制可以触摸、可以闻嗅、可以品尝的感知形态，进而达到完整而又精确地复制人类的自然感知形态和感知模式的高级水平。如果按照复制难度的大小对人类感知形态和感知模式进行划分的话，"停下来看""只听不看"无疑属于最容易复制的，这在电子传播时代就已经成功地完成了；"边走边看""边走边说""边走边听"因为是移动中的感知，所以是属于较难复制的。不过在数字技术时代，到目前为止也已经顺利地实现了；而"边看边摸""摸一摸闻一闻""看一看闻一闻"，甚至"看一看尝一尝"等模式，由于涉及的是触觉、嗅觉和味觉这些只能依靠近距离发挥作用的感官，所以复制难度最大。到目前为止，数字技术也只能部分地对之形成模仿，尚未达到全面成功地复制的水平。因此，下一阶段广告发展的趋势必定是对这一难度最高的感知形态实现成功复制和高度还原，从而完成全方位地复制人类感知形态和感知模式的目标。要实现这样一个难度最大的目标，仅仅依靠可穿戴设备这一种技术是不可能达成的。就目前可知和可能的技术条件而言，网络技术、移动互联网技术、虚拟现实技术以及 NBICS 的技术综合等等，都有利于推动这一目标的顺利实现。

2. 改进甚至是改变人类的某些感知形态和感知模式

促进广告生存形态的自然化升级。在广告生存形态的不断演进中，我们始终强调人的主体性，赋予广告生存形态复制人类自然感知形态和感知模式的使命，目的也在于将广告生存形态与人之间的关系纳入和谐、自然的理想状态之中。无论广告技术和广告媒介如何千变万化，广告生存形态的感知方式都必须符合人类的自然习惯，否则都会被淘汰。然而，有一点我们同样是不能忽视的，那就是广告技术和广告媒介的发展除了具有保持性外，创新性或者说创造性也是其重要特征。也就是说，伴随着广告媒介的演进，新的广告生存形态既有可能复制了人类自然的感知形态和感知模式，也有可能带来某种全新的感知模式，再或者是两者兼而有之。对于新出现的不属于人类自然感知形态和感知模式范围之内的感知方式，笔者认为只要这种方式不做作不多余，不构成累赘和负担，能够为大多数人所接受，那么它就属于自然化的升级。原因有三：第一，既然是自然化升级，当然与前技术环境下的感知形态和感知模式不一样。第二，自然化升级并没有脱离"自然"的本质。在前文的概念界定中已经指出，本书所使用的"自然"一词，既包含自然而然，按事物内部规律发展变

化的意思，也包含不做作、不拘束、不呆板的意思。第三，使用这一概念有利于解释广告媒介进化所带来的广告生存形态变迁的客观现实。

我们不妨仍以可穿戴设备为例，谷歌眼镜最新推出的"眨眼拍照"功能，"用户只需要眨一眨眼即可拍摄照片，免去了使用拍照按钮或语音命令的繁琐过程，便利性得到大幅提高"[1]，同时也可以通过语音进行搜索。加拿大科技公司泰米实验室（Thalmic Labs）发布的 MYO 腕带，用户只需将腕带随意套在手臂上，就可以利用手势来进行一些常用的触屏操作，如对页面进行放大缩小和上下滚动等。（表 5.3）

表 5.3　可穿戴设备的类别、感知方式及代表产品

产品指标	设备类别			
	运动健身类	健康管理类	信息资讯类	体感控制类
交互方式	图形化界面。多通道智能人机交互，通过传感器收集信息和数据	图形化界面。多通道智能人机交互，通过传感器收集信息和数据	以自然语音交互为主，通过语音识别来实现操作	体感交互虚拟交互
产品形式	腕带、手表、鞋	腕带、手表等	手表、眼镜等	腕带等
代表产品	Nike+Training	Fitbit Flex	Google Glass	MYO 腕带

正如麻省理工学院指出的那样，"可穿戴计算最大的意义在于颠覆了人们对于计算系统应该如何被使用的认知"[2]，用眼睛拍照，用手势翻页和操作屏幕，用语音搜索，碰碰手上的指环就交换了联系方式，还有"眼动跟踪、位置、姿态和生理感知及手势以及情感识别等"[3]。这些是前技术环境下不曾有过的感知方式，因而不能称为自然感知形态和感知模式，但是，这些新创造的感知方式不仅不造作、不别扭，不会给人带来负担和累赘，而且更加自然和协调，甚至为人类省却了不少麻烦。艾媒咨询 2013 年的调研数据显示，有68.9%的受访者表示会考虑购买可穿戴设备，只有31.1%的受访者表示不会购买可穿戴设备。这也说明可穿戴设备是大多数人接受的。更何况用户的体验

[1]　新华网. 谷歌眼镜重大升级:新增"眨眼拍照"模式[EB/OL]. 新华网,2013-12-19.
[2]　赵子忠,徐琦. 可穿戴计算设备的新发展[J]. 中国传媒科技,2013(6):84.
[3]　于南翔,陈东义,夏侯士戟. 可穿戴计算技术及其应用的新发展[J]. 数字通信,2012(4):14.

在决定可穿戴设备在市场中的存活与否起着至关重要的作用，"可穿戴设备是智能终端，但是这些终端设备的智能化并不是我们的终极目标。技术就要引到后台，成为看不见的内容，我们是生活的拥有者，我们应该更自然、更方便地使用技术。而这也是可穿戴设备发展的一个方向，走向自然化。"[1] 也即是说，可穿戴设备所开创的全新感知方式，也同样必须满足"自然化"的趋势，只是这种自然化不是对前技术环境下的自然感知方式的复制，而是改变和升级，这同样是数字技术的发展遵循以人为本的体现。正是在这样的趋势下，广告生存形态的自然化升级才成为可能。在不久的将来，戴上眼镜或者手表，通过语音搜索商品和服务，眼前马上呈现搜索结果，利用眼睛轻松地翻页、预订和购物，使用手势来触摸商品，运用腕表等体感设备记录使用商品后的生理变化，并通过眨眼拍照的方式将使用的体验分享到社交网站等，这些听起来似乎有点科幻，但绝对不是大胆的想象，而将成为未来广告的常态。

---

[1] 毛俊玉. 可穿戴设备市场面临挑战用户体验决定产品命运[N]. 中国文化报, 2013-11-09 (2).

第六章
广告形态演进展望：智能化

　　广告形态演进的感官逻辑实质上是广告形态与人之间的关系逻辑，只是这种逻辑带有较为明显的模仿、复制和还原的色彩，换句话说，广告形态总是试图去复制和还原人类天生就具有的感知能力和感知模式。从最原始的口头叫卖广告、实物陈列广告一直发展到最前沿的虚拟现实广告、可穿戴设备广告等广告形态，其内在的感官演进逻辑都是一以贯之的。然而，当人工智能广告横空出世时，感官逻辑似乎要被打破。因为我们发现，人工智能广告所挑战的并不是人的感知能力和感知模式，它似乎要重新开辟另一条演进的轨道。

第一节
广告智能化生存与运作

————————

　　目前，人工智能在医疗、金融、电商、智能家居、餐饮、娱乐等各个行业的融合应用广泛展开并不断加深。就新闻传播领域而言，人工智能已经在内容采编、媒体传播、机器写作、媒资管理、内容监管等方面不断产生创新实践。毫无疑问，人工智能的发展给新闻传播学带来了诸多新的研究课题，这既是机遇也是挑战，值得学者们积极关注。

一、人工智能与媒体智能化发展趋势

　　人工智能的概念诞生于 1956 年在美国达特茅斯召开的一次研讨会，但关于什么是人工智能，一直以来学界并没有一个公认的定义。

　　人工智能研究的基本模式是首先从构成要素上分清楚人类智能的成分，或者说首先就要明白什么是人类智能，然后根据人工办法或系统对这些要素的模拟来判断其是否具有智能。从这个意义上说，人工智能"就是让机器或人所创造的其他人工办法或系统来模拟人类智能"[1]。有的学者认为，人类智能包括神经、心理、语言、思维、文化五个层级的认知能力，也有的认为包括以下三个维度：第一维是指被加工的对象的信息形式，可以有符号、图形、语义、行为四项变种。第二维是指对象如何加工，可以有识别、记忆、求同思维、求异思维及评价五项变种。第三维是指生成信息的复杂度，可分为单元、范畴、关系、系统、转换、含义等六个层次。把三维结合起来，可得到 120 种

————————

[1]　蔡曙山,薛小迪.人工智能与人类智能——从认知科学五个层级的理论看人机大战[J].北京大学学报:哲学社会科学版,2016(4).

组合不同的智能成分[1]。可以说，关于人工智能的不同理解主要就集中在计算机对于人类智能成分的模拟方式、模拟范围与模拟程度上。

从以上基本思路出发，总体而言，人工智能主要有符号主义、联结主义和行为主义三种范式。符号主义建立在现代认知心理学的基础上，把人脑的思维过程理解为符号的输入、加工和输出的过程，而计算机正是一个形式化的符号加工系统，因此可以用计算机来模拟人的行为和认知过程。由于知识可以使用符号进行表征、推理和运算，符号主义的目标便是使用数理逻辑来建立人工智能，因此其优势是增强逻辑思维能力。但物理符号系统无法解决人类的情感、动机和意向性等心理和意识活动，所以符号主义存在因语境不同而无法正确理解语义的局限。联结主义着眼于人类大脑的结构与功能，其基本思想是模拟人类大脑的神经元网络。自 1943 年沃伦·麦卡洛克（Warren McCulloch）和沃尔特·皮茨（Walter Pitts）首次提出人工神经元模型以来，世界各国的科学家和学者在前人的基础上不断修正和完善。到目前为止，联结主义经历了从模型到算法、从理论分析到工程实现的发展历程，已经在深度学习、图像识别、语音识别等方面取得了重大进展。然而，由于联结主义避开了知识表征，因此，其最大的障碍是"不能直接利用互联网上庞大的数据资源"[2]。行为主义重点围绕人的感知与行为，其基本操作思想是将输入计算机的信息予以处理，然后控制机器，使机器从事人在正常情况下所从事的行为，它与前两个范式的最大区别就是将人工智能的研究重心迁移到可观测的人的外部具体行为上，图灵测试就是这一范式的典型代表。但由于人类的行为并不是行为主义研究所理解的基于外界动态环境的反馈行为，而是源于主体意向驱动或者外界命令驱动，因此，"这种智能模式即便实现，也只能成为高级工业机器人或商业机器人。"[3]

实际上，以上三种范式已经回答了"人工智能是由什么决定"这一基本问题，即符号模拟、结构模拟和行为模拟，但遗憾的是三者在研究方法上都存在诸多困难，并且相互之间"各自为政"，到目前为止也没有形成一个统一的框架。

---

[1] 林建祥. 人工智能及其若干哲学问题[J]. 北京大学学报：哲学社会科学版, 1991（2）：114.

[2] 董佳蓉. 语境论视野下的人工智能范式发展趋势研究[J]. 科学技术哲学研究, 2011（2）：35-36.

[3] 同上。

随着云计算、物联网、大数据、机器人以及移动互联网的迅猛发展，人工智能技术迎来了前所未有的发展良机，尤其是近几年，人工智能的商业化和市场化进程加快，其应用范围已经渗透到家庭、娱乐、教育、传媒、医疗、金融、军事等各个领域。我们有理由相信，智能化时代正在来临：

首先，相关计算条件与计算能力的提高，为人工智能技术的飞速发展提供了基础。人工智能之所以在进入 21 世纪后迎来高速发展，一个重要的原因就是大数据和云计算为深度学习提供了海量的数据和强大的计算能力，而这些正是曾经制约人工智能发展的主要瓶颈。

其次，世界各国将人工智能上升到国家发展战略层面对待，为推动人工智能发展创造了条件。2015 年 1 月，日本政府的"机器人革命实现委员会"发布了《日本机器人战略：愿景、战略、行动计划》，该战略提出了日本"机器人革命"的目标，还推出了日本机器人发展的"五年计划"。2016 年 10 月，美国国家科学技术委员会（NSTC）机器学习和人工智能小组委员会发布了《国家人工智能研究与发展战略计划》，提出了美国优先发展的人工智能七大战略方向及两方面建议。2016 年 12 月，英国政府也发布了一份名为《人工智能：未来决策制定的机遇与影响》的报告，论述了如何利用英国的独特人工智能优势，增强英国国力。2016 年 3 月，我国《国民经济和社会发展第十三个五年规划纲要（草案）》提出，要重点突破人工智能技术。2017 年 7 月 20 日，国务院公开印发《新一代人工智能发展规划的通知》，明确我国人工智能产业发展的战略目标和重点任务。

最后，世界各大互联网公司的紧密布局引领着人工智能的商业化和市场化进程。美国的谷歌、IBM、微软、亚马逊、Facebook 等科技巨头在人工智能领域占据着技术和市场的前沿位置。谷歌的图像识别、语音识别、语言翻译技术发展成熟，无人驾驶和智能家居是其将来推向市场应用的重要领域。IBM 主要围绕 Watson 和类脑芯片展开，前者重点在医疗诊断领域得到广泛应用，后者主要用于提升 AI 的计算能力。微软的语音识别、自然语言处理和计算机视觉等技术在业内处于领先水平。亚马逊在人工智能领域的两大亮点是云计算和智能家居。Facebook 主要围绕用户信息和关系布局人工智能算法。中国的 BAT（百度、阿里巴巴、腾讯）三大互联网公司亦是人工智能领域的关键参与者与积极推动者。百度花费大量人力与物力建立 AI 实验室，重点研究图像识别、语音识别、自然语言处理和大数据；阿里巴巴主要基于电商平台发展虚拟人工智能服务；腾讯则基于业务整合重点发展内容 AI、社交 AI、游戏 AI 以及工具类 AI[1]。

正是在以上背景之下，媒体也正在朝智能化的发展方向迈进。总体而言，"人工智能技术不仅形塑了整个传媒业的业态面貌，也在微观上重塑了传媒产业的业务链。"[2] 具体来说，宏观上，无论是传统的纸媒，还是广播电视媒体，都在努力寻求向智能化转型的路径，而新兴的网络媒体，也都在积极向智能化运作谋篇布局，尤其是在大数据的采集与分析上不遗余力。微观上，人工智能对媒体的影响主要是重塑了传媒产业的生产流程，具体包括内容采集、内容编辑制作、内容分发推送以及用户体验，一个典型的应用就是机器人写作，现在已成为媒体智能化的常态产品。

二、广告智能化运作的核心逻辑

广告运作是一个市场色彩比较鲜明的概念，它是在一定的营销传播背景下由广告运作的主体发起的服务广告客户的一系列规范程序的有机组合。一般而言，其目的是在广告主的产品或服务与消费者之间建立某种关系，从广告主的角度来说，这种关系可以提高产品或服务的认知度、美誉度，促进产品的销售，传播品牌形象等；而对于消费者而言，可以获取产品或服务的信息，购买满意的产品，体验服务的质量；等等。因此，可以说，广告运作的基本逻辑就是寻求内容价值与用户价值的连接。

根据以上基本逻辑，我们认为广告运作模式经历了以下两次变迁：

第一次是传统媒体时代统一分配型的广告运作模式。传统大众媒体是中心化的媒体，其传播特点是从上至下、广泛覆盖，受众在大众媒体面前是无差别的原子。这在根本上决定了传统媒体背景下的广告运作是生产同质化的广告信息并将之统一分配给所有的受众，其结果只能是广告信息与受众需求之间的偶然连接。

第二次是网络媒体时代分众传播型的广告运作模式。大众营销的直接弊端就是极其容易造成广告资源的浪费，加上产品日益丰富，竞争愈加激烈，分众营销应运而生，其核心思想就是通过市场调研锁定目标消费群体并推出细分产品从而展开营销。20 世纪 90 年代以计算机为代表的网络媒体逐渐兴起，不仅

[1] 张彦坤,刘锋. 全球人工智能发展动态浅析[J]. 现代电信科技,2017(1):64.
[2] 喻国明,兰美娜,李玮. 智能化:未来传播模式创新的核心逻辑——兼论"人工智能+媒体"的基本运作范式[J]. 新闻与写作,2017(3):41.

为用户创造了生产和传播信息的平台，也为广告运作提供了更加多元化的媒体选择。因此，广告运作不再将消费者看成无差别的大众，而是细分为目标群体，并有针对性地进行信息沟通与服务，这无疑提高了内容价值与用户价值的连接效率。

然而，目标消费群体的选择与竞争也会带来红海市场，况且用户的需求也是动态变化的，而且这是一个推崇个性的时代，再加上移动通信网络的迅猛发展使当前的生活形态呈现出明显的场景化和碎片化的特征。在这种情况下，"营销要解决的问题是在合适的时间合适的背景下通过合适的终端设备将合适的信息传递给合适的人"[1]，这无疑对广告运作提出了新的要求。我们认为，媒体智能化的发展趋势将为广告的运作提供一个新的机遇，它将朝着高度匹配的方向演进。与前面两个模式相对，我们把这个模式称为智能化媒体时代的个性匹配型广告运作模式。关于这个模式，有以下几点需要重点说明：

其一，至少在现阶段广告智能化运作的技术前提还主要是弱人工智能。关于人工智能，学术界有强人工智能和弱人工智能的区分。强人工智能是指计算机可以拥有和人类一样的思维和意识，甚至能够对外部世界作出判断和采取决策与行动，而弱人工智能是"基于数学进行问题求解的机器学习算法"[2]，具体包括"自动驾驶、下棋技能、机器视觉、指纹识别、人脸识别、视网膜识别、虹膜识别、掌纹识别、专家系统、自动规划等等"[3]。由于目前人类对于自身大脑和心智的研究仍然处于初级阶段的水平，这就在根本上决定了人工智能还没法达到像人类一样思考和行动的能力，因此学界的主流观点是当前的"人工智能发展处于弱人工智能阶段"[4]。所以，广告的智能化运作亦是基于弱人工智能，而不是强人工智能，更不是无所不能。不过需要补充的是，即便是弱人工智能也在某些方面远远超越了人类。

其二，当前广告智能化运作的操作关键是大数据和智能算法，其核心逻辑指向就是满足内容价值与用户价值的高效匹配。目前广告智能化运作的市场案

[1] Jim Sterne. *Artificial Intelligence for Marketing Practical Applications* [M]. John Wiley & Sons, Inc, 2017:113.
[2] 贺倩. 人工智能技术发展研究[J]. 现代电信科技, 2016(2):18.
[3] 翟振明, 彭晓芸. "强人工智能"将如何改变世界——人工智能的技术飞跃与应用伦理前瞻[J]. 人民论坛·学术前沿, 2016(7):25.
[4] 舒跃育, 汪李玲. 人工智能发展处于弱人工智能阶段[N]. 中国社会科学报, 2017-04-25(5):1.

例很多，但大体上可以概括为以下两种基本类型：一是基于用户数据的个性化推荐，以程序化购买、亚马逊推荐系统甚至是智能家居为典型代表，这种类型打破了传统广告主要依靠直觉与经验的感性运作，继而转变为以数据驱动、以事实为决策依据的理性运作，大大提高了广告运作的科学性与效率。二是基于人机交互的智能化体验，以语音交互、人脸识别、图像识别、视频识别等功能为主，如科大讯飞的系列智能语音产品和智能视频广告公司 Viscovery 的情境式广告。这两种模式的操作关键仍然是以大数据和算法为中心：第一种类型的运作前提是掌握用户的多维数据，包括个人特征、行为数据、环境数据甚至情感数据等，然后平台通过运用算法就知道用户的需求、偏好乃至情感，最后进行个性化的内容推荐。目前最常用的智能算法有基于内容的推荐、基于用户协同过滤的推荐和基于关系的推荐，从价值层面上讲，"算法推荐不只是参与信息分发，还参与创作、审核、互动……智能算法大大提高了工作效率，而且可以做到信息的个人化——对每一个用户做精准计算并形成个人的信息流。"[1]如程序化购买，就是基于对用户数据的收集、挖掘与分析，在广告交易平台上以 RTB（实时竞价排名）的方式向用户推送个性匹配的广告，整个过程都不超过 100 毫秒。第二种类型的运作重点是给予用户智能化的交互体验。总的来讲，运用人工智能技术可以给用户带来语音互动、机器视觉、虹膜识别、手势识别和体感交互等多种交互体验。不过目前发展最为成熟的要算智能语音，在广告领域其应用目前主要表现为以下三种情形：第一是通过语音交互回答品牌问题跳过广告。具体而言，就是用户在观看视频的过程中遇到片头广告时，可以通过语音回答平台推出的品牌问题，只要回答正确就可以跳过广告，目前科大讯飞和优数科技等公司推出相关服务。第二是与机器人进行现场会话完成消费。2016 年 4 月，上海肯德基选择与百度的"度秘机器人"合作，"度密机器人"在体验店中以"一对一"对话的方式帮助消费者完成以点餐为主的服务[2]。第三是语音购物服务。亚马逊的智能音箱 Echo 可以通过语音选购商品，并进行语音支付。其原理是通过内置的 Alexa 人工智能来对消费者发出的每一个语音命令做出回复。以上三种情形整体上给用户构建了人工智能就像人

[1] 陈昌凤. 技术与价值的理性交往：人工智能时代信息传播——算法推荐中工具理性与价值理性的思考[J]. 新闻战线，2017(17)：72.
[2] 赵若曦. 人工智能时代下智能化营销提升消费者消费体验策略研究[J]. 中国市场，2017(11)：214.

一样能够"懂"自己的美妙体验。

其三，广告智能化运作的未来可能是弱人工智能与强人工智能的结合。人工智能领域有一个著名的莫拉维克悖论，其内容是：和传统假设不同，对计算机而言，实现逻辑推理等人类高级智慧只需要相对很少的计算能力，而实现感知、运动等低等级智慧却需要巨大的计算资源[1]。目前，人工智能在实现计算和推理能力上非常强大，但是在复制和模仿人类的感知和意识上还处于初级水平。未来的人工智能"是各种'有限理性'与'有限感性'相互叠加和往返激荡的结果，而不仅仅是科学意义上的自然秩序之原理。它既包含了像科学技术那样只服从理性本身而不屈从于任何权威的确定性知识（答案）的东西，又包含着诸如人文艺术以及哲学、宗教等一些迄今仍为确定性的知识所不能肯定的思考。它不但关注着人机环境系统中的大数据挖掘，而且对涉及'蝴蝶效应'的临界小数据也极为敏感；它不但涉及计算、感知和认知等客观过程，而且还对算计、动机与猜测等主观过程颇为青睐"[2]。由于人的行为具有复杂性、偶然性和变动性等特征，并且就营销而言，用户的需求和欲望是很难通过机器捕捉的，这无疑给数据和算法带来不确定性的难题，因此，如何根据场景迁移、外界环境变迁以及用户态度和行为改变等因素作出灵活和动态的内容调适，成为广告运作将来要进一步解决的重要问题，而强人工智能无疑是解决这一问题的核心技术。换句话说，未来的广告运作不仅可以做到通过数据和算法快速精准地向用户推荐内容，朝着资讯化的趋势和方向迈进，而且可以通过强人工智能技术实现类人语言和类人思维，能理解人的行为和情绪，从而让广告运作不只是冰冷的数据和算法，更可以通过人机的双向沟通和互动，做到在不确定性动态环境中作出感知与反应，真正达到科技理性与人文感性的完美结合。

三、广告智能化运作的基本路径

广告智能化运作本质上仍然是广告信息流运动和匹配的过程，在遵循上文核心逻辑的前提下，我们认为其基本路径可以用以下模型来描述（图6.1）：

---

[1]　刘伟. 关于机器人若干重要现实问题的思考[J]. 人民论坛·学术前沿,2016(15):40.
[2]　刘伟. 人工智能的未来——关于人工智能若干重要问题的思考[J]. 人民论坛·学术前沿,2016(7):10.

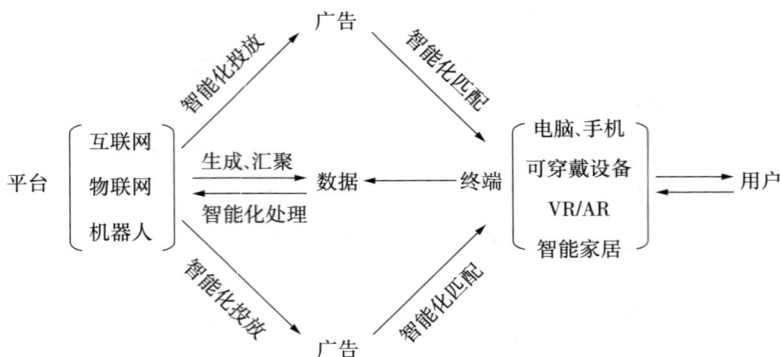

图 6.1　广告智能化运作基本路径图

1. 用户通过智能终端在平台上留下数据

　　智能终端的形态非常丰富，从终端与人体之间的时空关系出发，可以分为固定终端和移动终端两种基本类型。智能化媒体时代尤其要对以手机、可穿戴设备、VR 为代表的移动终端和以智能家居为代表的家庭固定终端给予充分的重视，由于用户规模的庞大和使用频率之高，这些终端每天生产和集聚的数据量是非常惊人的。从平台的角度来讲，有以下几种不可忽视：一是以 BAT 为代表的互联网交互式信息平台，它们分别重点沉淀和集聚了网络用户的搜索行为数据、交易购买数据、社交通信数据。二是以即时性和泛在化为典型特征的物联网交互平台，它意味着网络像空气一样无孔不入地渗透到我们生活的方方面面，数据无处不在。由互联网和物联网汇聚的数据一起构成了人类生活全面的镜像式映射。三是类人化的智能机器人，它除了可以进行语音交互之外，更能像真人一样懂得用户，具有一定的意识和思维能力，能在与用户的交流互动过程中获取和存储相关数据。

2. 平台对收集和掌握的数据进行智能化处理

　　平台的数据渠道来源有多种，有平台数据，如 BAT 依靠庞大用户群生成的全民海量数据；有自媒体数据，如企业通过自媒体平台汇聚而成的用户数据；也有通过购买获得的数据，有些企业自身不掌握数据，只能向数据服务商付费购买。而对数据的智能化处理，目前主要表现为两个共性：一是基于机器学习＋大数据的智能处理范式，"通过开发特定类型问题的机器学习模型，基于海量数据形成智能获取能力"[1]，目前广告领域应用较多的以智能搜索、

---

[1]　李修文. 新一轮人工智能发展的特征及展望[J]. 高科技与产业化,2017(6):18.

语音识别和图像识别为代表。二是对认知智能进行积极探索。近两年人工智能在棋赛、医疗等领域的惊人表现，意味着人工智能在向认知智能发起挑战，其在图像内容理解、语义理解、知识表达与推理、情感分析等方面的研究与应用，足以给广告智能化运作提供思路和启发，实际上智能视频广告公司Viscovery根据用户观看的视频内容进行个性化的推荐广告，已经是这方面的成功案例。

3. 广告信息的智能化投放与匹配

广告信息的智能化投放与匹配，即将个性化的广告信息通过适切的终端推荐给用户，至此基本形成广告智能化运作的闭环。业界最为典型的运作模式莫过于程序化购买，这种操作模式通过第三方广告交易平台对广告供应商、广告需求方和网络用户进行了高效连接与匹配，使每一个用户在访问网络时展现在终端的广告都是不一样的。另外，就终端呈现而言，这里需要重点强调一下手机、可穿戴设备、VR和智能家居：手机对于广告智能化运作而言，主要在于用户基数的庞大和使用场景的广阔两方面。CNNIC发布的第44次《中国互联网络发展状况统计报告》显示，我国手机网民规模为8.47亿，网民通过手机接入互联网的比例高达99.1%，因此，手机毫无疑问是广告智能化传播和投放的主要阵地。另外，手机早已成为现代人的一种生活方式，人们通过手机阅读、观影、搜索、预定、支付、打车、导航、游戏、理财等等。换言之，手机在人类社会中实际上建构了多元化的应用场景。在不同的生活场景中进行适切、精准的广告投放亦是广告智能化运作的题中之义。可穿戴设备对于广告智能化运作而言，重点在两方面，一是基于设备汇聚的个人数据系统，包括用户属性、生活习惯、行为轨迹、运动健康和社交等方面，这是智能化投放和匹配的基础和依据。二是基于设备的自然化交互体验，比如用眼睛拍照，用手势翻页和操作屏幕，用语音搜索等等，这些是人类感官前所未有的感知方式，在人工智能技术的帮助下可以通过可穿戴设备获得。VR对于广告智能化运作而言，主要功能在于通过人工智能、可穿戴设备一起发挥作用来增强用户的感官体验，可以建构未来可能，但现在还不可能出现的多感官平衡场景。未来的VR甚至"还会在人的神经系统中直接建构虚拟现实场景……从生物体本身实现虚拟化"[1]，这对于广告而言意味着人本身即是终端。智能家居对于广告智能化运作而言，也有两方面的重要意义，一是数据采集的范围得到了扩大，从

[1] 余乃忠. 自我意识与对象意识：人工智能的类本质[J]. 学术界，2017(9)：98.

可穿戴设备的个体数据走向以家庭为单位的群体数据，意味着数据分析和处理的难度加大，同时广告的价值也可能变得更高。二是终端的形态更加多元，家用电器、窗帘、床垫、厨具等等，都可以构成广告信息推荐的终端选择，这也就意味着广告信息的投放与匹配要选择适切的终端。

第二节
广告智能化内容生产与管理

　　数字与网络传播时代，广告经历了三次重大演进：第一次是数字化，它第一次全面地改变了广告的生存形态和传播方式，广告业在互联网的大潮下发生了巨大的变化；第二次是数据化，主要是在大数据的背景之下，广告的传播与运作第一次变得精准，其科学性得到极大提升。从严格意义上讲，前两次演进并未对广告的内容生产与管理带来根本性冲击，而接下来的第三次是智能化，在人工智能技术背景下，广告的生产方式尤其是广告内容的生产与管理将产生颠覆性变革。

　　互联网海量数据的产生与积聚和大数据计算能力的极大提高，是广告内容生产与管理变革的基本背景与前提，很显然，其结果必然是促使广告运作变得更加有序，效率得到极大提升。目前，围绕人工智能与广告变革的研究主要集中在需求侧一端，即大多数研究文献重点关注了人工智能对消费者分析、媒体策略、媒体投放和效果监测等领域，而对供求侧一端，如广告创意、广告内容生产与管理等层面的研究尚少并且缺乏系统性。如有的研究从宏观层面指出广告将实现创意制作的智能化并提示要重点关注内容管理技术和程序化创意技术[1][2]，有的研究从内容营销的视角出发，指出了品牌内容营销智能化的路径：挖掘内容营销主题、内容营销的规模化生产、精准内容投放和增强用户体验[3]，有的研究则以原生广告为重心考察了智能营销的程序化创意及其批量

[1]　姚曦，李娜. 智能时代的广告产业创新趋势[N]. 中国社会科学报，2017-11-16(3).
[2]　陈刚. 智能化下的广告业[J]. 中国广告，2017(6)：63.
[3]　张艳. 智能技术时代的广告内容营销传播[J]. 中国出版，2017(10)：45-46.

化生产的特点[1]，总的来说，体现了学者们敏锐的学术眼光和前沿的学术视野，然而也存在美中不足的地方，那就是研究还显零散。综上所述，鉴于广告内容生产与管理在人工智能时代将首次发生急剧变革，对此进行集中系统研究无疑具有重要的现实与理论意义。

一、广告创意生产的变革

人工智能时代，广告内容生产的变革具体表现在广告创意和广告表现两个领域，前者是隐性的内容生产，后者是显性的内容生产，下面先就广告创意生产的变革展开论述。

（一）广告创意生产主体改变

传统媒体时代，广告创意基本是由作为个体的广告创意人员或者作为组织的广告创意公司来完成，20 世纪诞生的一大批广告创意大师和广告创意公司就是典型的体现。自 20 世纪六七十年代以来，受营销和传播环境改变的影响，广告实践和理论的重心由诉求转向创意，创意成为驱动广告公司发展的核心力量，广告创意人员因此受到前所未有的重视。随着时代的发展，广告创意人才的培养也走向专门化。进入网络媒体时代，用户参与、贡献与分享创意成为广告创意生产的有益补充，广告创意由此增添了草根化的色彩，但广告人作为广告创意生产的主体地位并未发生改变。人工智能技术被认为是对人脑的感知、逻辑推理甚至思维决策等能力进行机器模拟和机器内化的技术，它将使劳动发生质的改变——"不但直接生产过程中的体力劳动和脑力劳动可以被全面替代，而且生产组织工作的难度和强度也可显著下降。"[2] 人工智能时代，作为脑力劳动的广告创意人员，其生产的主导地位将发生动摇。

总的来说，广告创意生产主体将由广告创意人员为主导转向人工智能自主创意生产和人工智能与广告创意人员协同创意生产。

就人工智能自主创意生产而言，创意人员的主导地位被智能机器取代，智能机器完成广告创意生产的核心过程，其基本路径是智能机器根据事先提供的素材自行生成新的内容。2017 年，日本麦肯广告公司展示了创意机器人 AI-CD

[1] 陈欢欢. 程序化协同下的原生广告智能营销[J]. 品牌研究, 2017(6): 68-69.
[2] 韩海雯. 人工智能产业建设与供给侧结构性改革: 马克思分工理论视角[J]. 华南师范大学学报: 社会科学版, 2016(6): 136.

β，该机器人承担的就是创意总监的职责。对 AI 机器人来说，"创意"工作分为三步：分析客户需求，根据需求提取配对的视频元素，最后组合元素[1]。AI-CD β 在为某口香糖创作的电视广告实验中，为了表达"清新"的品牌理念，创造了一个狗头人身的上班族形象，其在吃了该口香糖之后飞上了天。该创意经过网络投票虽然惜败于人类创意总监，但已经很具有新意了。

就人工智能与广告创意人员协同创意生产而言，两者在创意生产中扮演分工协作的角色，一起共同完成创意。一般而言，人工智能主要发挥素材收集、分类和整合的作用，"在创意的产生阶段，人工智能能够帮助创意思考者和策略人从不同的角度思考问题"[2]，而广告创意人员则根据人工智能提供的数据和内容生发创意。当广告作品生产完成之后，人工智能又可对作品进行进一步检测与筛选，最后高效地分发至不同平台。两者相互合作的好处即是可以极大地提高广告创意生产的质量和效率。如美国的人工智能写作系统"Automated Insights"不仅在新闻领域而且在企业也被经常使用，其基本工作路径是通过"自然语言生成"技术自动收集与营销主题相关的信息，并根据一定规则从中选取有用的成分，然后形成一个基础文案[3]，最后企业在此基础上进行修改与完善，两者协调工作，保证广告的创意质量和节省时间成本。

（二）广告创意生产对象改变

广告创意生产对象从有限的信息转变为海量的数据。传统的广告创意生产主要依靠市场调查获取广告信息，包括产品信息、企业信息、服务信息、消费者信息和竞争对手信息等等，受调查手段与范围、存储条件与能力以及时间、精力等多方面因素的影响，这些信息从数量和规模上讲都是有限的。即便是到了互联网时代，信息的收集与存储能力已经变得非常强大，但对于生产主体的广告创意人员甚或广告创意团队而言，只能是有限的信息构成其使用的对象，因为单个或多个人脑不可能对数量巨大的信息同时进行分析与处理。然而，对于人工智能而言，广告创意生产的对象往往是互联网交互式平台上产生的海量数据，它们不仅规模巨大，而且形态丰富，既可以是文字、声音、图片、视频

[1]　叶丽君. AI-CD β 机器人：人工智能居然玩起广告创意？[J]. 销售与市场：管理版，2017（5）：8.
[2]　安索帕中国. 戛纳现场：Human X Machine[J]. 中国广告，2017（8）：34.
[3]　聂双. 人工智能：给市场营销一个新时代[J]. 中国对外贸易，2017（6）：58.

等形式，也可以是结构化数据、半结构化数据和非结构化数据，甚至是实时更新的动态数据，"是否有数据的支持和验证，也恰恰是基于创意数据库的创意经验与以往完全靠人把握的创意经验的最根本的区别。"[1]

人工智能时代，广告创意生产的数据类型从来源上讲基本可以分为直接型和间接型。直接型数据指的是以某项广告运动为中心收集与获取的相关数据。它既可以包括一些历史数据，更重要的可能还是通过互联网平台收集的现时数据，比如用户静态信息数据（如人口属性数据和商业属性数据等）、用户动态信息数据（如社交行为数据和购买行为数据等），通过对直接数据的整合分析从而产生广告创意。间接型数据主要是指事先收集、筛选与存储在数据库中的海量素材，一般而言具有专门性，这也是目前人工智能广告创意生产使用较多的数据类型。2018年6月，阿里妈妈发布了"AI智能文案"产品，它一秒可以生成20000条文案。我们暂且不讨论机器是否可以取代人类写作文案，实际上人工智能文案生产的背后依靠的仍然还是专门的海量文案数据。"'AI智能文案'模拟人类写作文案的前提是它要有庞大的训练数据作为支撑，目前，阿里妈妈已经通过技术手段获取了上亿条文案数据，然后通过人工+机器半自动清洗的方式筛选出数百万条优质文案用于AI训练。"[2]

值得强调的是，广告创意生产对象的重大改变对于广告创意生产整体而言意义非凡。广告创意生产是广告创意生产主体、广告创意生产方式和广告创意生产对象的总和，具体而言，是广告创意生产主体通过一定的生产方式对生产对象进行创造性生产的关系总和，因此，当广告创意生产对象的范围得到扩大甚至性质发生改变，就必然要求广告创意的生产主体及其使用的生产方式都要进行调适，前者上文已有论述，接下来我们讨论后者。

（三）广告创意生产方式改变

人工智能时代，广告创意生产方式的改变主要体现在两个方面。

1. 广告创意生产的提高手段由经验积累转变为机器学习

传统的广告创意生产水平与广告创意人员的创意能力直接相关，而广告创意人员的创意能力基本取决于两个条件，一个是先天禀赋，另一个是后天的经

---

［1］ 韩霜. 程序化创意的现状和发展路径分析[J]. 广告大观:理论版,2017(6):83.

［2］ 搜狐科技网. 解密阿里妈妈"AI智能文案":1秒钟20 000条背后的奥妙[EB/OL]. 搜狐科技网,2018-06-21.

验积累。前者不在本书讨论范围，后者本质上是一种自我学习与自我进化的过程，其方式是通过在市场上的广告实战吸取失败经验和总结成功规律来完成的。换句话说，传统的广告创意生产水平很大程度上取决于广告创意人员的自身才华和行业经验，要提高广告创意的生产水平归根到底就要提高广告创意人员的创意能力。与之不同，人工智能时代的广告将通过机器学习的方式来训练和提高其创意生产的水平。机器学习是基于输入的海量数据根据一定算法进行归纳总结从而作出预测和决定的技术，而机器进行前沿领域的深度学习，其运作机制主要是通过模拟人脑神经网络来处理和解释数据，这种技术意味着不需要人类的指令可以通过自行学习来思考和判断。通过使用机器学习尤其是深度学习技术可以产出独创性较高的广告作品，这无疑有利于提高广告创意生产的水平。如在线旅行社 Expedia 拥有 295000 多家酒店的 1000 多万张照片，为了向游客展示最吸引人的照片来提高酒店被选中的概率，数据科学团队采用了亚马逊开发的一个系统来自动对照片进行排序。其基本方法是先以 10 万张照片为数据模型进行训练，使系统可以从中找出最受欢迎的前 10 张照片，并可根据旅行者的类型进行匹配展示；完成训练之后，才让系统对所有照片进行分类与评定。据 Expedia 估计，它能够在一天内评定 1000 万张照片[1]。

2. 广告创意生产的本质方式由人脑思维转变为智能算法与人脑思维相结合

常规的广告创意方法大致包括垂直思考法、水平思考法、头脑风暴法等，这些方法要么依靠逻辑推理，要么依靠发散思维和形象思维，或者几种思维相结合，但本质上都属于人脑的思维意识活动。人工智能的核心机制是算法。算法是解题方案的准确而完整的描述，是一系列解决问题的清晰指令，能对一定规范的输入，在有限时间内获得所要求的输出[2]。人工智能时代，可以将创意元素的分解与重组的工作交给智能算法，而对于创新思维与艺术审美要求较高的任务则由人脑来完成，这可以极大地减轻脑力负担。以平面广告为例，一个最终确定的广告作品事先往往需要经过反复的尺寸调适、排版调整和格式修改等重复性劳动，设计师的创意却难以得到彰显。MT 广告公司意识到这一点，开发了智能延展云平台，该平台"能够基于原始创意平面作品，根据需求自

---

[1]　Tom Macaulay. 人工智能、机器学习与深度学习：究竟什么是深度学习？[J]. 杨勇编，译. 计算机世界，2017-09-11(6).

[2]　吕国英. 算法设计与分析[M]. 2 版. 北京：清华大学出版社，2009：7.

动完成尺寸调整、智能排版和格式转换，海量 Media Resource 一键输出，实现创意的人工智能自动延展"[1]，而将创意要求较高的商业广告交由专业人员来完成。

二、广告作品表现的变革

广告作品表现包括广告作品的生产与制作。广告作品是广告创意的具体表达与呈现，以文字、声音、图片、视频等形态被生产与制作出来，也就是显性的内容生产。自广告诞生到工业社会，广告作品的生产与制作大致经历了手工化和机械化两个阶段。人工智能时代，广告作品的生产与制作将发生以下变革：

（一）广告设计的程序化

传统的广告设计一般是指对文字、色彩、版面、图形、图像等表达广告的元素进行合理化与艺术化组合安排的过程。计算机诞生之前，广告设计主要是由广告设计师运用一些基本的设计工具手工完成，往往时间周期较长；计算机普及之后，电脑硬件和专业设计软件等辅助手段成为广告设计的重要支撑，设计的效率得到了明显提高，但仍然存在为适应不同场景不断更改与调整广告元素所带来的繁琐问题。众所周知，人工智能的直接优势就是减少甚至逐步取代人类的重复劳动，包括体力劳动、脑力劳动乃至智力劳动[2]。因此，广告设计在人工智能技术背景下发生变革可以说是必然的。这个变革用现在业界流行的概念来说就是程序化内容生产（PCG），即基于智能机器内部事先设计好的模型和算法生产内容。需要强调的是，广告设计的程序化既与工业化时代的大规模同质化的复制生产不同，也与网络时代的个性化定制生产不同，某种程度上是它们两者的结合，因为它生产出的是大规模差异化的内容。在广告设计领域，阿里巴巴的人工智能设计师"鲁班"负责了 2017 年"双十一"的海报设计，它每秒可以完成 8000 张旗帜海报设计，总量达 4 亿张。而谷歌的科技团队研发的人工智能程序 AlphaGd 也是平面广告设计程序化生产的典型代表。它

［1］ 数英网 DIGITALING. 为了解放设计加班狗，这家广告公司做了个人工智能自动延展云平台［EB/OL］. 数英网 DIGITALING，2017-08-18.
［2］ 朱巧玲，李敏. 人工智能的发展与未来劳动力结构变化趋势——理论、证据及策略［J］. 改革与战略，2017（12）：176.

由两个核心部分组成，一个是需求分析器，相当于一个大型数据库，里面存储了海量的平面设计领域的素材，并根据行业和风格等标准进行了分类，在此基础上扮演为客户需求制作设计模型的作用；另一个是页面规划器，它主要负责平面作品的设计与生产，其基本工作原理是先将一幅作品按四个维度（字体选择、图像处理、色彩应用、构图规划）进行拆分，再根据需求分析器设定的风格，对以上四个维度进行选择和重组，最终设计出作品[1]。

（二）广告叙事的自动化

广告叙事是指广告创意故事的讲述与表达。一般而言，在影视广告中它可以通过故事板的形式来直观形象地呈现，换句话说，故事板可以为影视广告的拍摄提供可视化的蓝本。故事板通常由导演或者由专门的故事板绘画师来编绘，20 世纪 90 年代以来，电脑绘制软件广泛应用于影视领域，尤其是大制作的商业影片，都会采用电脑动画模拟的方式来创建故事板。很明显，以上两种方式分别存在人力和物力成本较高的问题。而人工智能技术运用于广告故事板的绘制将带来广告叙事的自动化，可以大大地节省人力和物力成本。日本近畿大学的川村洋次提出的商业电影制作系统（CFPSS）就是一个广告故事板自动化生成的代表。CFPSS 具体是指生成适应用户关键词和句子（生活场景）输入的各种商业电影系统，它包含一个由 3643 个根据关键字和句子搜索和分类的图像镜头组成的数据库，这些图形镜头可以转换为商业电影。该系统具备基于广告故事的选择生成故事板并按照故事板中排列的顺序进行回放的功能，由供应商故事类型、消费者故事类型、整体类型和图像类型四大板块组成，分别提供产品和公司的故事、消费故事、供应商故事+消费者故事、消费者相关的图像等四种故事类型，使用人工智能相关技术，通过用户和系统之间的交互来自动生成商业电影[2]。

（三）广告制作的 3D 化与 AR 化

广告制作是指广告作品的物化过程，其成果是广告内容生产的最终产品。

---

[1] 360doc 个人图书馆. 设计师的末日？谷歌研发出平面设计人工智能 AlphaGd［EB/OL］. 360doc 个人图书馆，2016-04-02.

[2] T Ogata，Y Kawamura，A Kanai. Informational Narratology and Automated ContentGeneration.［J］Journal of Robotics，Networking and Artificial Life，2017(3)：229-232.

具体而言，平面类广告作品要打印出实物来，影视类广告作品要播放出视听声像来。

就平面广告作品而言，传统的平面广告作品制作经历了手工制作与机器打印两个基本阶段。手工制作往往受技术难度、生产成本和生产周期等因素影响，广告作品的质量难以保证，当然，生产的效率也很低；机器打印通过批量生产提高了生产效率，但也存在作品只能二维呈现和无法个性化生产的问题。3D 打印技术与人工智能的结合将克服以上平面广告打印的诸多问题，从而带来变革。3D 打印是一种快速成型技术，以计算机三维设计模型为蓝本，通过软件分层离散和数控成型系统，利用激光束、热熔喷嘴等方式将金属粉末、陶瓷粉末、塑料、细胞组织等特殊材料进行逐层堆积黏结，最终叠加成型，制造出实体产品[1]。它具有制作周期短、制作材料多、制作成本低、制作个性化等优势。美国布朗大学的布莱克教授创立的 Body Labs，综合了人工智能与三维扫描技术，可以自动收集、处理数据并支持 3D 打印。在与其客户美国麻省的设计工作室 Nervous System 的合作中，Nervous System 只需让用户在 Body Labs 平台上进行身体三维扫描，并让客户挑选衣服的款式和版型，然后对打印材料的密度做一些更加贴身的调整，最后采用相应的打印技术，一件精致的 3D 概念服装就成型了[2]。另外，Nike、Adidas、New Balance 等运动品牌从 2013 年前后就纷纷涉入 3D 打印领域，且不时推出新产品，足见 3D 打印的影响和趋势。

就影视广告作品而言，传统的影视广告作品生产要经过前期策划、中期拍摄和后期剪辑的漫长过程才能最终形成成品，且由于媒介技术的限制，影视广告作品的呈现存在视听主导、感官割裂、无法互动的缺陷。VR（虚拟现实）技术将使影视广告的视听传播发生巨大变革，最明显的改变就是使影视广告的受众可以从视觉、听觉、触觉、嗅觉甚至味觉上产生全感官的沉浸式体验。复制视听感官比较常见暂不说，我们看看可以体验触觉和嗅觉的案例。美国《国家地理》杂志在商场投放的 AR 广告片，受众不仅可以触摸各种平时不敢靠近的野生动物，体验登上遥不可及的太空，甚至可以感受到海豚跃起溅到身上的水花。为宣传爆米花公司 PopSecret，Deeplocal 公司的创意人员首先为爆米

[1] Alessandro Zambelli, Aud Julie Befring, Gio Tirotto, et al. 3D 打印技术[J]. 现代装饰（家居），范嘉苑，译 . 2015（3）：46.
[2] 360doc 个人图书馆 . 从人工智能看 3D 打印[EB/OL]. 360doc 个人图书馆，2017-10-26.

花公司开发了一款 Poptopia 的手机游戏，然后专门设计了一个会散发爆米花香的手机外设，将之与手机音频接口连上，玩游戏的时候就可以散发出爆米花的香味[1]。

三、广告内容管理的变革

从广告运作流程的角度上说，广告内容管理大致包括广告内容的收集、分析、存储、分发、监测等环节。总体而言，广告内容管理经历了人力管理与计算机辅助管理两个基本阶段。人工智能时代，广告内容管理将发生以下变革：

（一）广告内容收集与分析的实时化

在广告内容的人力管理时代，广告内容收集与广告内容分析在时间上是先后关系，也即广告内容分析是建立在事先收集好的广告内容的基础之上，并且广告内容的收集往往需要花费大量的时间，再加上主要依靠手动和脑力计算，使得广告内容分析的完成往往延迟在广告内容收集之后。在广告内容的计算机辅助管理时代，受益于计算机技术的强大功能，广告营销人员可以通过相关软件和工具来快速地完成信息的统计工作，使广告内容收集与分析的效率得到了极大提高，但两者之间仍然是一种延时关系。人工智能时代，大数据充斥着互联网，数据的价值随着时间的流逝也在逐渐贬值，因此，实时地抓取并且分析数据成为营销传播决策的重要前提。事实上，当前越来越多的企业选择数据的流处理技术，这种技术改变了数据收集完毕之后再进行分析处理的传统模式，代之以实时到达实时处理，实时进行分组汇聚等增量操作[2]。在营销云服务公司创略为费尔蒙酒店服务的案例中，就运用了数据的实时化处理技术，其基本操作路径是将代码部署到费尔蒙酒店官网、着陆页面等目标站点，收集具有相应的浏览、点击行为的客户信息[3]，并实时存储到数据管理平台 APEX DMP，通过分析转化为可用的数据。

［1］ 施州．移动狂人：世界知名品牌移动营销案例解密［M］．北京：中国建筑工业出版社，2015：85.

［2］ 谢然．世界正在走向实时化，谈谈 Twitter 对流处理的理解与思考［EB/OL］．搜狐科技网，2017-11-17.

［3］ 秦先普．"营销云"，能给广告市场带来什么？——专访 Chinapex 创略中国销售副总裁肖恩鲍 Shawn Bao［J］．中国广告，2016（12）：99.

（二）广告内容存储的云端化

广告内容存储是广告内容分析与分发的基本前提。在广告内容的人力管理时代，广告内容的存储主要依靠档案袋、文件柜等有形的物质工具，其不足是不便查找和检索，也不利于长时间保存。在引入计算机管理之后，以上弱点得到了极大的克服，而且随着计算机硬盘容量的不断扩大，广告数据可以实现海量的存储与传输。然而，随着互联网、物联网的急速发展，数据出现爆炸式的增长，广告公司尤其是中小型广告公司在大数据面前往往面临着部署服务器带来的硬件租赁和人员管理的高额成本。人工智能时代，云存储技术将使广告内容的存储走向云端化，为广告公司带来利好。简单地讲，云存储是将存储资源存放至云端以供存取的技术系统，其最大的好处就是联通和共享。具体而言，第一，广告内容存储的基础设施虚拟化和外部化。相较于广告内容存储依靠有形介质而言，云存储是虚拟不可见的，往往分散在多个云服务器中，相较于广告内容存储于广告公司内部计算机硬盘而言，云存储一般外包给大型的网络科技服务商，广告公司无须学习和掌握数据管理的专业知识和能力，因为有第三方管理平台可以解决。第二，广告公司可以通过任何终端访问和使用云端上的广告数据，"打破用户对特定终端的依赖：用户可用不同终端维护同一份数据，确保用户数据的'同步'，避免多终端多版本带来的'数据冲突'和'数据不一致'"[1]。实际上，谷歌、亚马逊、IBM等大型公司已经实现了云端存储与访问，用户可以使用网线和浏览器非常方便地在线获取数据[2]。第三，可以实现广告数据之间的共享。无论是广告内容的人力管理时代还是计算机辅助管理时代，数据与数据之间基本是孤立分割的，很难通过共享来实现增值。人工智能时代，基于广告内容存储的云端化，只要广告公司和企业主观意愿上达成共识，广告数据的共享将成为可能，这将极大地克服"数据孤岛"单一性的缺陷，提高竞争力。

（三）广告内容分发的个性化

广告内容的分发经历了传统媒体时代的统一分配模式和网络媒体时代的分众传播模式两个阶段。第一阶段是生产同质化的广告内容并将之统一分配给所

[1] 李卫东,张昆.云传播的概念模型和运行机制[J].当代传播,2016(1):64.
[2] 苏萌.云营销:大数据时代的新营销革命[EB/OL].哈佛商业评论,2013-2-19.

有的受众，其结果只能是广告内容与受众需求之间的偶然连接。第二阶段网络媒体逐渐兴起，不仅为用户创造了生产和传播信息的平台，也为广告内容分发提供了更多元化的媒体选择。因此，广告传播不再将消费者看成无差别的大众，而是细分为目标群体并有针对性地进行信息沟通与服务，这无疑提高了内容价值与用户价值的连接效率。人工智能时代，广告内容分发进一步朝着个性化匹配的方向发展。广告内容分发的个性化本质是基于用户数据的个性化推荐，以程序化购买、亚马逊推荐系统甚至是智能家居为典型代表，"基于人工智能的超级算法可针对消费者的面部识别、语音识别等对个体的生理和心理信息等多个层次的数据进行分析，从而精准匹配信息，并针对个体提供定制化服务。"[1] 这种分发模式打破了传统广告主要依靠直觉与经验的感性运作，继而转变为以数据驱动、以事实为决策依据的理性运作，大大提高了广告分发的科学性与效率。如程序化购买，就是基于对用户数据的收集、挖掘与分析，在广告交易平台上以 RTB（实时竞价排名）的方式向用户推送个性匹配的广告，整个过程都不超过 100 毫秒。

---

[1]　姚曦，李娜. 智能时代的广告产业创新趋势[N]. 中国社会科学报，2017-11-16（3）.

第七章
广告形态演进的逻辑与路径

    前面已经按照三个阶段对广告形态的演进轨迹进行了详细的梳理与描述，这为本章进一步深入阐述广告形态演进的逻辑奠定了基础。其实，在对广告形态演进轨迹的探求中已经隐含着某种内在的逻辑，具体而言即感官逻辑和时空逻辑。然而，由于轨迹的描述要完成的任务和达成的目标重点在于梳理形态演变的过程，并不在于逻辑的揭示，所以有必要进一步将演进的逻辑剖析清楚。

    感官逻辑和时空逻辑是本书研究广告形态演进的两大逻辑线索。具体而言，感官逻辑的内涵包括：广告形态的演进要符合人类自然感知形态和感知模式的规律性；多感官平衡和自然化是广告生存形态的发展趋势。时空逻辑的内涵包括：广告形态总是不断地试图克服时空的限制和障碍，以求在更大范围内获得生存和更大的传播自由。传播自由，不仅指传受双方享有传播的时空自由，更指传受双方使用传播媒介的时空自由。超时空自由是广告形态演进的趋势，这种自由既是身体时空在场的深层次复制，也是广告媒介使用的时空自由的极力追求。

    两大逻辑并非孤立的两条平行线，它们是存在交集的。进一步说，当广告形态发展到一定阶段，多感官平衡和超时空自由能同时实现，在很大程度上也就代表着两大逻辑的"胜利会师"。

第一节
感官逻辑及其演进路径

————————

任何一种广告形态都要诉诸人的感官，以何种方式诉诸感官和诉诸哪些感官是感官逻辑要思考和回答的基本问题。

广告元形态基础上的生发和演进即是以视觉和听觉为主导形态的变迁，其变迁轨迹可以被描述为以实物广告为视觉广告的元形态，发展为以图画和标识形式生存的次生形态，在文字产生后继而走向过渡形态，其间经过了多种媒介选择，直到报纸的产生，才寻求到其成熟形态；以口头叫卖广告为听觉广告的元形态，发展为以吟唱形式的次生形态和音响形式的过渡形态，直到广播的出现，才找到其理想的成熟形态。以上便构成了广告形态变迁的两条基本轨迹。

一、从实物广告到报纸广告："停下来看"与越抽象越便利

对于第一条轨迹，其发展演进的逻辑是遵循"停下来看"的自然传播模式和越抽象越便利的法则。

在人类"观看"的自然传播形态中，按照主体的位置变化与否可以划分为"静"看和"动"看，前者是指主体在静止的状态中观看，如"站着看""坐着看"，后者是指主体在移动的状态中观看，如"边走边看"。虽然说，无论是静看还是动看，都是诉诸视觉，但是对于观看模式的复制和还原最先却是从静看开始。从图像广告到标识广告，从文字广告到报纸广告，其内在的演进逻辑都符合"停下来看"的自然传播模式。

"停下来看"的自然传播模式之所以对广告而言非常重要，主要原因有二：其一，这是主客观的双重要求。在前技术环境下，实物广告的出现，一方面必然会呈现实物形态的商品，这在客观上提供了前提和条件；另一方面，消费者在主观上都倾向于近距离接触商品以便甄别和做出行动。其二，在复制技

术的背景下，当人类无法近距离接触商品的时候，观看媒介复制的商品信息成为重要选择。

然而，"停下来看"只是一种最基本的传播形态，诸种广告形态都对之进行了复制和还原，又如何对它们进行比较和区分呢？越抽象越便利是一个重要的尺度。以实物做广告，虽很直观，但毕竟麻烦。使用图画使广告的实物形态走向简约化，同时也向便利迈出了第一步。如古罗马时期庞贝古城中商铺门口画着各色图画，其中画一排火腿表示是肉店，这便为广告减少了很多人力物力。如果说图画广告还比较具象的话，那么后来的标识广告则明显变得抽象起来。首先是具有象征意义的象征物标识，如我国古代悬挂葫芦代表药店，悬挂草帚代表酒肆，悬挂柳条代表旅店等。这些标识和经营对象之间不存在必然的关系，很大程度上是约定俗成的结果。在象征物标识基础上发展起来的符号标识，如酒旗、幌子和招牌，则进一步脱离了具体的实物，其本质是文字的附着，其抽象的程度已经很高。美国媒介研究学者保罗·莱文森曾指出文字是高度抽象的符号（媒介），尤其是西方的字母表，他极力赞同麦克卢汉的观点："字母表使我们大脑与我们天性中更加具象的感知分离。"[1] 因此，文字的产生，一方面使广告的表现更为抽象，最起码只有具备一定文化程度的人才能看得懂文字形态的广告；而另一方面，文字的产生也使广告面临着媒介选择的困境，因为文字已经够抽象，因此与其对应的广告表现则必须够便利。广告的过渡形态即是文字产生后广告对媒介的选择和适应过程所呈现出来的诸种形态。在这一过程中，广告曾经选择了石头、龟甲、金属、牍简、缣帛等各种媒介，但要么因为笨重，要么因为昂贵，终未寻求到最便利的生存选择。直到报纸的产生，因其轻便、便宜和批量生产等特点，这一问题才得到解决，广告因此走向成熟形态。

二、从叫卖广告到广播广告：复制"只听不看"的自然传播模式

对于第二条轨迹，其发展演进的逻辑是复制人类可以"只听不看"这种自然的传播模式。这一模式由保罗·莱文森提出，他认为"只听不看"是人类的一种自然传播状态，比如晚上我们睡在床上，看不见任何东西但可以听到哪怕细微的声音。"在前技术世界里，只用听觉不用视觉在生理上和一般的交

---

[1] 保罗·莱文森. 软利器:信息革命的自然历史与未来[M]. 何道宽,译. 上海:复旦大学出版社,2011:31.

流中都很方便。如果你只想听不想看，只需要闭上眼睛就可以办到……相反，只用视力而不用听力的传播模式，从生理上说是难以成立的。在自然环境里，这样的事情几乎是闻所未闻。"[1]　自然的传播模式同时也是深层的传播模式。听觉形态的广告在其走向成熟形态之前，经历了叫卖广告、吟唱广告和音响广告。它们解决复制"只听不看"这种传播模式的途径是选择韵律化和行业化。口头叫卖直接表达广告诉求，只要听到声音，相隔一定的距离也能知道卖什么东西。吟唱广告使叫卖广告第一次走向韵律化，克服了单纯叫卖的单调，同时也极力表现其行业特性，使人不看一听便知是要卖什么。音响广告将韵律化和行业化的特点进一步向前推进。作为过渡形态，其媒介选择丰富多样，涵盖生活用品、乐器和专门工具等，或敲击，或吹奏，节奏感强。同时，音响器具的选择往往和行业密切相关，如《祥符县志》记载明代开封小商贩用响器做广告的情况：有"摇小鼓"卖胭脂、胡粉的，有"打铁叶"表示磨镜子和剪刀的，有"拍小铜钹"卖豆浆的，有"摇郎当"卖彩线绣金的，有"击小钲"卖饧的。广播的产生使听觉广告走向成熟，其原因有二：一是克服了音响广告媒介生存的混杂性，从而使听觉形态的广告走向稳定；二是广播广告利用其媒介优势很好地复制了"只听不看"的自然传播模式，从客厅走进卧室，甚至被带到汽车，由固定的状态摇身一变成为流动空间的广告，广播广告因此获得了其继续生存的"小生境"。

三、电视广告："坐下来看"与"多彩世界"的还原

广告形态演进的视听两条轨迹分别还原着人类"停下来看"和"只听不看"的自然传播模式，它们在复制的精确性上功不可没，但是在复制的范围上仍然存在缺陷。在真实的世界中，人类所看到的事物不只是静止的，很多时候是处于运动状态的，颜色也不只是黑白两色那么单调，而是五彩缤纷、异彩纷呈的。为了将现实世界捕捉的范围不断扩大，人类相继发明了静态摄影、调幅电台和调频电台，但只是在"形象的静态""谈话和一般的声音景观"这一前技术环境下相当狭小的范围和因素上进行了复制。黑白电视机的出现，使声音和影像首次结合并且动态呈现，这是一大进步，美中不足的地方在于其复制的世界只有黑白两色，这与人类观看到的多彩世界的自然传播形态不吻合。电

---

[1]　保罗·莱文森.莱文森精粹[M].何道宽,编译.北京:中国人民大学出版社,2007:33.

视在还原声音和影像上的进步，使其自身被赋予更多的期待，"用电视捕捉住运动、声音和近似性之后，人们的胃口被吊得越高，他们就越想要一种无所不包的媒介，一种涵盖前技术现实一切方面的媒介。如此激发的欲望给延续不断的电视革命提供了燃料"[1]，彩色电视的诞生就是这种欲望的产物。也正是随着彩色电视机的出现，使广告的两种形态——视觉形态和听觉形态第一次得到了有效融合，广告形态由静态走向动态，由平面走向立体，由只呈现黑白景观走向呈现多彩世界。

四、从网络广告到多种技术聚合条件下的广告：多感官平衡的深度实现与元形态的高级回归

我们知道，作为广告的元形态——口头叫卖广告和实物陈列广告，不仅是听觉广告和视觉广告的代表，同时更重要的是，它们意味着人类感官处于自然开放的状态，也即没有哪一种感官是被割裂或者阻隔了的。口头叫卖和实物陈列，不但表示人们可以听到叫卖之声，可以面对面地讨价还价，当然还可以目睹实实在在的商品，更意味着可以触摸、闻嗅甚至品尝商品。这样的广告形态，我们认为是多感官平衡的广告形态，它表明人体的各个器官都得到了自然的释放和调动。

从某种程度上说，在传统媒体时代和 web 1.0 时期，广告形态主要围绕着"听"和"看"两大感官进行复制，尤其只在"只听不看"和"停下来看"两个基本传播模式上进行着不同程度的还原，对于人类的其他感官元素却较少或者无法模拟。就视觉广告一路而言，从图像广告、标识广告、文字广告到印刷广告、报纸广告，只解决了人类看的问题，凸显的是眼睛的官能。就听觉广告一路而言，从声响广告到广播广告，也只解决人类听的问题，张大的是耳朵的官能。电视广告融合了声音和图像，将"听"和"看"两相结合起来，也意味着将耳朵的官能和眼睛的官能很好地协调在一起。web 1.0 时期的网络广告很大程度上是对传统广告形态的复制和移植，在对感官的还原水平上也只能在视听的逼真度和艺术性上得以提高和增强，在感官还原的范围上并没有根本性的改变。因此，从某种意义上我们可以说，人类在媒介面前长期以来扮演的是被"截肢"的感官不健全者。

然而，在虚拟现实技术和 NBICS（纳米—生物—信息—认知—社会）的技

---

[1] 保罗·莱文森. 莱文森精粹[M]. 何道宽,编译. 北京:中国人民大学出版社,2007:36.

术聚合条件下，广告实现多感官平衡和向元形态的高级回归将成为可能，其最关键的原因就在于：虚拟现实技术和 NBICS 的技术聚合都有利于完善和增强广告对人类感官的全方位复制和还原。较之于其他传播技术，虚拟现实技术最大的优势就在于可以让人身临其境般地融入到计算机所建构的交互式环境之中，"计算机生成的感官信号使人的视、听、触、嗅等感官完全沉浸于其中，得到与现实的实在中一样真实的感受体验"[1]，换句话说，就是这种技术可以达到对人类感官进行全面复制和还原的程度。在虚拟现实环境下，人类不仅可以实现可视可听的基本感知，而且可以实现之前任何技术都无法实现的可触可嗅可闻甚至可尝。在这种技术背景下，人类不再是感官"截肢"的不健全者，而是回归到多感官平衡的正常人。而作为包含了虚拟现实技术的 NBICS 技术（或者说，虚拟现实技术只是 NBICS 技术的一个分支技术），不仅可以保证所有感官认知能力的发挥甚至提升，更能创造一些全新的智能化同时也是自然化的感知方式，如手势和眼神命令等。多种高端技术的聚合，有利于"通过提高感觉和认知能力来改善认知功能"[2]，"最终最强大的计算机接口会依赖于一个整合空间隐喻和多模式输入输出设备的结构"[3]。这里所谓的"空间隐喻"即是虚拟空间，甚至是虚拟空间和现实空间的交融。"多模式输入输出"通俗地讲就是多感官的交互与开放。因此，进一步讲，广告在多种聚合技术的条件下，不仅可以实现多感官平衡，更可以在虚拟与现实时空之间自由穿梭，达到超时空自由。从这个意义上说，这将不只是元形态的简单模拟与复制，而是高级回归。

---

［1］　汪建,汪页周.虚拟世界与人类文明[J].扬州大学学报:人文社会科学版,2001(1):52.

［2］　米黑尔·罗科,威廉·班布里奇.聚合四大科技　提高人类能力——纳米技术、生物技术、信息技术和认知科学[M].蔡曙山,等,译.北京:清华大学出版社,2010:159.

［3］　同上。

第二节
时空逻辑及其演进路径

就像任何一种广告形态都要诉诸人的感官一样，任何一种广告形态都生存在一定的时空当中，这是广告形态演进的基本时空逻辑。除此之外，广告形态演进的时空逻辑还要探讨的具体问题包括：广告形态在多大的时空范围内获得生存，以及随着广告形态生存范围的扩大，身体在场与否以及传播的自由度如何。传播自由度不仅指传受双方享有的时空传播自由大小，更指传受双方使用传播媒介的时空自由大小。下面试作具体论述：

一、从口头形态到数字形态：广告生存时空范围不断扩大与突破

本质上，广告是在时间和空间两个维度上生存，无论何种形态的广告都是如此。"早期的媒介——石头、泥版、纸草、羊皮卷和纸，都有其质量和体积，当它们不能或不容易被挪移、携带时，人们不得不去特定的时空体验它们。媒介形式变迁的逻辑之一正是向着逐步克服这种物理地点导致的信息传播障碍而进行的。"[1] 具体而言，广告形态的每次演进都试图克服和超越时空的限制。这构成广告时空演进的普遍性：广告从口头形态、文字形态、文本形态一直演进到数字形态，无不体现这一规律。

口头形态的广告主要是以声音为媒介，即时性和现场感强，但是延续的时间短，传播的空间范围也非常有限，因此比较适合人口较少而且集中、交易活动也不频繁地以部落为单位的原始社会。随着社会的发展和文明的进步，社会分工和阶级的出现与产生，使社会结构变得复杂，广告传播不再只是部落内部

---

[1] 王斌. 从技术逻辑到实践逻辑:媒介演化的空间历程与媒介研究的空间转向[J]. 新闻
    与传播研究,2011(3):58.

或者部落之间的事情，而是发展成为国家内部甚至国家之间的事情，在这一背景之下，信息告知和交易活动变得频繁。尤其是伴随着商业经济的萌芽与发展，既有越来越多的广告主希望广告信息传播得更广，也有越来越多的广告受众希望获取较多的广告信息。因此，仅仅是口头形态的广告传播明显不能满足这种需求，广告传播必须突破口头传播的狭小范围从而谋求新的生存方式。为了克服这种限制，广告于是借助文字这一媒介获得新的形态，因为文字在保存时间上可以很好地弥补口头语言转瞬即逝的缺陷，广告信息因此具有了延时性，接受也更加方便，从而使广告在传播时空上获得突破。随着经济的发展，商业市场进一步扩大，人们对信息的需求也随之增加。仅文字形态的广告远远不能满足市场的需求，因为时间证明，篆刻和书写在金属器具、竹简、丝帛等介质上的文字要么不利于流动和传播，要么不利于保存，有的成本还比较昂贵，同时，"手写文字对信息的复制效率过于低下，难以形成规模化的传播"[1]，这诸多原因造成了广告信息传播的范围仍然相当有限。为了克服这种局限，广告于是瞄准了新产生的印刷术，以文本形态的面貌呈现于世，克服了文字形态广告的不易传播和保存、成本高昂的不足，以其速度快、信息量大等优点使广告的传播范围得到极大的扩展。随着生产力和生产技术的进一步发展，尤其是两次工业革命的推动，社会生产率得到极大提高，资本主义市场发展成熟，世界市场初步形成。在这样的背景之下，以报纸为代表的文本形态的广告又显现出自身的弊端：覆盖面受限和发行寿命短。另外，"它的解放意义仍然是有限的，它在一个较大的范围内又形成了新的传播垄断，因为数量巨大的没有足够读写能力的人自然被排除在外"[2]，也即在传播空间和传播时间上凸显出其局限性。解决的办法仍然是寻求新媒介的力量，电子技术遂成为新的选择，于是产生了以广播和电视为代表的声像形态的广告。声像形态的广告不仅借助广播电视覆盖面广、重复播放等优点克服了文本形态广告的不足，而且以其形象生动的优势获得了大众的喜爱。

　　总的来说，以上是传统媒体时代广告形态在时空生存范围上的不断扩大，尽管克服时空限制的能力在不断增强，但范围总归有限，只有到了广告的数字形态，这种情况才发生了根本性的变化，广告在时空生存范围和传播自由度上

---

[1]　陈力丹．试看传播媒介如何影响社会结构——从古登堡到"第五媒体"[J]．国际新闻界，2004(6)：33.

[2]　同上，第 34 页。

都有了质的飞跃。其原因就在于：第一，以互联网为代表的数字传播技术具有互联互通的特性，这从根本上打破了地域之间的界限，从而将全球联系在一起，空间的限制性得到前所未有的突破。第二，以网络为代表的数字传播技术还具有全时性，具体表现在：①传播过程的全时性，即可以打破出版周期、播出时段等传统媒体的限制，做到即时发布、全程跟踪、不间断播报。②信息存储的全时性，即网络传播中的信息从理论上可以永久地存在于网络空间中，并处于循环利用的过程中。"网络信息存储的最大特点就是分布式，简单来说，就是将信息存储在不同的计算机上，一旦有一台计算机的信息丢失，还可以无障碍地从其他计算机处获取信息。"[1] 另外，摩尔定律告诉我们，网络的存储能力会不断提高，"存储能力的高速提升，使网络在存储新信息的时候，不必要删除以往的信息，这就为网络媒体信息传播的时间性能打下了技术基础。"[2]③信息接收的全时性，传统媒体受很多因素的限制，其发布的信息是转瞬即逝的，受众一旦错过可能再也无法获得，而数字传播背景下，"受众可以在信息发布几天、几周甚至更长的时间后再去获取信息。对于过往的信息，也可以通过搜索引擎或网站的数据库进行检索。"[3] 第三，以互联网为代表的数字传播技术还具有泛在化的发展趋势。"泛在"源自拉丁语 Ubiquitous 一词，意为"存在于任何地方"。1991 年，由施乐（Xerox）实验室的计算机科学家马克·韦泽（Mark Weise）首次提出，用以描述任何人无论何时何地都可通过合适的终端设备与网络连接从而获取信息[4]。如时下最流行的微博，在移动互联网的助推之下，成功地实现了 4A（anytime，anywhere，anyone，anything）传播。

二、从实物广告到虚拟现实广告：身体时空在场及其深层次复制

在场是海德格尔常用的一个哲学用语，在他看来，在场就是一种实显的现在，在场和显现、展现、解蔽、敞开、此在等是同一序列的概念。也就是说，在场就意味着是最为直观的，并且可以呈现和被感知被把握。"在场就是能够对其他在场者的作用或'刺激'做出应对，以及以自身的施动引起其他在场

---

[1]　鲍立泉. 数字传播技术发展与媒介融合演进[D]. 武汉:华中科技大学,2010:83.
[2]　同上,第 84 页。
[3]　彭兰. 数字传播技术应用[M]. 北京:北京师范大学出版社,2012:47.
[4]　张文秀,朱庆化. 泛在网络下的信息服务[J]. 新世纪图书馆,2008(3):23-26.

者的应对：一种交往性的、主体间性的实在关系。"[1]

　　身体时空在场是在场的基本形式，也是人类交往关系中最为直观的呈现方式。在人类的口语媒介时代，实物陈列和口头叫卖往往是紧密相随的，这时候的广告形态所体现的人类交往关系是广告传播主客体身体都在场的状态，在围绕商品实物场景为中心所形成的买卖关系中，买者和卖者处在同一时空面对面交流，讨价还价之后"一手交钱一手交货"，此时，"身体的在场是第一手体验的一个先决条件"[2]。

　　然而，当人类进入印刷媒介和电子媒介时代，以上情况发生了巨大的变化，"从印刷媒介开始，交流者中传者一方的身体就开始从交流时空中隐退。印刷媒介的交流通过文字使得传者和受者之间的交流成为一种传者身体缺席而受者身体在场模式的交流"[3]，报纸广告和杂志广告就是这种交流模式的体现。以广播和电视为代表的电子媒介时代，虽然声音、影像和主持人的出现在表现和营造现场感、亲和力上功不可没，并且在电话的辅助之下貌似迎来了久违的身体在场，但这种延时的、滞后的和被动的传受关系与前技术环境下实时的、同步的和互动的关系相比显然是相去甚远的。这也是为什么我们说广播广告、电视广播甚至电话营销这些广告形态都不足以建立起身体时空在场的交往关系。

　　数字技术尤其是虚拟现实技术的出现以及一些虚拟现实技术手段在广告营销中的应用，使身体时空在场在目前已经得以初步实现。随着虚拟现实技术的进一步发展，身体时空在场的深层次复制必将成为现实。

　　有研究指出，"文字是言语的虚拟现实，印刷是文字的虚拟现实，电话是声音的虚拟现实，电影电视是戏剧、观众和活生生事件的虚拟现实，色情是性的虚拟现实。任何模拟另一媒介的媒介都是一种虚拟现实形式。"[4] 按照这种说法，虚拟现实技术是一种综合性媒介的虚拟现实，因为它不只模拟某一种媒介，也不只复制某一种身体感官，更不受现实时空的物理限制，它是将人全身心地置入到一个虚拟的计算机环境之中。在这个环境中，人可以与计算机进

[1]　肖峰. 论人的信息化在场[J]. 中国人民大学学报,2005(4):99.

[2]　胡泳. 在场和缺席[J]. 中国计算机用户,2008(18):60.

[3]　金萍华,芮必峰."身体在场":网络交往研究的新视角[J]. 新闻与传播研究,2011(5):13-14.

[4]　罗伯特·洛根. 理解新媒介——延伸麦克卢汉[J]. 何道宽,译. 上海:复旦大学出版社,2012:278.

行实时的交互，并产生真实的身心体验。在这种背景下，我们有理由相信，在广告传播中，传者和受者将不再有某一方被隐匿起来，双方可以在虚拟现实环境中建构起全新的身体在场关系，原来只存在于近距离接触才可能的身体时空在场，在虚拟现实环境中将不再是前提和限制，哪怕远隔千里，仍可获得在场效应。传受双方的身体不再被人类创造的媒介所阻隔，而是可以在虚拟现实技术所创造的环境中得以相遇并产生互动，同时产生如同在真实世界中面对面交往的在场效应，从而实现身体在场的深层次复制和还原。

三、从固定终端到移动终端：广告传播自由的极力追求与生存形态的自然化升级

广告传播自由，不仅指广告传受双方享有传播的时空自由，更指广告传受双方享有使用传播媒介的时空自由。在广告的原形态和现代媒介形态发展阶段，在某种程度上都是广告传播者享有传播的时空自由和使用传播媒介的时空自由的阶段。在这两个阶段，广告传播者不仅可以决定在什么时间和什么地方做广告，也可以自由选择不同的媒介做广告，广告受众只能被动地接受，不仅不能享有广告传播的时空自由，更不能享有广告媒介使用的时空自由。尤其是在以电视为代表的固定终端面前，广告受众更被限制在以家庭为典型代表的时空场域之中。在广告数字形态的形成阶段，基于互联网生存的网络广告还是以PC机（个人计算机）这种固定终端作为硬件的支撑，但是由于互联互通和延时异步交流的特征，所以较之于电视广告，广告传播自由度只在受众一方发生了改变，即广告受众可以根据自己的时空场景自由地选择观看广告，但是一旦离开了电脑，网络的作用就不复存在。

在广告数字形态的发展阶段，伴随着数字通信技术的进步和移动智能终端的普及，广告迎来了移动化生存。广告的移动化生存使广告传播自由得到了根本性的提高。这意味着不仅广告传受双方享有极大的时空自由，也指广告传受双方享有使用传播媒介的极大时空自由。移动智能终端较之网络固定终端的最大优势就在于"从不得不固定在一个地点通信，改变为可以随时随地建立联系，使人们可以摆脱'固定'的束缚，获得联系的便利和新的意义的自由"[1]。具体而言，在移动通信技术层面，"第三代移动通信系统一个突出的特点是，要在未来移动通信系统中实现个人终端用户能够在全球范围内的任何

---

[1] 评论员. 媒体移动化是大趋势[J]. 中国记者, 2007(4): 1.

时间、任何地点，用任意方式与任何人高质量地完成任何信息之间的移动通信与传输。"[1]

　　与移动智能终端同样受到各界青睐的可穿戴设备，在某种意义上又将计算机的使用推进到一个新的台阶，因为后者不仅可以在移动中持续性地工作，而且进一步解放了双手。可穿戴设备一个重大的变革在于"最大程度地简化了人机交互方式，用户可能只需抬一抬眼球、说几句话就能打电话、拍照"[2]。更进一步说，可穿戴设备将带来广告生存形态的自然化升级，也即创造出人类未曾有过的感知形态。这种形态同时又是有别于前技术环境下人类的自然感知模式，但共通的地方则在于，它们是自然而不造作的，是能被大多数人所接受的，比如语音搜索和命令、眨眼拍照、手势翻页、眼动追踪、情感识别等等。这既是互联网的发展对人类的改造和提升，也是人类主动适应网络变化进行的自我调适和改变。

---

［1］　李德仁,等. 论空间信息与移动通信的集成应用[J]. 武汉大学学报:信息科学版,2002（1）:2.

［2］　甘芳. 可穿戴设备的创意革命[J]. 上海信息化,2013(10):73.

第八章
广告形态演进的法则与规律

　　法则和规律即事物发展过程中具有普遍性的本质关系。在梳理了广告形态演进的轨迹和阐述了广告形态演进的逻辑之后，进一步深入揭示和归纳总结广告形态演进的法则与规律成为本书的题中之义。在广告形态漫长的发展演进过程中，有的已经退出历史舞台走向了灭亡，有的在竞争的大潮中退回属于自己的"小生境"却生存得很好，也有的在激烈的生存大战中苦苦挣扎想方设法保住昔日的光辉，当然还有的在新媒体的光环之下充满了发展的无限可能性。那么，在这幅波澜壮阔的生存图景背后，有什么规律性的东西在支配着广告形态的生与死？又有什么法则可以诠释清楚广告形态的变迁与更替？这是本章要解决的核心问题。

第一节
广告形态演进的进化优势法则和共同进化法则

对于进化而言，生物学上一致承认和使用的一个概念是"优势"，用以指物种对于环境变化不断增强的适应性。文化进化论也采用了这个概念，并指出文化一般进化和特殊进化得以发生，其原因就在于文化具有一般优势和特殊优势。广告形态的演进同样遵循进化优势法则。我们仍然可以从时空和感官的标准入手分析广告形态演进的一般优势和特殊优势，并进而总结出其进化法则。

一、广告形态演进的一般优势法则

（一）一般进化与一般优势

首先需要说明的是，这里的一般进化并不是指 20 世纪下半叶诞生的建立在现代理论物理学基础之上的"非平衡系统的自组织理论"，而是文化进化理论当中所使用的概念。最早提出"一般进化"这一概念的是美国人类学家萨林斯和塞维斯，他们对怀特的普遍进化论和斯图尔德的多线进化论进行综合，并提出了自己的观点。在他们看来，生物的一般进化"是高等生物'由阶段到阶段'的进步性丛生"[1]，是指生命更高形式的出现。就动物进化而言，从原生动物、无脊椎动物、鱼类、两栖动物、爬行动物、鸟类到哺乳动物，就属于一般进化的层次。在此基础上，他们认为，文化如同生物那样同样经历了

---

[1]　托马斯·哈定,等. 文化与进化[M]韩建军,商戈令,译. 杭州:浙江人民出版社,1987:
19.

一般进化，文化的一般进化"是既定发展顺序中各种形态表现为阶段的序列"[1]，文化一般进化要研究的目标就是"整体进化诸阶段中文化相继变迁的解释和判定"[2]。

既然文化一般进化要研究阶段与阶段之间的变迁关系，那么用以衡量"既定顺序"的文化等级的标准又是什么呢？又该如何判定它们孰高孰低呢？对此，他们受到了怀特的启发。怀特认为人类对更多能量形式的出现和改进对能量加以利用的手段，使文化逐步发展和进步，因此文化进化的标志是人类获得能量的增长。为了科学地评估文化进化的水准，怀特还提出了一个文化发展的公式，即 $C=ET$ 或 $E \times T \to C$。其中 C 代表文化（Culture），E 代表人均年利用能量（Energy），T 代表开发能源的工具与技术的效率（Technology）。按照怀特的观点，我们可以在任何一个文化系统中区分出三种因素：（1）每人年平均利用的能量；（2）开发能量并付诸使用的技术手段之效率；（3）满足人类需要的物品与服务的产量。在栖息环境不变的情况下，根据为满足人类需要的物品与服务的人均产量而测度的文化发展水平，取决于人均利用的能量和将能量付诸使用的技术手段效率之和，即 $C=ET$。据此他得出一个文化进化的基本规律：其他因素不变，文化随每年人均利用能量的增长而进化，或随开发并将能量付诸使用的技术手段效率的增长而发展。据此，他将人类文化的进化分为四个主要阶段：依靠自身能源即自身体力的阶段，通过栽培谷物和驯养家畜，即把太阳能转化为人类可以利用的能量资源的阶段，通过动力革命，人类把煤炭、石油、天然气等地下资源作为能源的阶段，核能阶段[3]。

在怀特观点的基础上，萨林斯对文化进化做了进一步修正，指出一般进化与热力学效应不等，工艺革新能提高效率，却不足以刺激起文化的进化发展。他强调一般进化分类单位是文化系统本身，即一个社会政治实体的文化组织。因此，在他看来，"进化似乎是创造文化组织并使之永恒的能量总转换。文化产生和释放能量；它从自然界攫取能量，并将其转换为人口、物质材料和制作品，转换为政治体制和观念的流转，转换为社会习俗及对这些习俗的执着的信

---

[1] 托马斯·哈定,等. 文化与进化[M]. 韩建军,商戈令,译. 杭州:浙江人民出版社,1987:27.
[2] 同上,第24页。
[3] 夏建中. 文化人类学理论学派——文化研究的历史[M]. 北京:中国人民大学出版社,1997:221-222.

奉。如此以自然状态转入文化状态的总能量，一旦同转换过程中（熵减少）提高了的等级结合起来，便可以代表一种衡量文化一般水平，亦即衡量文化成就的尺度。"[1] 也正是基于以上标准，萨林斯进一步指出文化一般进化"是能量转换由少到多，综合水平由低到高，全面适应由弱到强的过程"[2]。

更进一步讲，较高文化形态之所以对较低文化形态具有支配或者取代的倾向，本质上说就在于较高文化具有一般优势，"较高文化形态的支配优势在于它比较低文化形态能够更有效地开发更大范围的能量资源。"[3] 也即是说，决定文化一般进化的根本因素就在于某种文化形态具有一般优势。文化人类学家卡普兰对此进行了深入探讨。他指出，在一般进化的意义上，某个更高级或更为进步的物种有着某种扩展其生态域的适应力，进化的物种往往不是纵向地发展其环境，而是横向地向更多种环境扩展的。物种的这种扩展其生态范围的适应力就是生物进化的一般优势。就文化进化而言，高级形态的特征是能比低级形态更有效地开发更多种类的资源，因为在大部分环境中，它们比低级形态有效，所以它们也具有更大的范围。据此，卡普兰提出了一个文化进化的优势法则：那些在既定环境中能够更有效地开发能源资源的文化系统，将对落后系统赖以生存的环境进行扩张。或者也可以这样说，法则揭示的是，一个文化系统只能在这样的环境中被确立：在这个环境中，人的劳动同自然的能量转换比例高于其他转换系统的有效率[4]。某种文化形态为了保证其进化优势，主要通过压迫、蚕食、涵化等方式来实现。

（二）广告形态演进的一般优势及其法则

考察广告形态的一般优势，必定是将广告形态的演进纳入一般进化，即在广告的原形态、现代媒介形态和数字形态三个发展阶段中进行比较。仍然是从时空和感官两个层面出发，按照统一的指标进行考量，它们分别是广告形态的时空生存范围、传受双方享有的传播自由度、对自然感知模式的复制能力与水

[1] 托马斯·哈定,等. 文化与进化[M]. 韩建军,商戈令,译. 杭州:浙江人民出版社,1987:28.
[2] 同上,第31页。
[3] 同上,第30页。
[4] 同上,第60页。

平和身体在场与否。我们的假设是，如果某一阶段的广告形态较之另一阶段的广告形态在以上四个指标上都有所超越，那么，超越的一方即具有进化的一般优势。

在广告形态的三个发展阶段当中，原形态是起点，也是构成比较的基点。在此阶段，广告主要依赖人自身以及一些手工制造物作为传播媒介，以口头叫卖和实物陈列作为最基本的形态，并在此基础上进行生发。虽然整体上说，伴随着经济水平的发展和市场区域的扩大，广告形态生存的时空范围也在逐步拓展，但是，受传播媒介和古代商业经济制度的限制，广告形态生存的时空范围总的来说还是相当狭小的。就传受双方享有的传播自由度而言，广告的传播者既享有传播的时空自由，也享有使用传播媒介的自由，而受者都不享有。就自然感知模式的复制能力而言，原形态的广告只能说初步实现了人类"停下来看"和"只听不看"的基本感知形态，以文字广告和声响广告为代表。就身体在场与否而言，除了口头叫卖、实物广告和声响广告是自然的身体在场之外，原形态的广告都是受者在场而传者不在场。

较之广告的原形态，广告的现代媒介形态具有进化的一般优势，原因在于广告的现代媒介形态在以上四个指标上都超越了广告的原形态。首先，从广告形态生存的时空范围上说，现代媒介形态的广告具有明显的优势。现代媒介形态的广告主要包括报纸广告、杂志广告、广播广告和电视广告。报纸广告和杂志广告属于文字形态的广告，尤其是报纸广告，由于是每天大量出版发行，成本低，覆盖广而且携带方便，较之篆刻在石头、龟甲、金属器皿、绢帛和牍简上的文字广告在生存的空间范围上具有显著优势，而就时间生存而言，虽然后者在时间延长上更有优势，但广告毕竟不能和媒介等同，因为广告的及时性和有效性更重要，而这恰好是报纸广告的先天优势。其次，从传受双方所享有的传播自由度上说，现代媒介形态的广告也超越了原形态的广告。在广告的原形态发展阶段，无论是在传播的时空自由还是使用传播媒介的自由上，都是传者一方享有而受者不能享有，但是在广告的现代媒介形态发展阶段，受者可以部分地享有使用传播媒介的自由，比如可以自由地决定观看报纸的时间和版面、选择观看电视的频道和收听广播的频率等。虽然这只是部分的自由，但对于受众来说是非常重要的。再次，从复制自然感知模式的水平和能力上说，现代媒介形态的广告较之原形态的广告实现了更深层次的复制和还原。在广告的原形态发展阶段，口头叫卖广告和实物陈列广告这两种广告的元形态，代表着前技术环境下的自然感知模式和感知形态，文字广告和声响广告的发展，是对人类"停下来看"和"只听不看"的基本感知模式的复制。之所以这样说，是因为它们还只是对人类看到的静止的和平面的事物的复制。在广告的现代媒介形态发展阶段，广告对人类自然感知模式的复制水平和能力走向了更深的层次。广告不仅可以复制前两个基本的感知模式，而且还原了人类看到多彩的立体的世界和动态的事物的感知模式。最后，关于身体在场与否，需要说明的是，这是一个融合了时空和感官的概念，也即是说它不单是从某一方面来确立一个指标，更进一步说，这是四个指标当中最难达到和实现的一个。很显然，在广告的原形态和现代媒介形态发展阶段，只有口头叫卖广告、实物陈列广告才能保证身体的自然在场，而这也正是一个重要的参照系。同时，广告在这两个阶段的发展似乎表明，广告形态越是依赖媒介进行生存和表现，离身体在场就越远。然而，虽然这是广告形态的两个发展阶段共同存在的缺陷，它们都无法从根本上克服，但是，现代媒介形态的电视广告通过电视屏幕渲染的现场感，通过主持人和形象代言人塑造的真切感，通过电话广告和广播广告的远距离声音营造的亲近感，都在一定程度上达到了在场效应，也算得上是一种弥补和进步。综上，现代媒介形态的广告较之原形态的广告在以上四个指标上都实现了不同程度的超越，因此，整体上说，现代媒介形态的广告具有进化的一般优势。

　　正是具备了进化的一般优势，现代媒介形态的广告才得以不断地拓展其生存的领地。在美国，报纸的发行量"从1850年的大约75.8万增长到1900年的1.511亿"[1]，"在19世纪的最后几年里，大多数报纸都把报纸从发表编辑个人观点的工具转变为吸引大众读者的非个人的媒介。这使广告得以进入千家万户"[2]。20世纪20年代广播成为大众媒介，30到40年代进入兴盛期，"1940年代中期，美国家庭平均每户拥有1~5架收音机，几乎每个人都在收听广播"[3]，在所有广告消费中，"广播的份额从6.5%上升到了14.6%"[4]；20世纪50年

---

[1]　大卫·斯隆. 美国传媒史[M]. 刘琛,等,译. 上海:上海人民出版社,2010:421.

[2]　同上。

[3]　孟伟. 声音传播——多媒介传播时代的广播听觉文本[M]. 北京:中国传媒大学出版社,2006:6.

[4]　大卫·斯隆. 美国传媒史[M]. 刘琛,等,译. 上海:上海人民出版社,2010:436.

代是电视的黄金时代，1948 年在美国有 108 个电视台播出节目，同年，"中西部进入了覆盖范围，因而在美国中部和东部可以同时收看电视网节目"[1]，到 1952 年，"34% 以上，也就是 1500 万个家庭有电视机。到 20 世纪 50 年代末，这一数字达到 86%"[2]。

　　广告进入数字形态发展阶段，对现代媒介形态的广告形成了巨大的冲击，相比较而言，这种冲击力度绝对不逊色于现代媒介形态广告对原形态广告的威胁，其主要原因就在于，数字形态的广告在上述四个指标上对现代媒介形态的广告形成了全面的甚至毫不夸张地说是根本的突破与超越。第一，就广告形态的生存时空范围而言，由于数字媒体具有互联互通的特点，这就意味着广告可以冲破地域限制，在全球范围内自由传播，这是对生存空间的根本突破。又由于数字媒体的全时性，广告的传播过程、存储和接收都不再担心因时间关系而影响阅读、观看和检索等行为，这是对传统媒体广告的出版周期、播出时段和转瞬即逝等时间生存不足的极大克服。第二，就传受双方所享有的传播自由度而言，数字形态的广告保证了传受双方都享有极大的传播自由度。由于网络媒体具有泛在化的特点，也就是说任何人无论何时何地都可通过合适的终端设备与网络连接从而获取信息，尤其是移动互联网的快速发展和智能手机的普及，4A 传播早已成为现实。这不仅意味着广告传播者可以选择合适的时机向广告受众传播广告信息，也意味着广告受众在有广告信息需求的情况下可以自由及时地获取。同时，手机作为一种"自媒体"，也表示广告受众可以自由地使用这种媒介，而不再是广告传播者垄断和掌握的工具。第三，就对自然感知模式的复制水平和能力而言，数字形态的广告未来将可以实现全面的复制与提升。就目前已经实现的情况来看，移动智能广告实现了对人类"边走边听"的自然感知形态的复制，由于这是移动中的感知，所以难度也是比较大的。另外，在虚拟现实技术的支持下，一些广告形态可以达到让受众可触摸可闻嗅的水平。随着数字技术、可穿戴计算技术以及多种高端技术的聚合，广告实现多种感官的平衡以及感知方式的提升，如声音控制、眨眼拍照、手势和眼神翻页等等，都已经成功实现，我们有理由相信，未来的广告形态将在人类的感知模式

[1]　迈克尔·埃默里,埃德温·埃默里,南希·L.罗伯茨. 美国新闻史:大众传播媒介解释史[M]. 展江,译. 北京:中国人民大学出版社,2009:380.
[2]　同上。

上实现进一步的提升和改进，当然这都必须建立在自然化的基础之上。这些都是传统广告时代无法想象和实现的。第四，就身体在场与否而言，虽然数字形态的广告仍然无法将远距离的两个人活生生地拉到一起，但是却可以通过虚拟现实技术让人们获得和现实场景一样逼真的在场效应。在虚拟现实技术所营造的广告环境中，人们可以全面敞开自己的感知器官，并获得真切的感受。人们不仅可以看到广告商品，听到推销员的声音，还可以触摸、闻嗅甚至品尝商品，可以试穿、试驾，甚至实现购买。

综上所述，数字形态的广告在四个指标上对现代媒介形态的广告实现了全面超越，这种超越的范围之广和程度之深是前所未有的，这也意味着数字形态的广告所获得的进化的一般优势将对现代媒介形态的广告形成极其猛烈的冲击。

就目前而言，报纸广告、杂志广告和广播电视广告都受到了深刻的影响。就报纸广告而言，美国报业协会指出，随着读者和广告客户转投网络媒体，2007 年至 2012 年报纸的广告收入减少超过 50%，一些报纸被迫削支甚至申请破产[1]。在中国，2012 年度《上海广告市场状况报告》显示，2012 年上海市互联网媒体广告营业收入 18.3 亿元，同比增长 81%，首次超越报纸媒体广告，在上海市电视、广播、报纸、期刊和互联网等五大传播媒介的广告营业收入份额中，互联网媒体广告的份额已由 2011 年的 10.6% 上升至 2012 年的 16.4%。同期报纸媒体广告营业收入 17.8 亿元，首次同比下降 12.6%，降幅明显[2]。就广播电视广告来说，国家广电总局发布的《2013 年中国视听新媒体发展报告》显示，受个人电脑、平板电脑、智能手机的冲击，北京地区电视机开机率从三年前的 70% 下降至 30%。广告投放向视听新媒体迁移的趋势明显：2007—2012 年，中国网络视频广告市场规模增幅有 3 年超过了 120%，大大超过同期电视广告收入的增长幅度，视听新媒体分得的市场"蛋糕"越来越多[3]（表 8.1）。

---

［1］　环球网.美报业协会:报纸广告收入过去五年间减少一半[EB/OL]. 环球网, 2013-08-07.

［2］　新民网.2012 年度互联网媒体广告收入首超报纸[EB/OL]. 新民网, 2013-03-27.

［3］　张玉玲.《2013 年中国视听新媒体发展报告》发布[J]. 青年记者, 2013(21): 12.

表 8.1　广告形态进化的一般优势

广告形态的 一般进化	广告形态进化的一般优势指标			
	生存的 时空范围	传播的 自由度	对自然感知 模式的复制 水平与能力	身体在场与否
原形态阶段	小	传者有，受者无	基本模式的复制	传者不在，受者在
现代媒介形态阶段	大	传者有，受者部分有	更深层次的复制	一定程度的在场效应
数字形态阶段	最大	传受者都有	全面复制与提升	真实的在场效应

在以上四个指标的参照下，我们考量了广告形态演进的一般优势及其进化。本质上说，广告形态的一般进化很大程度上就是一般优势的获得与扩大的过程，谁获得了一般优势，就意味着谁在进化的链条上前进了一步。这样的基本判断是有意义的，它启示我们从四个指标入手进一步思考广告形态一般进化的法则。广告形态在发展演进中获得一般优势，具体而言也就是在以上四个指标上占据优势，据此，我们总结出广告形态进化的一般优势法则如下：

那些在既定环境中能够在更大的时空范围上获得生存，广告传受双方享有更大的传播自由度，对自然感知模式的复制水平和能力更高，以及身体在场效应更强的广告形态，将对落后形态赖以生存的环境进行扩张。

广告形态进化的一般优势法则强调的是四项指标的同时实现，也就是说，一旦满足四项指标，广告形态对落后形态赖以生存的环境之扩张是强大和猛烈的，而不是局部的温和的，反过来说，只满足四项指标中的部分，是不足以支持广告形态的一般进化的，也就无法实现对落后形态赖以生存的环境进行大规模的扩张。以印刷广告为例，虽然广告受众在使用印刷媒介上部分享有自由，比如可以自由选择何时观看和观看哪些版面，也就是说印刷广告较之原形态中的文字广告诸形态具备了一定的进化优势。然而，由于印刷书籍和刊物并不是大量发行，更不能做到廉价出售，这就极大地限制了印刷广告传播的时空范围，因此，印刷广告也就难以获得进化的一般优势。相较而言，报纸广告、年画广告和画报广告这些现代媒介形态的广告，不仅价格低廉，大量发行，而且这些广告形态还通过生活化、情境化的画面在一定程度上营造了身体在场的效应，较之原形态的印刷广告，它们在四个一般优势指标中在整体上全部实现了超越，因此，对原形态的广告形成了巨大的冲击。又如广播广告，较之原形态的声响广告，同样是在四个一般优势指标上实现了全面的超越：首先是传播的时空范围远远超出任何一种声响工具。第二，在传受者所享有的传播自由度上，声响广告是传者拥有传播的时空自由和使用广告传播媒介的自由，而受者都不享有，但是广播广告则发生了变化，受者可以部分享有使用传播媒介的自由，比如决定收听哪个频率，以及在什么地方收听。第三，对自然传播模式的复制水平也更高，可以实现"在移动中听"。最后，由于收听的声音可以听得更真切，不受干扰，而且一般是处于私人空间之中，因此，也获得了一定的身体在场效应。

二、广告形态演进的特殊优势法则

（一）特殊进化与特殊优势

特殊进化是相对于一般进化而言的。在生物和文化领域，进化是不断朝两个方向的运动。一方面通过适应性变异导致多元发展，即从旧种类分化出新的种类。另一方面，进化产生进步：高一等的种类生成并超过低等种类。前者是特殊进化，后者是一般进化。它们是同一进程中的两个方面，是同一进化事物中的两种情形。从生物学的角度上说，特殊进化是"遗传变异"，是物种分化的结果，是"总体进化中诸如种系、适应、多样化、专门化、衍生等方面的体现"[1]。从文化的角度而言，文化和生物一样经历特殊进化。文化的特殊进化不是文化进化的整体，它是"文化形态适应的结果"，是"族系的演变"，是"文化沿其多元线发展的、族系的、分化的、历史的过程以及特定文化适应性变异的过程"[2]。文化特殊进化和文化一般进化的根本区别在于：前者是一个形态的连贯和历史的序列，后者是既定发展顺序中各种形态表现为阶段的序列[3]。

按照萨林斯的观点，特殊进化得以产生的根本原因同样在于某种生物或者文化具有特殊优势。他认为，无论其一般进化的水准有多高，都没有一种生物

---

［1］　托马斯·哈定,等. 文化与进化［M］. 韩建军,商戈令,译. 杭州:浙江人民出版社,
　　　　1987:13.
［2］　同上,第31页。
［3］　同上,第27页。

体能比其他生物体更具有得天独厚的多种适应性优势。换言之，一高等物种并不是在各方面比低等物种更"进步"的：人类的色彩视觉或许比鱼类高一等，但人类却不能像鱼类那样在水中游弋，就是人类的视力在动物王国也算不上是最完善的，而且，高级生物体也并非一定比低等生物体更能适应环境。相反，许多高等物种都绝迹了，而有些低等物种却继续在它们特定的小生境中得以长期生存。卡普兰则进一步指出："虽然较为发达的种类展现了一个巨大的优势范围，但这并不证明他们能够在所有特殊环境中获得优势。某些时候，有的低级种类也可能拥有在那些特殊居地开发资源的高度适应和专化能力，从而使得他们能够在这个环境中保持某种特殊优势。"[1] 既然是特殊进化，衡量的标准自然没有一个统一的指标，"特殊进化不是以一般进化的进步标准来衡量，而是以其在特殊生态系中适应能力或专化（specialized）水平的高低来衡量的。那些属于特殊进化的文化类型从一般进化的角度来看，可以说是落后的或古老的，但它们却能在某个特殊的地区或某种特殊的条件下保持着高度的适应和专化水平，占据着局部的优势，甚至有效地抵御了一般进化过程对它们的任何可能的侵入、渗透和吞噬。"[2]

（二）广告形态演进的特殊优势及其法则

既然是探讨广告形态演进的特殊优势，必定是将某一较低发展阶段的广告形态与较高发展阶段的广告形态进行对比，并回答较低发展阶段的广告形态正是凭借其特殊优势才得以存活下来而并没有被较高发展阶段的广告形态所吞没或者蚕食。也许从不同方面探求到的特殊优势会有不同，但限于研究框架，本书仍将从感官和时空两个角度切入进行思考。

首先，我们考量的是现代媒介形态发展阶段的诸广告形态的特殊优势，其对比的参照对象当然就是数字形态发展阶段的广告形态。就报纸广告而言，在数字传播背景下，其所受到的冲击是众所周知的，但这并不代表报纸广告一定会走向灭亡，原因就在于其具有进化的特殊优势：报纸广告一方面以纸张这种物质形态呈现出来，可触摸，甚至翻页的时候带着脆响和印刷机的味道，以及

———————————

[1] 托马斯·哈定,等. 文化与进化[M]. 韩建军,商戈令,译. 杭州:浙江人民出版社, 1987:73.

[2] 商戈令. 文化的进化和中国文化——有关文化人类学的读书札记[J]. 学术月刊,1987 (6):26.

受众寻求信息时的目光游移和猛然低头，而数字报留给受众的就是鼠标的滚动和手指不停地滑动，人们与信息之间总觉得隔着一层，这样一种看似极其微弱的优势，正好构成了报纸广告独特的感知优势。报纸以及报纸广告从其诞生之日起，就培养和塑造着这种阅读习惯，在数字传播背景下，报纸广告无法在传播的时空范围、媒介使用的自由度、感知模式的复制水平和身体在场效应上占据优势，只能在其"专化"的环境中保持着某种优势，才不至于被人类遗忘。报纸广告的另外一个优势就是其长时间在受众当中积累起来的心理信任和依赖优势。一般情况下，较之网络广告，人们更加倾向于相信报纸广告。这同样是一种感知优势。因此，报纸以及报纸广告并不会像一些预言所说的那样在某年某月的某一天走向灭亡，而是完全可以找到其适合生存的环境继续活下去。就杂志广告而言，除了与报纸广告一样具有可触摸的感知优势以外，其制作的精良、画面的精美以及整体设计的艺术性，都足以吸引数量可观的读者，虽然比不上网络广告的声像动态呈现，但它在视觉冲击力上做足文章，充分张大图画的视觉特征，也不失为一种优势。就广播广告而言，它是一种"不可视"的传播模式，也即是说，人们无须像观看电视广告和报纸广告一样端坐下来去听广播广告。"广播媒介源于媒介自身的特性——不可视性，相比较其他新的媒介形式而言，不再具有传播意义上的优势地位，甚至成为一种传播上的劣势。当媒介领域中的浮躁和喧嚣的空气散去，人们很可能发现，正是广播媒介的这一特点，成为其他媒介所无法替代的特点，'不可视性'反而成为广播当代和未来生存的优势之一——广播可以作为一种不可替代的伴随媒介，一种理想的背景媒介。"[1]　因此，广播广告得以自由地进入汽车、卧室、卫生间甚至厨房和海滩，人们在广播广告面前是放松和自由的，是不用投入太多精力的或者说是参与度较低的。就电视广告而言，其与网络视频等数字视听广告相比的优势不在于媒体本身，而在于电视是一种家庭媒体，也就是说大多数情况下，人们习惯于一个人使用电脑，而不习惯于一个人看电视。看电视往往是家庭成员的一种集体行为。电视广告因此具备的特殊优势就是集体感知，是在一个共同的时空之下集聚于一起。具备这样独特的优势，广告商自然不愿意与之失之交臂，电视广告也就有了其继续生存下去的理由（表8.2）。

---

[1]　孟伟. 声音传播——多媒介传播时代的广播听觉文本[M]. 北京:中国传媒大学出版社,2006:17.

表 8.2　现代媒介形态广告的特殊优势

现代媒介形态广告	特殊优势
报纸广告	可触摸；心理感知优势
杂志广告	可触摸；视觉优势
广播广告	浅度感知；可灵活移动
电视广告	集体感知；时空集聚

　　其次，我们再看看原形态发展阶段的广告形态的特殊优势，其参照的对象是现代媒介形态和数字形态发展阶段的广告形态。需要说明的是，我们不可能也没有必要将原形态发展阶段的所有广告形态都罗列出来，因为并非原形态的所有广告都具有特殊优势可以在竞争中存活下来，这里选取的是几种最为典型的广告形态。先看口头叫卖广告和实物陈列广告，这两种最原始的广告形态，从诞生之日起历经几千年至今仍然存活着，哪怕在数字传播的冲击之下，都没有走向灭亡。无论是大街小巷，还是繁华都市与落后村庄，都可以见到它们的"身影"。毋庸置疑，这两种广告形态在许多方面都无法与现代媒介形态的广告和数字形态的广告相比，但事实上，它们还是获得了自己生存的"小生境"，原因在于它们具有进化的特殊优势：从感官的角度上说，这两种广告形态是直接感知的，保证了所有感官通道的自然开放，可见可听，可闻可嗅，可触摸可品尝，除了人自身，人们无须借助任何其他媒介来感知商品信息，而这恰好是现代媒介形态的广告所缺乏的。现代媒介形态的广告虽然可以凭借媒介优势在传播的时空范围上远远地超越口头叫卖广告和实物陈列广告，但正是这种优势阻隔了受众对商品信息的直接感知，人们通过四大传统媒体广告的商品信息感知是间接感知，无法保证身体感官通道的全面开放。从时空的角度上说，这两种广告形态也保证了传受双方的身体时空在场。并且这是一种自然的时空在场，无须依靠任何媒介技术来营造。而现代媒介形态的广告和数字形态的广告，一个只能实现某种程度的在场效应，另一个是通过虚拟环境营造的真实的在场效应。身体时空在场之所以重要，因为这是最直观的呈现，也是人类的一种本能。无论媒介塑造了多么精彩的世界，人们总是要回归到实实在在的面对面的生活上来。口头叫卖广告和实物陈列广告正是满足了人类内心深处的这一本能需求，因此无论媒介技术多么发达，相信它们都不会消亡。再看招牌广告，这也是一个生命力很强的广告形态，它持续生存于广告形态的三个发展阶段而没有中断，并且就形式而言并未有本质的变化，可见这是一种非常

"专化"的广告形态，即在它所生存的特殊环境中具有高度的适应性。具体而言，就是招牌广告特别适合目的地指示和标识的生存环境，通俗地说，招牌广告出现的地方即是提供商品或服务的地方，至少离这种地方已经不远。因此，人们对这种广告信息的感知是目的地感知。这样一种感知方式，较之电视里的滚动广告、报纸的骑缝广告以及互联网的横幅广告等形式，都胜一筹。因为后者只是单纯的信息感知，而一旦要将之转化到现实情境中，产生消费行动，很多情况下最终还是要依赖招牌广告的指引与确认。这样一种感知方式所发生的时空非常类似于我们今天常说的"线下"活动，由于招牌广告生存于广告形态的三个发展阶段，我们仿照"线下"的说法，将之发生的时空称为"媒下"时空。这个"媒"既包括传统媒体，也包括数字媒体，"媒下"时空即是人们不使用媒介的时空，以与看报纸、看杂志、看电视、听广播以及上网的时空情境相区别。招牌广告即是在"媒下"时空的情境中发挥重要作用的广告形态。总的来说，招牌广告在"媒下"时空起着不可替代的指示和标识功能，在其生存的环境中发挥着不可或缺的作用，具备特殊优势和高度适应力，这使它长期以来都能很好地生存下去（表8.3）。

表8.3　原形态广告的特殊优势

原形态广告	特殊优势
口头叫卖广告 实物陈列广告	直接感知；身体时空在场
招牌广告	目的地感知；"媒下"时空

　　原形态广告所具有的进化的特殊优势，是在与现代媒介形态的广告和数字形态的广告的竞争中体现出来的，换句话说，即是在广告形态的较高发展阶段——现代媒介形态和数字形态的冲击之下，原形态广告仍然在其适应的环境中生存了下来，而并没有被蚕食和消灭。进一步讲，那些在原形态发展阶段具有特殊优势的广告形态，经历了漫长的演进和激烈的竞争，在进入更高的发展阶段之后，仍然保持着其基本特征，虽然在某些方面发生了局部的改变，但在整体上和本质上并未见有变化。也即是说，这些具备特殊优势的广告形态，已经对其生存环境产生了高度适应力，是特殊环境"专化"的产物和结果。据此，我们总结出广告形态演进的特殊优势法则：那些处于较低发展阶段的广告形态，由于其自身所具备而后来者缺乏的优势以及对其生存环境的高度适应力和"专化"能力，使其在较高发展阶段的广告形态的冲击下仍然能够存活并保持

基本特征不变。

三、广告形态的共同生存与共同演进法则

生物进化论认为，高级生物与低级生物之间并非绝对的你死我活的关系，而是处于共同生存与演进的状态之中，这基本上是生物学上的经典理论。实际上，文化进化论者对于一般优势和特殊优势的划分，就已经隐含着共同生存的逻辑，一般进化凭借其更大的适应性能力获得更大范围的生存，特殊优势则在高度专化的环境中求得生存。就生物进化而言，卡普兰指出："某个物种一旦凭借那些导向更大适应范围的新的生物创造力而获得了一般优势，那么与之竞争的物种除非具备更强的生存力，都会在相等的进化阶段被它击败，从而使它有可能成功地与其前辈抗争。然而，如果其他物种也在进化，并在更有效地利用自然资源方面也取得了某些改善的话，那么它必须广泛地占据优势，并在战胜甚至全部消灭前期物种的同时，使自己的成功迅速地和多方面地得以扩展。当然，各种小生态环境以及满足它们的方式是如此众多，从而不可能使一个新物种的成长和蔓延得以灭绝其他低级的物种。哺乳动物并没有比阿米巴时期更多地侵占了甲虫所生活的环境。而且，某些物种在其特殊的栖居区域中已达到高度的变化性和良好的适应性，使它们在这样的环境里能够保持相对优势，并顽强地反击后来的、一般优势种的入侵。没有必要惊讶，为什么高级生物与低级生物——'征服者'与'失败者'，会继续共存并一起出现，因为低级生物完全可能在自己的小生境中保留其特殊的优势。"[1] 这就是生物进化的共同生存与共同演进的法则。

生物进化的共同演进法则是对生物现实进化图景的规律性揭示，实际上，这个法则对人类社会和文化的演进同样是适用的，它在当今高度发达的社会和文化背景下为什么爱斯基摩人还一直存活着并保留他们的文化这样的问题面前具有较强的解释力，而就传播学而言，也同样有许多学者受之影响对媒介的生存演进进行了相关分析与阐释。应该说，共同生存与共同演进法则是一种温和的进化论，它较之激进的进化论更富于理性。尤其是在数字传播背景下，那些动不动宣称报纸很快就要死亡、电视也快要退出历史舞台的言论，在这个法则面前显得是多么的肤浅。

---

[1] 托马斯·哈定,等. 文化与进化[M]. 韩建军,商戈令,译. 杭州:浙江人民出版社,
1987:57.

前文已经指出，一般进化和特殊进化本就是同一进程中的两个方面，是同一进化事物中的两种情形。这也就是说进化作为一个进程是在两个向度上进行的：事物分别依赖不同的优势在一般进化和特殊进化上进行着演进。就广告而言，广告形态的演进是沿着一般进化和特殊进化两个方向同时进行的。广告形态依据其在生存的时空范围、传播的自由度、对自然传播模式的复制水平和能力、身体在场与否上获得的一般优势，对落后形态赖以生存的环境进行着扩张，而相对落后的广告形态，则凭借其自身所具备而较高级形态缺乏的优势以及对其生存环境的高度适应力和"专化"能力，使其在较高形态的冲击下仍然能够存活而不被灭亡。这就是广告形态的共同生存与共同演进法则。

根据这一法则，我们就不难理解为什么口头叫卖广告、实物陈列广告、招牌广告和网络广告能够共存于数字传播背景之下，而报纸广告也不会因为数字广告的快速发展就立马消亡。

然而，法则并不因此就排除了广告的较低形态与较高形态之间的冲突与矛盾，因为较高形态的一般进化是对较低形态的生存环境的扩张，这也就意味着一般进化是以牺牲较低形态的生存范围为代价的。因此，较低形态的抗争与抵御成为必需和常态。

第二节
广告形态演进的非线性进化法则

────────────

生物和文化的一般进化与特殊进化，意味着在生存竞争中获得两种不同的成功：前者是根据与其相关的广延性和普遍性来衡量的成功，后者是相对环境缩小而增大的成功。这里面实际上隐含着另外一个逻辑，即处于特殊进化的物种和文化走向更高级演进的可能性越小，"特殊的进化过程与一般的进化潜势是一种逆反关系"[1]。"由于专化物种的稳定性，以及由于新的进化总是出现在还未变化的物种，所以进化总体的特征与其说是线性的不如说是以非规则的和非连续的性质从一个发展的物种进化到下一个新物种的。进化依赖于物种的分化而不是连续。"[2] 广告形态的进化也是非线性的进化，下面试作具体分析和论述。

一、广告形态的间断性进化法则

生物进化论认为，进化并不是从一个充分发展的物种向另一个更高种类进化的线性运动，而是之字形的过程。文化人类学家塞维斯进一步指出："一个发达了的物种不会必然导致下一个发展等级，下一个等级是在不同的族系中发生的。"[3] 在他看来，黑格尔认为第一个事物的系统都是作为自我持存的整体而发展的观点是有争议的，正是由于黑格尔主义中并没有种系不连续性的观点和对于变异潜势的理论探讨，致使马克思、恩格斯等作出了这样的错误预

────────────────────

[1] 托马斯·哈定,等. 文化与进化[M]. 韩建军,商戈令,译. 杭州:浙江人民出版社,1987:78.

[2] 同上。

[3] 同上,第79页。

言，即实现工业社会主义新阶段所必经的革命，将发生在最发达的工业国家，也就是说进化是从最发达的物种那里走向新的水平的。而另外一个正面例子则是古代地中海文字的进化。当时最发达和最专化的文字体系是将象形文字和描画书写相结合的古埃及文字，一定的符号代表着某些音节，有的甚至仅代表少数单音节的语音。它们就是如此组成了笨拙的埃及体系，整个体系又是如此地适应于埃及文化的其余部分，以至于语音部分的潜势在那里无从体现出来。后来，更为有效和方便的拼音文字体系在其他地区产生了，在东地中海地区（有的为腓尼基语区），人们没有书写文字，然而他们却从旧有的组合体系中，吸取最为适应和最为有效的要素而创造出一个崭新的体系。埃及的文字体系本质上是象形文字，塞维斯所说的"崭新体系"其实就是"腓尼基人的一支借用这种象形文字创造了历史上第一批字母文字"[1]。

　　就广告形态而言，我们认为，一种发达了的广告形态不会必然导致下一个发展等级，下一个等级是在不同性质的广告形态中发生的。这就是广告的形态间断性进化法则。下面我们不妨以电视广告和网络广告为例进行具体阐释。

　　在广告的现代媒介形态发展阶段，最先进入成熟形态的是广播广告，这也意味着声响广告发展到广播广告已经进入了发达阶段。广播广告在复制人类"只听不看"的自然传播模式上达到了很高的水平，从感官的角度上说，很显然这是一种听觉形态的广告。听觉形态的广告经历了口头叫卖广告、吟唱广告、声响广告一直到广播广告的发展历程，这个轨迹很鲜明地体现出是集中以听觉为脉络的演进，广告形态的性质是相同的。然而，我们知道，继广播广告之后进入下一个发展序列的是电视广告。这种广告形态是综合了视觉与听觉、由平面到立体、由静态到动态的呈现，从感官的角度上说，它不是某种单一的广告形态，而从"族系"上说，它也应该属于照相机和电影一类。也就是说，电视广告和广播广告是性质不同从属不同"族系"的广告形态。于是我们发现，在广告的现代媒介形态发展阶段，在听觉广告的发达形态——广播广告之后，广告形态并不是直接沿着广播广告的方向继续进入到下一个发展等级，而是在另一个性质不同的广告"族系"中产生了电视广告。

　　就网络广告而言，其情况也是一样的。在广告的现代媒介形态发展阶段，文字广告、声音广告和图像广告都寻求到了各自成熟的形态，它们分别是报纸

[1]　林言椒,何承伟. 中外文明同时空(春秋战国 VS 希腊)[M]. 上海:上海世纪出版股份有限公司,2009:206.

杂志广告、广播广告和电视广告，这意味着文字广告、声音广告和图像广告已经进入各自的发达阶段，然而，在广告现代媒介形态发展之下一阶段的网络广告，既不是报纸杂志广告的继续发展，也不是广播电视广告的直接延伸。之所以这样说，原因在于：与报纸杂志广告比较而言，网络广告不单单是诉诸视觉，而是融合了视听，更是立体动态呈现，这一点与电视是相同的。因此，网络广告与报纸杂志广告性质不同。与广播电视广告比较而言，虽然它们有上述相同的地方，但是两者在本质上存在很大不同。广播电视广告是以模拟信号的形式进行传输，网络广告是以数字形式进行存储。模拟信号是指用连续变化的物理量表示的信息，其信号的幅度，或频率，或相位随时间作连续变化，如目前广播的声音信号或图像信号等。而数字信号是人为抽象出来的在幅度取值上不连续的信号，如网络就是人为地使用"0"和"1"这两个数字进行的信息编码。可见网络广告与电视广告表面上极其相似，但是本质上也属于不同的"族系"。这样，我们也可以得出以下结论：在文字广告、声音广告和图像广告的发达形态——报纸杂志广告、广播电视广告之后，广告并不是直接沿着以上成熟的广告形态的方向继续进入到下一个发展等级，而是在另一个性质不同的广告"族系"中产生了网络广告。

广告的形态间断性进化法则同样可以用生物进化的原理合理地解释。生物进化论认为，进化并不是从一个充分发展的物种向另一个更高种类进化的线性运动，而是之字形的过程，因为更为泛化的物种要比专化的高度适应，因而是稳定的物种具有更好的发展可能性。从另一个角度说，特殊进化的物种意味着对某环境的适应性增强，其带来的结果却是最终不复进步。因为适应性在一定的时候也是一种自我限度。电视广告之所以不是在广播广告基础上的直接发展，一方面在于广播广告的专化走向了极致，它是与"只听不看"的生存环境高度适应的，因此，其走向新的进化的可能性就变得非常小；另一方面，电视广告并非专化的"族系"，在视听上打破了某种单一模式的限制，因此带有很强的泛化特征，也就赢得了新的进化的机会。而当电视广告发展到一定时候，也逐渐走向专化。网络广告的兴起和电视广告的衰落正如同当初电视广告将广播广告推向了一隅一样。

二、广告形态的空间间断性进化法则

文化进化论认为，文化进化和生物进化一样具有区域间断性，"如果进化的等级系列不是从一个物种到它的后代的过程，那么它们便不会发生在同一个地区。"[1] 卡普兰认为，这个法则是特别适合文化进化的研究的，他指出，历史上有很多学者的观点已经接近这个法则了，如托洛茨基对俄国革命历史的分析所使用的短语"历史落伍者的特权"，其意思是一个不发达的文明具有着发达文明所缺乏的某种进化潜势，"虽然落后国家被迫紧跟着发达国家，但前者并不按照相同的秩序去做事，历史落伍者的特权——和这种特权的存在——容许甚或迫使自己采纳任何地方、任何时期已经完成的发展样式，从而越过整个居间的等级系列。"[2] 在托洛茨基之前的学者（包括摩尔根）也曾指出，落后地区具有通过学习发达地区文化而使其超越进化等级的能力。为了说明这个原则，卡普兰以中国为例子进行了具体分析。他认为，日本曾经在文化发展上落后于中国，但是它现在进入了以煤炭和石油能源为标志的现代工业社会，并成为远东地区的文化优势种。这种现象的出现，部分原因在于日本作为落后者的潜势，以及相对于高度适应和专化了的中国农业文明传统惰性而言它作为"新兴者"的地位。另一部分原因则在于，日本相对独立于曾经控制中国的西方文明优势，它的发展是自由的。然而现在，这种情况可能要反过来看了，中国反而具有更大的潜势，进入到电子储存和以诸如原子能、太阳能等新能源为基础的、与从前有根本区别的新工业文明阶段。因为中国不像日本那样适应现代的或即将过时的、以煤炭和石油为能源组成的前工业社会。

就广告形态而言，我们认为，如果广告形态进化的等级系列不是从一个形态到它的后代的过程，那么它们便不会发生在同一个地区。下面我们不妨以印刷广告为例，对上述法则进行具体阐释。

众所周知，印刷术最早起源于古代中国，尤其是纸的发明为印刷术的产生奠定了必要的物质材料条件，而这也是中国印刷术在缘起上取胜于东西方其他国家的决定性一步，并且在北宋时期就出现了被认为是迄今发现最早的印刷广告实物——济南刘家功夫针铺广告印刷铜版，它比英国最早的印刷广告——1473 年由英国印刷家威廉·凯克斯顿出的祈祷书广告要早三百余年。"反观西方各国，欧洲奴隶制持续时间很长，比中国晚一千年才进入封建社会。西罗马帝国的灭亡（476）标志奴隶制的瓦解，但早期封建制仍带有奴隶制的残余。

---

[1]　托马斯·哈定,等. 文化与进化[M]. 韩建军,商戈令,译. 杭州:浙江人民出版社,1987:79.
[2]　同上,第 80 页。

中国在社会制度上比西方先进达千年，这决定中国在经济、文化和教育等方面处于领先地位，一些重大技术发明也在西方以前出现，其中就包括印刷。欧洲中世纪社会裹足不前，经济发展缓慢，社会上识字的人少，又没有纸，有些书籍由奴隶抄写在羊皮板或莎草片上，已足够满足社会需要了，没有对新型复制技术的迫切需求。其他古代文明区如埃及、印度、两河流域，一些古代文字失传，用纸都比中国晚千年以上，没有发展印刷所需要的条件。"[1] 在这样的反差之下，尤其是伴随着雕版印刷技术的进步，印刷业在宋代以后得到长足发展，在全国不同地区出现了书坊、书铺，在刻书、印书的过程中，书籍广告、广告画、木版年画等广告形态大量出现，使中国古代社会丰富多彩的广告表现中又出现了新兴广告形式。

与此同时，另一个与印刷术起源于中国同样备受学者们关注的事情就是，虽然活字印刷术最早由中国人发明，但是它在中国却没有获得很大的发展，反而是到了一个名叫古登堡的德国人手上发扬光大，甚至可以说超越了中国。欧洲从木版印刷到金属活字印刷，无疑要直接归功于古登堡的技术活动。其贡献在于：①他在欧洲引进中国雕版技术后，又使中国11世纪由毕昇最先发明的活字技术在欧洲付诸实践；②他通过实验于1450年制成适于西方拼音文字的金属活字；③用这套工艺最早在欧洲印出以《42行圣经》为代表的书物；④他培养出掌握活字技术的印刷工，他们后来将技术扩散到各地。总之，古登堡的这些技术活动使欧洲印刷业进入新的历史时代，他是欧洲活字技术的奠基人[2]。

在李约瑟博士看来，这种现象就是克罗伯称为的"促进因素的传播"，它的含义是"某些技术过程在世界上某个遥远的地方成功地完成了，这个消息会鼓励某些人完全以自己的方式重新解决这个问题"[3]，它意味着"由外来文化中的前例推动的新模式的产生"[4]。他进一步指出，"至于印刷术的传播，我感到高兴的是古登堡知道中国的活字技术，至少听说过。"[5] 的确，

[1] 潘吉星. 中国古代四大发明——源流、外传及世界影响[M]. 北京：中国科学技术大学出版社，2002：162.

[2] 潘吉星. 论中国印刷术在欧洲的传播[J]. 传统文化与现代化，1996(4)：78.

[3] 潘吉星. 李约瑟文集[M]. 沈阳：辽宁科学技术出版社，1986：146.

[4] 同上，第150页。

[5] 潘吉星. 中国古代四大发明——源流、外传及世界影响[M]. 北京：中国科学技术大学出版社，2002：443.

中国从雕版到活字版的演变，耗费了四五百年的时间。从技术发展阶梯角度来看，中国印刷史经历了雕版印刷→非金属活字印刷→金属活字印刷三个技术阶梯，且在 11 世纪完成了三步跨越。中国这一技术发展模式在世界印刷史起了典型的示范作用，因为东亚和西欧一些国家也沿着与中国同样的轨迹发展印刷，但从一个阶梯到另一个阶梯跨越所需的时间却大为缩短，因为这些国家已借鉴了中国现成的经验。虽然古登堡的技术遵循的是中国活字印刷的基本原理和工序，但他因地制宜地以自己的方式变换了活字和模、范用材以及着色剂配制和印刷工具。精巧的螺旋压印器的引用也应当看成是他的一项发明。古登堡的金属活字印刷技术无疑是世界上最好的。1456 年后，德国的印刷术很快向欧洲各国传布，意大利、瑞士、捷克、法国、荷兰、比利时、匈牙利、波兰、西班牙、英国、葡萄牙等国在 15 世纪内均先后设立印刷所，纷纷出版书籍。科学艺术突飞猛进起来，由此欧洲脱离中世纪的黑暗时期，开始进入文艺复兴时代。1539 年，欧洲印刷术传到新大陆的墨西哥；1563 年，俄国菲多洛夫开始在莫斯科印书；1638 年，英属北美（即今美国）设立第一个印刷所；1802年，澳洲悉尼出版了第一册书，印刷术至此传遍了全世界[1]。

　　印刷术在欧洲的发展有一个中国所不能企及的重要一点就是前者可以有大量印刷所的存在并且提供廉价的印刷品，"古登堡的印刷机以不同于自然书写的方式，创造了复制统一文献的方法……并能快速地提供廉价、精良的印刷品，短短的几十年中，在德国及欧洲迅速普及，到 1500 年已有 1 100 多家印刷所遍及欧洲 200 多个城市，生产出了 1 200 万本书籍，35 000 个版本，并导致印刷业古版书阶段的终结。"[2] 反观中国，虽然印刷术早于欧洲几百年就产生了，并在 11 世纪 40 年代也发明了与古登堡类似的技术，但"后来的历史表明，农业的社会结构和经济基础在以后的几个朝代，长达 9 个世纪的漫长历史里仍然在顽固地继续着，并主导着这个古老国家的脉动。印刷技术只能被封建的统治者所垄断，承载着封建的道统，于严刑峻法之外起着柔化人心的作用"[3]。

　　印刷术在欧洲的应用和普及，给广告业带来了巨大的影响。在欧洲，印刷术被运用到各种广告宣传当中，"印刷术这种新媒介被用于宣传作家和艺术家

［1］　张秀民. 中国印刷史（下）［M］. 杭州：浙江古籍出版社，2006：705.

［2］　路宪民. 印刷术与民族国家［J］. 兰州学刊，2005（4）：287.

［3］　同上，第 288 页。

的名字和面孔，也被用于围城工事、运河闸道等大规模公共设施的宣传。新的木雕画、镂刻画、大单张和团花图案使各种‘精巧’的设施更加令人注目，更加富有魅力。重要的公共设施一旦用印刷品表现出来，就成为旅游景点，并且与悠久的朝觐圣地和罗马遗址相媲美。在高明的艺术家手里，杠杆、画论、齿轮和螺丝钉的平凡的功能带上了戏剧色彩；用图像表现的工程业绩也具有史诗一般的英雄色彩。至少16世纪的一些工程史诗可以被描绘为雄心勃勃的技术人员为寻求赞助人和佣金而做的宣传。丰塔纳在为西克斯图斯五世（笔者注：1520—1590在世）效力而迁移方尖碑的竞争中胜出，但没有赢得桂冠；不过，他印行了一幅大型对折的精美宣传品，旋即又刊印了许多小册子。其他豪华的图画书用来表现‘机器房’，不仅成为仪器制造者的广告，而且指向18世纪大百科全书的图版，甚至预演了19世纪工业展览会真实的场景。技艺不凡的篆刻家在两维平面上表现三维的立体，即使最晦暗的采矿机也获得一丝尊贵和魅力。与此相似，从鬼域底层升华出来的尸体也失去了腐烂的臭味和狰狞的面目，它们（比如在《人体的结构里》）在风景如画的意大利田园里跳上流社会的孔雀舞。”[1] 上述一段话是对欧洲印刷广告不同形态及其影响的生动描述，从中我们不难窥见一斑。由此我们不禁联想到中国的印刷广告，至少在15—16世纪，中国的印刷广告是远不及欧洲的。具体而言，也就是中国的明朝，此期广告形态的主要成就体现在刻书的插图广告上，虽然就插图广告本身而言是有了很大的进步，但较之此期欧洲丰富多样的广告形态却是相形见绌的。

---

[1] 伊丽莎白·爱森斯坦. 作为变革动因的印刷机：早期近代欧洲的传播与文化变革[M].
     何道宽，译. 北京：北京大学出版社，2010：160-161.

第三节
广告形态演进的适应律

　　自从达尔文从生物学的角度运用"适应"这个概念，它很快被许多社会科学所接纳，包括社会学和文化学，也就是说，适应既是生物有机体进化也是社会和文化等超有机体进化的共同特征。美国文化学家哈定就指出，适应"是特定的生物进化和文化进化的定向性过程"，在此基础上，他进一步强调适应过程的两大特征，即创造与保持。在他看来，"前者是一种结构和模式的进化，这种特定的结构和模式能使一种文化或一种有机体实现必要的调整以适应环境。后者则为一种稳定化趋势，即保持已实现的适合的结构和模式。"[1]在这里，哈定其实已经从两方面指出了文化进化的适应性规律。

　　就广告形态演进而言，文化进化的适应性规律无疑给我们带来重要启示：一方面，广告形态必须在以传播环境和市场环境为主导环境的背景下，根据其发展变化进行积极调整，以便与之相适应；另一方面，已经适应了生存环境的广告形态总是倾向于保持现有的结构和模式，维持现有的生存状况，这是所有广告形态趋于稳定性的共同倾向。以上便是广告形态演进的适应律。下面试作具体分析：

　　广告形态演进的适应律，就其创造性的一面来说，包括"变异"和"蜕变"，前者是指局部性变迁，即广告形态的构成元素及其关系只发生小范围的某种程度的改变；后者是指整体性变迁，即广告形态的构成元素及其关系发生全面的和本质的改变。这两种情况都属于广告形态应对环境变化所做的适应性调整，只是变化程度和范围不一样。那么，广告形态到底要适应什么呢？也许

―――――――――――――――

[1] 托马斯·哈定,等 . 文化与进化[M]. 韩建军,商戈令,译 . 杭州:浙江人民出版社,
　　1987:37.

从不同的角度出发会得出不同的回答，但从感官和时空的逻辑上说，广告形态的演进就是要适应对自然感知模式的复制和还原以及对生存时空范围不断扩大的要求。按照这种要求，我们认为，在广告的原形态和现代媒介形态发展阶段，广告形态的演进都属于变异，而只有在数字形态发展阶段，广告形态才发生了蜕变。原因如下：

首先，在广告的原形态和现代媒介形态发展阶段，虽然广告形态在外在表现上伴随着媒介形态和市场环境的变化在不断地进行调整，但其基本结构和传播模在本质上并没有发生改变。自从口头叫卖广告逐渐建立起依靠媒介进行传播信息，广告的三个基本元素广告传播者、广告媒介、广告受众就构成了广告形态的基本结构，其传播模式也是长久地保持着单向传播，只是随着广告媒介的变化，广告呈现出来的具体形态不同而已。也就是说，从口头形态的广告，到文字形态的广告、文本形态的广告，一直到声像形态的广告，广告只是在表现形态上进行调适，以便适应媒介环境的变化求得生存，但其基本结构和传播模式一直未变。

其次，在广告的原形态和现代媒介形态发展阶段，广告形态在感官传播模式上也未能实现高度还原。从感官传播形态上说，视觉和听觉是广告传播的两大主导形态。从某种意义上说，不同形态的广告就是对这两种主导形态不同程度的复制和还原。口头形态的广告和广播广告是听觉形态的，它们解决的是对人类"只听不看"这种自然传播模式的复制，文字形态、文本形态和电视广告是视觉形态的，它们实现的是对人类"停下来看"这种自然传播模式的复制。虽然传统媒体竭尽全力地对自然传播模式进行不断的复制，但是由于媒介技术的限制，一直未能实现高度还原。如在对"只听不看"这种自然传播模式的复制上，广播算是做出了很大的贡献，然而其不完美之处就在于无法在嗅觉上实现弥补。众所周知，口头叫卖广告往往会伴随着商品的气味来加强其告知和诱导功能，这是广播无法做到的；而电视广告虽在图像的视觉表达和呈现上生动逼真，但在触觉上几乎没有复制，而最初的实物广告不仅可以"停下来看"，还可以"停下来摸"。

再次，在广告的原形态和现代媒介形态发展阶段，广告虽然在时空传播范围上不断地扩大，但并未在根本上实现突破。在广告的原形态发展阶段，广告生存与传播的时空范围都是非常有限的，可以说，在广告形态的三个发展阶段中，这个阶段是广告形态的时空传播范围最小的阶段，其努力扩大传播范围的手段主要是在广告传播方式上进行优化和依赖市场范围的拓展来实现，如听觉形态广告的韵律化、口语化和行业化，以及各级市场时空范围的扩大等。在广告的现代媒介形态发展阶段，广告形态借助现代传播媒介的优势在时空传播范围上实现了极大的飞跃，报纸杂志广告和广播电视广告的出现和发展，极力地拓展了广告的时空生存领地。然而，较之数字形态的广告，现代媒介形态的广告无论在时空传播范围，还是时空传播自由上都还明显存在不足。

最后，在广告的数字形态发展阶段，广告形态在以上三个方面从根本上实现了全面突破。第一，虽然构成广告传播的三个基本要素没有发生改变，但三者之间的结构关系却发生了根本变化。在广告的原形态和现代媒介形态发展阶段，广告传播者和广告受众之间的关系是很明确的，在大众媒体时代，广告往往是一种付费行为。然而，在数字传播背景下，以上情况都不再受约束，广告受众同时也可以成为广告传播者，甚至还不用付费。更重要的是，传播模式也由原来的单向传播转向双向传播，广告受众的地位得到大大提高。第二，由于以互联网为代表的数字传播技术有互联互通、全时性和泛在化等特点，广告传播不仅在时空传播范围上与传统媒体相比有了极大的弥补和超越，更为重要的是，广告传播者和广告接收者同时享有了前两个阶段不曾拥有的时空传播自由。第三，由于数字传播技术的多媒体特性，即可以全面融合声音、文字、图像、动画和视频等各种媒体，实现人类感官包括视觉、听觉甚至嗅觉和触觉的网络移植和呈现，因此广告也可以实现人类多感官的平衡，从而让人置身于一种甚至比原传播环境更加逼真的状态，实现对自然传播模式的高度复制和还原。

正是基于以上原因，我们认为广告形态在传统媒体时代发生的是变异，这是与其生存所依附的媒介直接相关的，广告形态的诸种变异也是为了适应媒介形态和传播环境的改变而进行的调适；广告形态在数字传播背景下发生的是蜕变，由于数字传播技术前所未有的革命性，对媒介形态产生了颠覆性改变，广告在生存形态和传播形态上都必须进行创新，才能在急剧改变了的环境中求得合理生存。

广告形态演进的适应性原则，就其保持的一面来说具有两层含义，首先是每一种广告形态都有保持现状的倾向，这既是说保持相对落后形态的倾向，也是说保持经过创新之后获得的相对高级形态的倾向。其次是当一种广告形态受到外力作用而不得不有所变化时，这种变化也尽量趋于达到不改变其基本结构和特征的程度与效果。

就第一层含义而言，广告形态保持现状的倾向性与当时的社会组织和文化观念密切相关。美国人类学家怀特认为，一种文化由技术系统、社会系统和观念系统构成，技术系统是基础和基本因素，社会系统是技术的功能，观念则表达技术的力量，并反映社会系统。三者之间密切相关、相互制约，比如社会系统和观念系统都可以对技术系统造成巨大影响。就广告而言，同样具有三个子系统的构成。广告形态保持现状的倾向性，首先就要受制于当时的文化观念。"观念系统也有天生的保守性和怀旧性，它们从过去的历史中获得权威和证明。"[1] 比如蔡伦在东汉就已经很好地改进造纸技术，但是纸真正代替简牍和缣帛，一直到东晋才完成。这其中一个很重要的原因就和当时社会上重缣帛而轻纸的文化观念有关。因为在当时的文人看来，使用缣帛是身份和地位高贵的象征。其次，广告是否采用新技术呈现新形态还要受社会系统的制约。"特定的技术要求特定的社会适应以期被利用。"[2] 一个典型的例子就是印刷术虽然最先发明于中国，但远远没有像后起的德国古登堡印刷术那样得到迅速全面的普及，"中国的社会政治、经济、文化等各个方面都阻碍着这一技术的发展。不同于古登堡处在欧洲社会近代化的转型时期，新的社会阶层及其代言人赋予这一技术进步以积极的意义。毕昇处在中国封建文明由盛转衰的时期，封建统治者把它看成意识形态的工具和保持知识垄断的手段，对民间出版长期实行限制政策。"[3] 因此，虽然印刷广告在中国早已有之，但在当时很难像欧洲那样步入大众化和商业化的进程，它的意义和文字形态的广告本质上并没有区别。

就第二层含义而言，广告形态在演进过程中倾向于做调适性的改良，以维持其基本结构不变。在传统媒体时代，无论是从一般进化还是从特殊进化的角度审视广告形态演进，其实都可以发现，广告虽然历经多种形态的变迁，但其基本构成要素及其关系并未发生变化。广告长期以来保持着广告传播者→广告媒介→广告受众的这种明晰而稳定的传播关系与传播模式，即便是进入互联网时代，广告形态在受到数字技术的巨大冲击之下，其改变也带有鲜明的保守倾向，尤其是在 web 1.0 的背景下，广告形态只是进行了网络移植与复制，换句话说，只是将传统的广告形态照搬到了网络之上。出现上述情况的原因，一方

---

[1]   托马斯·哈定,等. 文化与进化[M]. 韩建军,商戈令,译. 杭州:浙江人民出版社,
       1987:44.
[2]   同上。
[3]   路宪民. 印刷术与民族国家[J]. 兰州学刊,2005(4):288.

面与技术的发展程度有关，web 1.0 是以门户网站为主要代表的网络时代，其网络技术主要体现为登录与访问，这也是当时网络广告直接复制传统广告的直接原因，换句话说，只有以互动为灵魂的 web 2.0 时代才真正提供了广告形态质变的技术条件；另一方面，还与人们对互联网的理解水平与应用能力有关。在 web 2.0 创造了广告形态真正数字化变迁的技术背景之下，广告形态也并未很快地实现互动，这主要是因为人们对新技术的理解、消化和娴熟的应用以及新技术的普及流行也需要一定的时间有关。

因此，广告形态演进的适应性规律，不仅包含了众所周知的创造性适应，即通过不断地更新变化以便与生存环境的改变相匹配和同步，从这个角度而言，它是积极的和进步的；同时这一规律还包含对已经适应了环境的结构和模式力争稳固和保持的倾向，从这个意义上说，它又是保守的和反进步的。总之，在创造中保持，在保持中创造，广告形态正是在这种二元悖反的张力中不断演进着。

结　语

　　广告的历史首先应该是广告形态的历史，广告形态的发展变迁是回归广告自身，这样一种演进观是对广告合法性主体的重建。时空和感官是广告形态生存和传播的逻辑起点，以此作为观照广告形态演进研究的基本尺度是合理的，也是可行的。

　　从广告的原形态发展阶段、广告的现代媒介形态发展阶段到广告的数字形态发展阶段的一般进化，不仅遵循了广告形态演进的历史事实，勾勒了广告形态演进的发展轨迹，也可以从中窥探广告形态的发展趋势。进一步说，时空和感官两个基本逻辑可以演化出更为具体深刻的内涵，从而成为广告形态演进的内在意蕴的合理解释。具体而言，当我们讲到时空逻辑时，不仅仅是泛泛地言说广告形态在不断地突破时空范围的限制这么粗糙，而说到感官逻辑时，也不是简单地指明某种广告形态是视觉型还是听觉型，抑或视听综合型。时空逻辑的内涵包括：广告形态总是不断地试图克服时空的限制和障碍，以求在更大范围内获得生存和更大的传播自由。传播自由不仅是指传受双方享有传播的时空自由，更指传受双方使用传播媒介的时空自由；超时空自由是广告形态演进的趋势，这种自由既是身体时空在场的深层次复制，也是广告媒介使用的时空自由的极力追求。感官逻辑的内涵包括：广告形态的演进要符合人类自然感知形态和感知模式的规律性；多感官平衡和自然化是广告生存形态的发展趋势。综合而言，超时空自由和多感官平衡是广告形态的发展趋势。

在勾勒出广告形态演进的逻辑轨迹之后，进一步探寻广告形态演进过程中的普遍性东西成为题中之义。一般而言，所谓的普遍性东西就是法则和规律。然而，法则意味着通行甚至公理，寻求的道路布满荆棘不说，也很容易使人陷入窘境，正如文化人类学家塞维斯所言，"公布一条科学的法则是不明智的，因为法则如此之多简直已成了随意想象的一种方式"[1]，一旦法则不成立，也将意味着前功尽弃。然而，"这种做法还是有一定的优点的，而且是优点大于危险性。"[2] 对法则的理解不宜过于宽泛，认为法则就是铁律也是不对的，法则有其自身的功能，"法则之所以为法则，主要看它是否有用，是否能通过将其显示为已经认识的普遍现象中的不变因素，而将特殊的事件简明易懂地描述出来。"[3] 对于广告形态而言，也是基于这种思考，即将隐藏在众多现象当中的带有普遍性和本质性的东西揭示出来。本书结合广告形态自身的演进特征，运用文化进化论的相关理论，总结出广告形态演进的法则和规律：一般优势法则、特殊优势法则、共同生存与共同演进法则和非线性进化法则，以及广告形态演进的适应律。

[1] 托马斯·哈定,等. 文化与进化[M]. 韩建军,商戈令,译. 杭州:浙江人民出版社,1987:83.
[2] 同上。
[3] 同上。

参考文献

[1] 托马斯·哈定,等. 文化与进化[M]. 韩建军,商戈令,译. 杭州:浙江人民出版社,1987.

[2] C. 赖特·米尔斯. 社会学的想象力[M]. 陈强,张永强,译. 上海:三联书店,2001.

[3] 达尔文. 物种起源[M]. 舒德干,等,译. 北京:北京大学出版社,2005.

[4] E. R. 塞维斯. 文化进化论[M]. 黄宝玮,等,译. 北京:华夏出版社,1991.

[5] 哈伊姆·奥菲克. 第二天性:人类进化的经济起源[M]. 张敦敏,译. 北京:中国社会科学出版社,2004.

[6] 哈罗德·伊尼斯. 传播的偏向[M]. 何道宽,译. 北京:中国人民大学出版社,2003.

[7] 埃里克·麦克卢汉,弗兰克·秦格龙. 麦克卢汉精粹[M]. 何道宽,译. 南京:南京大学出版社,2000.

[8] 马歇尔·麦克卢汉. 理解媒介——论人的延伸[M]. 何道宽,译. 北京:商务印书馆,2000.

[9] 保罗·莱文森. 数字麦克卢汉——信息化新纪元指南[M]. 何道宽,译. 北京:社会科学文献出版社,2001.

[10] 保罗·莱文森. 软利器:信息革命的自然历史与未来[M]. 何道宽,译. 上海:复旦大学出版社,2011.

[11] 保罗·莱文森. 新新媒介[M]. 何道宽,译. 上海:复旦大学出版社,2011.

［12］保罗·莱文森.莱文森精粹［M］.何道宽,译.北京:中国人民大学出版社,2007.

［13］保罗·莱文森.真实空间:飞天梦解析［M］.何道宽,译.北京:中国人民大学出版社,2006.

［14］保罗·莱文森.思想无羁［M］.何道宽,译.南京:南京大学出版社,2003.

［15］罗杰·菲德勒.媒介形态变化:认识新媒介［M］.明安香,译.北京:华夏出版社,2000.

［16］杰克·富勒.信息时代的新闻价值观［M］.展江,译.北京:新华出版社,1999.

［17］迈克尔·海姆.从界面到网络空间——虚拟实在的形而上学［M］.金吾伦,刘钢,译.上海:上海科技教育出版社,2000.

［18］尼古拉·尼葛洛庞帝.数字化生存［M］.胡泳,范海燕,译.海口:海南出版社,1997.

［19］托马斯·鲍德温,史蒂文森·麦克沃依,查尔斯·斯坦菲尔德.大汇流:整合媒介、信息与传播［M］.龙耘,官希明,译.北京:华夏出版社,2000.

［20］马丁·林斯特龙.感官品牌［M］.赵萌萌,译.天津:天津教育出版社,2011.

［21］保罗·M.莱斯特.视觉传播:形象载动信息［M］.霍文利,等,译.北京:北京广播学院出版社,2003.

［22］米黑尔·罗科,威廉·班布里奇.聚合四大科技 提高人类能力——纳米技术、生物技术、信息技术和认知科学［M］.蔡曙山,等,译.北京:清华大学出版社,2010.

［23］罗伯特·洛根.理解新媒介——延伸麦克卢汉［M］.何道宽,译.上海:复旦大学出版社,2012.

［24］大卫·斯隆.美国传媒史［M］.刘琛,等,译.上海:上海人民出版社,2010.

［25］迈克尔·埃默里,埃德温·埃默里,南希·L.罗伯茨.美国新闻史:大众传播媒介解释史［M］.展江,译.北京:中国人民大学出版社,2009.

［26］伊丽莎白·爱森斯坦.作为变革动因的印刷机:早期近代欧洲的传播与文化变革［M］.何道宽,译.北京:北京大学出版社,2010.

［27］张金海.20世纪广告传播理论研究［M］.武汉:武汉大学出版社,2002.

［28］杨海军.中国古代商业广告史［M］.开封:河南大学出版社,2005.

［29］陈培爱.中外广告史新编［M］.北京:高等教育出版社,2009.

［30］刘家林.新编中外广告通史［M］.广州:暨南大学出版社,2011.

［31］赵琛.中国广告史［M］.北京:高等教育出版社,2005.

［32］舒咏平.新媒体广告［M］.北京:高等教育出版社,2010.

［33］舒咏平,陈少华,鲍立泉.新媒体与广告互动传播［M］.武汉:华中科技大学出版社,2006.

［34］陈刚.网络广告［M］.北京:高等教育出版社,2010.

［35］童强.空间哲学［M］.北京:北京大学出版社,2011.

［36］张秀民.中国印刷史(下)［M］.杭州:浙江古籍出版社,2006.

［37］宁可.中国经济通史·隋唐五代卷［M］.北京:经济日报出版社,2007.

［38］漆侠.中国经济通史·宋代经济卷上［M］.北京:经济日报出版社,2007.

［39］漆侠.中国经济通史·宋代经济卷下［M］.北京:经济日报出版社,2007.

［40］戈公振.中国报学史［M］.北京:生活·读书·新知三联书店,2011.

［41］方汉奇.中国近代报刊史［M］.太原:山西教育出版社,2012.

［42］王润泽.中国新闻媒介史(1949年前)［M］.北京:北京大学出版社,2011.

［43］项翔.近代西欧印刷媒介研究——从古腾堡到启蒙运动［M］.上海:华东师范大学出版社,2001.

［44］韩丛耀,等.中国近代图像新闻史:1840—1919(1)［M］.南京大学出版社,2012.

［45］李国亭,等.信息社会——数字化生存的地球村［M］.北京:军事科学出版社,2003.

［46］翟秀文,郭萍,杨玉修.信息经济——21世纪的全新经济形态［M］.北京:军事科学出版社,2003.

［47］翟振明.有无之间:虚拟实在的哲学探险［M］.孔红艳,译.北京:北京大学出版社,2007.

［48］孟伟.声音传播——多媒介传播时代的广播听觉文本［M］.北京:中国传媒大学出版社,2006.

［49］卢蓉.电视艺术时空美学［M］.北京:中国传媒大学出版社,2006.

［50］潘吉星.中国古代四大发明——源流、外传及世界影响［M］.北京:中国科学技术大学出版社,2002.

［51］王冰.北美媒介环境学的理论想象［M］.北京:光明日报出版社,2010.

［52］张金海,周丽玲.我国广告理论研究现状［J］.中国广告,2004(9):32-34.

[53] 张金海,陈玥.未曾超越的超越:中国广告研究的整体回顾——基于期刊论文的实证分析[J].现代传播,2012(11):97-100.

[54] 张金海,谭辉煌.数字传播背景下广告的发展变迁研究述评[J].中国媒体发展研究报告,2013年(广告卷).

[55] 张金海,王润珏.数字技术与网络传播背景下的广告生存形态[J].武汉大学学报(人文科学版),2009(4):493-497.

[56] 张金海,林翔.基于网络交互式平台的广告资讯化趋势分析[J].武汉理工大学学报(社会科学版),2012(16):949-953.

[57] 张金海,廖秉宜.网络与数字传播时代广告告知功能的回归[J].广告大观(综合版),2006(7):48-49.

[58] 张金海,廖秉宜.网络对市场信息不对称的消解及利用[J].中国广告,2006(10):20-23.

[59] 黄旦.报刊的历史与历史的报刊[J].新闻大学,2007(1):51-55.

[60] 丁伯铨,庞绍堂.试论广告的历史演进[J].江海学刊,1994(6):7.

[61] 姚曦,蒋亦斌.世界广告史的历史分期与分期依据[J].广告大观(理论版),2006(2):65-71.

[62] 周茂君.世界广告历史分期刍议[J].武汉大学学报:哲学社会科学版,2005(1):134-138.

[63] 杨建红.广告主体结构的裂变与广告历史的分期[J].湖南包装,2008(1):36-37.

[64] 廖秉宜.中国传媒数字化转型与广告生存形态变迁研究[J].广告大观(理论版),2009(6):54-57.

[65] 舒咏平.数字传播环境下广告观念的变革[J].新闻大学,2007(1):98-101.

[66] 舒咏平."信息邂逅"与"搜索满足"——广告传播模式的嬗变与实践自觉[J].新闻大学,2011(2):79-83,102.

[67] 黄升民.分与聚:一个潮流五大关键[J].广告大观(综合版),2007(6):25-26.

[68] 李曦珍,楚雪,胡辰.传播之"路"上的媒介技术进化与媒介形态演变[J].新闻与传播研究,2012(1):23-33,108-109.

[69] 于小川.技术逻辑与制度逻辑——数字技术与媒介产业发展[J].武汉大学

学报:人文科学版,2007(6):871-874.

[70] 柳庆勇,张金海.论媒介发展的时空自由逻辑[J].新闻与传播评论,2011
(100):151-158,241.

[71] 王斌.从技术逻辑到实践逻辑:媒介演化的空间历程与媒介研究的空间转
向[J].新闻与传播研究,2011(3):58-67,112.

[72] 李欣人.人学视野下的媒介演进历程[J].山东师范大学学报:人文社会科
学版,2005(4):96-99.

[73] 黄迎新.数字技术背景下的广告生存形态变迁[J].东南传播,2009(6):
15-17.

[74] 商戈令.文化的进化和中国文化——有关文化人类学的读书札记[J].学术
月刊,1987(6):24-29.

[75] 王菲.媒介融合中广告形态的变化[J].国际新闻界,2007(9):17-21.

[76] 王菲.融合化的广告业形态[J].广告大观(理论版),2011(6):15-20.

[77] 王放.中国报纸与广告的历史姻缘[J].新闻与传播研究,1994(3):4.

[78] 陈平原.从左图右史到图文互动——图文书的崛起及其前景[J].学术界,
2004(3):255-266.

[79] 石长顺.论电视传播的特性[J].当代传播,2000(1):18-20.

[80] 黎明.网络广告的形态演进与未来发展[J].湖北大学学报:哲学社会科学
版,2011(6):100-110.

[81] 彭兰.媒介融合时代的合与分[J].中国记者,2007(2):87-88.

[82] 鲍立泉,吴廷俊.论媒介融合的传播技术路径[J].现代传播(中国传媒大
学学报),2010(3):151-152.

[83] 薛媛.网络广告内容的资讯化[J].商场现代化,2007(27):182-183.

[84] 周笑.新媒体:重塑产业结构的力量[J].经济管理,2006(18):62-67.

[85] 孙群力.物流、信息流、资金流与电子商务发展[J].中南财经大学学报,
2001(2):65-68.

[86] 李德仁,等.论空间信息与移动通信的集成应用[J].武汉大学学报:信息科
学版,2002(1):1-8.

[87] 陈昌凤,仇筠茜.移动化:媒介融合的新战略[J].新闻与写作,2012(3):
30-33.

[88] 陈月华.传:从身体的界面到界面的身体[J].自然辩证法研究,2005(3):

23-27.

[89] 梁国伟,侯薇.虚拟现实:表征身体传播无限开放性的符号形式[J].现代传播(中国传媒大学学报),2008(3):17-21.

[90] 王健美,等.美国虚拟现实技术发展现状、政策及对我国的启示[J].科技管理研究,2010(14):37-40,56.

[91] 王玮,武小明.基于虚拟现实技术的现代交互广告艺术探究[J].包装世界,2013(4):78-81,83.

[92] 孙伟平.论虚拟实践的哲学意蕴[J].教学与研究,2010(9):31-36.

[93] 杭云,苏宝华.虚拟现实与沉浸式传播的形成[J].现代传播(中国传媒大学学报),2007(6):21-24.

[94] 章铸,吴志坚.论虚拟实践——对赛博空间主客体关系的哲学探析[J].南京大学学报:哲学·人文科学·社会科学版,2001(1):5-14.

[95] 胡小安.虚拟现实技术与主体感知能力的增强[J].科学技术与辩证法,2006(1):70-73,110-111.

[96] 张明仓.走向虚拟实践:人类存在方式的重要变革[J].东岳论丛,2003(1):89-92.

[97] 张明仓.虚拟形态:从虚拟思维到虚拟实践[J].福建论坛:人文社会科学版,2002(5):77-81.

[98] 陈志良.虚拟:人类中介系统的革命[J].中国人民大学学报,2000(4):57-63.

[99] 翟振明.虚拟实在与自然实在的本体论对等性[J].哲学研究,2001(6):62-71.

[100] 彭虹.广告将是一种虚拟体验[J].当代传播,2004(4):80-81.

[101] 甘芳.可穿戴设备的创意革命[J].上海信息化,2013(10):70-73.

[102] 陈东义.可穿戴式计算机的发展与趋势(I)[J].重庆大学学报:自然科学版,2000(3):119-124.

[103] 陈东义.可穿戴式计算机的发展与趋势(Ⅱ)[J].重庆大学学报:自然科学版,2000(4):142-148,153.

[104] 赵子忠,徐琦.可穿戴计算设备的新发展[J].中国传媒科技,2013(11):84-87.

[105] 于南翔,陈东义,夏侯士戟.可穿戴计算技术及其应用的新发展[J].数字

通信,2012(4):13-20,33.

[106] 王斌.从技术逻辑到实践逻辑:媒介演化的空间历程与媒介研究的空间转向[J].新闻与传播研究,2011(3):58-67,112.

[107] 陈力丹.试看传播媒介如何影响社会结构——从古登堡到"第五媒体"[J].国际新闻界,2004(6):33-35.

[108] 肖峰.论人的信息化在场[J].中国人民大学学报,2005(4):98-104.

[109] 胡泳.在场和缺席[J].中国计算机用户,2008(18).

[110] 金萍华,芮必峰."身体在场":网络交往研究的新视角[J].新闻与传播研究,2011(5):12-16,109

[111] 杨保军,张成良.论新兴媒介形态演进规律[J].编辑之友,2016(8):5-11.

[112] 杨保军.扬弃:新闻媒介形态演变的基本规律[J].新闻大学,2019(1):1-14,116.

[113] 吴飞.媒介技术演进脉络的哲学考察[J].新闻记者,2018(12):30-44.

[114] 姜帆.数字传播背景下广告的生存与发展研究[D].武汉:武汉大学,2010.

[115] 罗书俊.基于价值增值的手机媒体发展与创新研究[D].武汉:武汉大学,2012.

[116] 倪万.数字化艺术传播形态研究[D].济南:山东大学,2009.

[117] 王海刚.明代书业广告研究[D].武汉:武汉大学,2009.

[118] 黎明.广告演进的价值规律[D].武汉:武汉大学,2012.

[119] 鲍立泉.数字传播技术发展与媒介融合演进[D].武汉:华中科技大学,2010.

[120] Henry Jenkins. Convergence Culture.[M]. Newyork:Newyork University Press,2006.

[121] Byron Sharp. Yoram(Jerry)Wind. Today's Advertising Laws:Will They Survive the DigitalRevolution[J]. Journal of Advertising Research,2009,Vol.49.

[122] Robert H. Ducoffe. Advertising Value and Advertising on The Web[J]. Journal of Advertising Research,1996,Vol.36.

[123] Manchanda, P; Dube, JP; Goh, KY; Chintagunta, PK. The Effect of Banner Advertising onInternet Purchasing[J]. Journal of Marketing

Research, 2006, Vol. 43.

[124] David S. Evans. The Online Advertising Industry: Economics, Evolution, and Privacy[J]. Journal of Economic Perspectives, 2009, Vol. 23.

[125] Charles R. Taylor. The Six Principles of Digital Advertising[J]. International Journal of Advertising, 2009, Vol. 28.

[126] Philport, JC; Arbittier, J. Advertising: Brand communications styles in established media and the Internet [J]. Journal of Advertising Research, 1997, Vol. 37.

[127] Cho, Chang-Hoan; Khang, HyoungKoo. The state of internet-related research in communications, marketing, and advertising: 1994-2003 [J]. Journal of Advertising, 2006, Vol. 35.

[128] Kim, Juran; McMillan, Sally J. Evaluation of Internet advertising research- A bibliometric analysis of citations from key sources[J]. Journal of Advertising, 2008, Vol. 37.

[129] Ha, Louisa; McCann, Kim. An integrated model of advertising clutter in offline and online media [J]. International Journal of Advertising, 2008, Vol. 27.

[130] Sasser, SheilaL; Koslow, Scott; Riordan, Edward A. Creative and interactive media use by agencies: Engaging an IMC media palette for implementing advertising campaigns [J]. Journal of Advertising Research, 2007, Vol. 47.

[131] Maddox, LM; Mehta, D. The role and effect of Web addresses in advertising [J]. Journal of Advertising Research, 1997, Vol. 37.